Django로 쉽게 배우는

배프의 오지랖

파이썬
웹프로그래밍

DIGITAL BOOKS
디지털북스

Django로 쉽게 배우는

배프의 오지랖

파이썬
웹프로그래밍

| 만든 사람들 |

기획 IT · CG 기획부 | **진행** 양종엽 · 박예지 · 천송이 | **교정 · 교열** 이강섭 | **집필** 배프
책임편집 D.J.I books design studio | **표지 디자인** D.J.I books design studio · 류혜경
편집 디자인 디자인 숲 · 이기숙

| 책 내용 문의 |

도서 내용에 대해 궁금한 사항이 있으시면,
디지털북스 홈페이지의 게시판을 통해서 해결하실 수 있습니다.

디지털북스 홈페이지 : www.digitalbooks.co.kr
디지털북스 페이스북 : www.facebook.com/ithinkbook
디지털북스 카페 : cafe.naver.com/digitalbooks1999
디지털북스 이메일 : digital@digitalbooks.co.kr
저자 블로그 : https://carrotcarrot.blog.me/
저자 유튜브 : 배프의 오지랖 프로그래밍(www.actingprogrammer.tv)

| 각종 문의 |

영업관련 hi@digitalbooks.co.kr
기획관련 digital@digitalbooks.co.kr
전화번호 02 447-3157~8

머리말

웹 프로그래밍을 하면서 다양한 언어와 다양한 프레임워크들로 현업에서 작업물을 만들어냈습니다. 무엇이 정답이라고 말할 수는 없지만 계속 좋은 방법을 찾아 끊임없이 고민하고 공부해서 내린 결론은 장고로 작업하는 것이 현 시점에서 최선의 선택이다 라는 것이었습니다. 웹 프로그래밍을 처음 접하는 분들에게는 프레임워크를 사용해서 학습을 시작하는 것이 어려운 방법일 수 있습니다. 그럼에도 불구하고 장고라는 프레임워크를 공부하길 권해드리는 것은 생산성이 다른 방법에 비해서 압도적으로 높기 때문입니다.

장고를 접하기까지 여러가지 언어와 프레임워크들을 접해보거나 들어보셨을 겁니다. 저는 웹 프로그래밍을 PHP로 시작했습니다. 실무를 하면서 닥치는 대로 필요에 따라 JSP, ROR도 사용을 해보면서 웹 프로그래밍을 할 때 언어와 프레임워크는 단순히 도구일 뿐이고 프로그래머가 무언가를 표현하는데 도움을 주는 것일 뿐이라는 생각이었습니다. 하지만 장고를 접하고 나서는 도구가 부여하는 편리함 그 편리함을 통해 얻어지는 생산성이 프로그래머의 무기가 될 수 있다는 사실을 깨달았습니다.

그래서 여러분에게 이 책을 통해 제 무기를 소개해 드리려고 합니다. 웹 프로그래밍을 처음 접하는 사람부터 다른 언어를 사용하다 이제 파이썬과 장고를 사용하려는 분들 모두에게 적합하도록 다양한 예제를 수록하려고 노력했습니다. 또 장고의 필수 내용은 최대한 다루려 했지만 장고 자체에 대한 어려운 설명은 피하려고 노력했습니다. 각 예제들을 통해 빠르고 쉽게 웹 사이트를 만드는 경험을 해보고 예제를 만들어 보면서 여러분이 원하는 사이트를 완성하기 위한 기능들을 하나씩 선택하고 적용해 보시기 바랍니다. 그러다보면 분명히 더 궁금한 부분이 생기고 본인이 뭘 모르는지 알게 됩니다. 그럼 다양한 커뮤니티를 통해 그리고 저자에게 질문을 주시기 바랍니다.

그리고 웹 프로그래밍을 할 때는 장고뿐만 아니라 다양한 영역에 대한 방대한 도메인 지식이 필요합니다. 네트워크, 인프라에 관한 지식들도 계속 공부해 보시기 바랍니다. 어떤 분야의 프로그래머라도 프로그래밍을 잘 하려면 컴퓨터에 대한 전반적인 지식과 프로그래밍 지식이 필요합니다. 장고를 잘 하려면 파이썬에 대해서도 알아야 하고 파이썬을 일정 수준 이상으로 하려면 또 지식이 필요하죠. 하지만 모른다고 두려워하지 마십시오. 도구를 다루는 법을 익히다 보면 필요한 지식들은

5

따라올 것입니다.

중요한 부분들이나 조금 더 알려드리고 싶은 내용은 중간 중간 저자의 말을 통해 전해드리겠습니다. 장고를 이제 막 시작하려는 여러분! 저는 입문자들을 위한 강의를 계속하면서 이 책을 집필했습니다. 입문자들이 새로운 기술을 배울 때 가장 어려운 점은 자존심입니다. 조금이라도 어렵거나 잘 이해가 안되면 본인이 모른다는 것을 '자신과는 맞지 않다' '나는 배울 수 없는 내용인가보다'하고 포기합니다. 그런데 이 포기가 끈기가 없어서 하는 포기가 아니라 자존심 때문입니다. 본인이 모르다는 것을 인정하기 힘들기 때문에 포기를 하게 됩니다. 개인적으로 당부드립니다. 마음 편히 먹으시고 자존심은 내려두고 천천히 하지만 우직하게 공부해 나가십시오. 그러면 결국에는 완성된 결과물을 보고 웃을 수 있으실 겁니다. 혹시 더 공부해 보고 싶으신 예제 같은 것들이 있다면 얼마든지 아이디어 제안 부탁드립니다. 최선을 다해 여러분이 공부하실 수 있도록 다양한 방법을 통해 돕겠습니다.

마지막으로 이 책을 쓸 수 있게 해주신 하나님께 감사드립니다. 또 감사한 분들이 많습니다. 디지털북스 박예지님 감사합니다. 물심양면으로 응원해주신 아버지, 어머니, 누나, 매형, 조카 다울이 다온이 사랑합니다. 강의와 집필을 도와주신 패스트캠퍼스 장명희 매니저님, 김다영 팀장님, 이형근님, 김수정님, 김지수님, 김하림님, 이다영님, 장연교님 감사합니다. 집필 기간동안 많은 에너지를 불어 넣어준 박연하 연출님, 김혜선, 박한나, 서수빈, 오수림, 황선윤 배우분들 덕분에 집필 잘 마감할 수 있었습니다. 이 책에 실린 내용으로 함께 공부해준 오프라인 수강생 및 서울여자 대학교 구루 학생들과 검토를 함께 해준 김주은, 김민주, 박지현 학생 고맙습니다. 이전부터 격려로 함께 해준 묘사귀 팀 맹시진 연출님, 김현경 감독님을 비롯한 모든 동료 배우님들 그리고 김형민 목사님, 이상암 목사님, 한송희 사모님, 최강희 등대님, 장주원 목자님, 김영특 부목자님을 비롯 빛의 자녀들 교회 식구들 끝으로 일류아 김주영 연출님, 김규한, 김동규, 김새미, 김현정, 박근정, 유석근, 이미정, 이정은, 이지현, 이지혜 배우님들 모두 사랑하고 고맙습니다. 앞으로도 계속 함께 했으면 합니다.

3쇄까지 오는 동안 함께 해주신 분들에게도 감사를 전합니다. 김성욱, 임채은 선생님 좋은 곳 좋은 팀 만나게 해주셔서 고맙습니다. 강현우, 고태희, 김경섭, 김지은, 김한나, 박현희, 박혜림, 배혜진, 유진희, 윤진리, 이영민, 이충학, 이태윤, 장미애, 차헌지, 하민재, 하주영, 허원강, 황혜은 겟잇플레이 8기 식구들 함께 해줘서 고맙습니다.

목차

#1 웹 프로그래밍이란?   12

1.1 인터넷과 웹 사이트   12

1.2 웹 프로그래밍의 세계   14

1.3 웹 서버와 웹 애플리케이션 서버   16

1.4 우리가 배울 장고   17

1.5 인프라라 불리우는 것들에 대해서   17

1.6 파이썬과 장고   19

#2 장고 시작하기   21

2.1 개발 환경 세팅   21

2.2 기본 프로젝트 만들기   37

2.3 장고 기본 명령들   45

2.4 디자인 패턴과 MTV   46

2.5 관리자 계정 생성하기   49

2.6 사이트 확인하기   50

#3 튜토리얼 따라 하기 – 설문조사   53

3.1 사이트 기능 살펴보기   53

3.2 설문조사 서비스 만들기   55

#4 실전 프로젝트 – 북마크   91

4.1 사이트 기능 살펴보기   91

4.2 북마크 앱 만들기   95

4.3 디자인 입히기   118

4.4 배포하기 – Pythonanywhere   133

#5 실전 프로젝트 – Dstagram   169

5.1 기능 살펴보기   169

5.2 프로젝트 만들기   172

5.3 Photo 앱 만들기   175

5.4 Account 앱 만들기   195

5.5 댓글 기능 구현하기   204

5.6 아마존 S3 연동하기   213

5.7 배포하기 – 헤로쿠(Heroku)   230

5.8 마무리 하며   244

#6 실전 프로젝트 – 쇼핑몰   245

6.1 기능 살펴보기   245

6.2 프로젝트 만들기   250

6.3 데이터베이스 설정하기   252

6.4 S3 미디어 서버 설정하기   266

6.5 Shop 앱 만들기   277

6.6 소셜 로그인 추가하기   289

6.7 Cart 앱 만들기   299

6.8 쿠폰 앱 만들기   308

6.9 Order 앱 만들기   317

6.10 배포하기 – AWS   355

6.11 마무리 하며   388

#7 실무 더하기 - Vue.js와 연동하기   389

    7.1 프로젝트 만들기   389

    7.2 앱 만들기   391

    7.3 모델 만들기   392

    7.4 관리자 페이지 등록하기   393

    7.5 뷰 만들기   393

    7.6 URL 연결하기   395

    7.7 Vue.JS 템플릿 적용   397

    7.8 정적 파일 적용   401

    7.9 동작하는 뷰 만들기   405

    7.10 마무리 하며   408

#8 실무 더하기 - REST API 구축하기   409

    8.1 프로젝트 만들기   409

    8.2 앱 만들기   410

    8.3 모델 만들기   411

    8.4 관리자 페이지 등록   412

    8.5 API 환경 만들기   414

8.6 Serializer 클래스 구현하기   415

8.7 뷰 만들기   415

8.8 URL 연결하기   416

8.9 API 문서 만들기   418

8.10 인증 추가하기   420

8.11 문서에서 Token 기능 사용하기   424

8.12 추가 권한 설정하기   425

8.13 마무리 하며   427

본 책의 예제소스는 HTTPS://GITHUB.COM/BAEPEU 에 있습니다.

#1 ‹ 웹 프로그래밍이란?

오늘날 사람들은 인터넷을 보편적으로 사용하고 있습니다. 쇼핑몰을 이용해 인터넷 쇼핑을 하기도 하고 소셜미디어 서비스를 이용해 사람들과 소통을 하기도 합니다. 이런 일들이 어떻게 가능할까요? 막연히 '인터넷을 사용한다'라고 말하며 사용하고 있었던 것들이 어떻게 동작하고 어떻게 만들어지는지 살펴보겠습니다.

1.1 인터넷과 웹 사이트

인터넷(Internet)은 사전적 정의로 '전 세계에 걸쳐 원거리 접속이나 파일 전송, 전자 메일 등의 데이터 통신 서비스를 받을 수 있는, 컴퓨터 네트워크의 시스템'이라는 뜻을 가지고 있습니다. 영어의 사전적 의미로 보아도 'Inter' + 'Network'로 구성된 단어로 여러 네트워크가 연결된 것을 의미하고 있음을 알 수 있습니다. 이런 뜻처럼 우리가 사용하는 인터넷은 전 세계에 퍼져있는 수많은 컴퓨터 사이에 데이터가 오가는 연결망을 의미합니다. 우리는 그 안에서 정보를 접하고 전달하며 다양한 활동들을 하며 살아가고 있습니다.

인터넷의 최초 기원은 미국 정부가 핵전쟁 상황에서도 커뮤니케이션이 가능하게 설계했던 시스템 '아파넷(ARPAnet)'입니다. 첫 통신은 1969년 10월 29일에 캘리포니아대학교에서 스탠퍼드대학교로의 접속입니다. 이후 미국 내 다양한 네트워크들이 하나로 연결되기 시작했고 다른 국가들도 자체적으로 네트워크를 만들기 시작했습니다. 하지만 각각 네트워크에서 사용되는 데이터 교환방식이 달랐기 때문에 국가 간 통신에는 적용하기 힘들었습니다. 이 때문에 TCP/IP라는 공동 프로토콜이 만들어졌고 결국 국가 간 네트워크도 연결될 수 있었습니다.

이렇게 전 세계적으로 넓은 지역에 퍼져있는 컴퓨터들이 네트워크로 묶여 있으려면 어떻게 해야 할까요? 스마트폰으로 전화를 할 때는 전파를 잡아서 한다고 하고 이따금 와이파이를 쓰기도 하니까 연결선이 없이도 전 세계가 연결이 되어 있을까요? 그렇지 않습니다. 우리가 지금 사용하는 무선 통신들도 결국에는 유선 통신망으로 연결이 되어 있습니다. 그럼 인터넷도 마찬가지겠죠? 인터넷은 국가와 국가 사이가 해저 케이블들로 연결이 되어 있습니다.

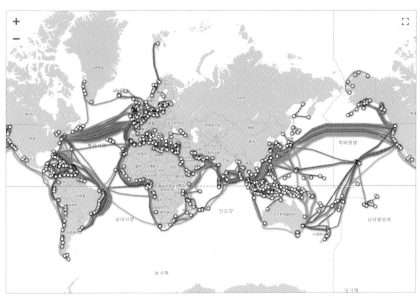

> [그림 01-01] 대륙간 해저 케이블 지도 (https://www.submarinecablemap.com/)

[그림 01-01]을 보면 대륙 간에 여러 갈래의 해저케이블이 연결된 것을 확인할 수 있습니다. 최초의 해저 케이블은 1851년 영국 해협을 가로질러 매설되었다고 알려져 있습니다. 결국에 인터넷은 네트워크 간에 선이 연결되어 있어야 해서 물리적인 문제로 이따금 연결이 끊기는 경우가 생깁니다. 예전에 일본에 대지진이 발생했을 때 일부 네트워크 사업자를 사용하는 사람들은 외국 사이트 접속이 평소보다 현저히 느려지는 상황이 생기기도 했습니다. 물리적인 문제는 언젠가는 해결이 되겠지만 아직은 유선 통신이 무선보다 더 안정적이고 빠르기 때문에 유선 통신이 주를 이루고 있습니다.

이런 물리적 기반 위에서 동작하는 인터넷을 통해 다양한 활동들을 할 수 있습니다. 네트워크 게임(배틀그라운드, 오버워치 등), 인터넷 쇼핑, 유튜브 등의 스트리밍 방송 시청 같은 일들을 하고 있습니다. 일상에서 하는 수많은 일을 인터넷을 통해서 하는데 기본적으로는 '웹 사이트(Web site)'를 기반으로 하고 있습니다. 검색할 때는 구글이나 네이버에 접속해서 하고 쇼핑을 할 때도 쇼핑몰 사이트에 접속을 합니다. 게임을 할 때도 게임 사이트에 접속해 로그인 하고 클라이언트를 실행하기도 합니다. 이처럼 우리가 하는 대부분의 인터넷 활동은 웹 사이트에 기반을 두고 있습니다. 그럼 웹 사이트란 무엇인지 가볍게 살펴볼까요?

웹 사이트(Web site)란 '도메인 이름이나 IP 주소, 루트 경로만으로 이루어진 일반 URL을 통하여 보이는 웹 페이지 (Web Page)들의 의미 있는 묶음이다.'라는 사전적 의미가 있습니다. 흔히 홈페이지라고 부르는 것들은 다 웹사이트라고 할 수 있습니다. 조금 더 쉽게 설명하면 웹 브라우저를 통해 사이트 주소를 입력해서 접속하는 모든 페이지를 웹사이트라고 부를 수 있습니다.

웹 사이트에 접속할 때 인터넷 초창기에는 102.142.133.111 같은 IP 주소를 사용했습니다. IP 주소는 숫자로만 구성되어 있기 때문에 외워 쓰기 힘들다는 단점이 있었습니다. 그래서 도메인 주소라는 개념이 만들어집니다. 흔히 말하는 웹 사이트 주소 www.google.com과 같은 형태를 도메인 주소라고 합니다. 웹 브라우저에 도메인 주소를 입력하면 도메인 주소와 연결된 IP주소를 찾아서 해당 IP주소를 가진 컴퓨터로 접속합니다. 이 순서를 따라 웹 사이트에 접속하게 되기 때문에 도메인 주소와 IP주소를 연결해주는 전화번호부 같은 개념이 필요합니다. 이 전화번호부를 도메인 네임 시스템(Domain Name System, DNS)이라고 합니다. 어떤 도메인이 어떤 IP와 연결되어야 하는지를 기록해두고, 사용자의 요청이 있을 때 알려주는 것이 주로 하는 일인데, 이를 이용해 우리는 IP 대신 이해하거나 외우기 쉬운 인터넷 주소를 사용할 수 있게 된 것입니다.

웹 브라우저에 주소만 입력하고 엔터키를 눌렀을 뿐인데 여러 가지 일들이 일어나고 해저 케이블까지 통과해가면서 정보를 받아보고 있다는 사실이 놀랍지 않으신가요? 이제 웹 브라우저를 이용해 웹 사이트에 접속했을 때 우리가 눈으로 보게 되는 웹 페이지들이 어떻게 구성되는지 살펴봅시다.

1.2 웹 프로그래밍의 세계

웹 프로그래밍은 웹 사이트 혹은 웹 페이지를 만드는 과정을 말합니다. 웹 사이트에 접속했을 때 보이는 화면을 구성하는 것들을 만들어 내는 작업. 이 작업은 다양한 언어를 사용해 진행합니다. 웹 프로그래밍을 할 때는 HTML, CSS, JavaScript 같은 웹 브라우저 단에서 동작하는 코드와 Python, Ruby, PHP, Java 등 서버 컴퓨터 쪽에서 동작하는 코드를 작성합니다. 다양한 언어로 화면을 구성하거나 화면을 구성할 내용을 만들어 내기 때문에 정확히 어디서부터 어디까지 어떤 언어로 일을 처리할 것이냐를 이해하고 있어야만 합니다.

먼저 브라우저 단에서 동작하는 코드를 작성하는 것을 프론트엔드 프로그래밍이라고 합니다. 클라이언트 사이드 프로그래밍이라고도 할 수 있습니다. 프론트엔드에서는 HTML, CSS, JavaScript를 이용합니다. 대부분 화면을 구성하는 코드를 작성하기 때문에 퍼블리싱(Publishing)이라고 부르는 경우도 있습니다만 실무에서 퍼블리셔와 프론트엔드 프로그래머가 하는 일은 어느 정도 분리가 되어있습니다.

[표 01-01] 프론트엔드에 사용되는 언어

언어	용도	예시
HTML	페이지의 구성, 뼈대를 담당	〈p class="title"〉장고 웹 프로그래밍〈/p〉

CSS	HTML 요소에 색상, 크기 등 디자인적인 요소를 적용	.title {
		  background:#fff;
		  color:#000;
		}

JavaScript	이미 만들어진 페이지의 내용을 변경하거나 페이지 구성물들에 움직임을 부여하는 등 동적인 일을 처리	alert("자바스크립트 동작");

[표 01-01]처럼 세 가지 언어들은 역할이 명확하게 분리되어 있습니다. 예전에는 CSS가 할 일을 HTML에서 직접 해주기도 했었습니다. 하지만 세 언어의 역할이 명확히 분리되지 않을 경우 유지보수가 점점 어려워지기 때문에 현대 웹 프로그래밍에서는 최대한 역할을 분리하는 추세입니다

백엔드 프로그래밍은 서버 쪽에서 실행되는 코드를 작성하는 것을 말합니다. 서버 사이드 프로그래밍이라고도 합니다. 백엔드 프로그래밍은 프론트와 다르게 수없이 많은 언어를 사용할 수 있습니다. 컴퓨터에서 실행할 수 있는 코드를 작성할 수 있는 언어라면 대부분 백엔드 프로그래밍에 사용할 수 있기 때문에 현존하는 대부분의 언어로 백엔드 프로그래밍이 가능하다고 말할 수 있습니다.

최근 많이 사용되고 있는 언어로는 Python, Java, C#, Ruby, JavaScript, PHP 등이 있습니다. 그런데 이런 언어들을 사용해서 웹 서비스를 만드는 과정에서 그냥 언어만 사용하고 있는 것이 아니라 프레임워크라는 것을 사용하기도 합니다. 요즘은 프레임워크 사용률이 상당히 높아져 가고 있습니다. 왜냐하면 언어 자체로 웹 프로그래밍을 하는 것은 꽤 반복적이고 지루한 작업을 많이 해야 하는데다가 이 빈도와 양이 상당한데 이런 비효율을 해결하기 위해 만들어진 도구가 프레임워크이기 때문입니다.

Java는 Spring을 JS는 Node.js를 Ruby는 Ruby on Rails라는 프레임워크를 사용하고 PHP도 Laravel이라는 프레임워크를 사용하게 되면서 언어 간의 점유율 싸움이 아니라 이제는 프레임워크 간의 점유율 싸움인 것 같다는 생각마저 들게 되는 실정입니다. 일일이 열거하기에는 너무 많은 프레임워크[1]가 있습니다. 그래서 프레임워크의 종류를 알기보다는 큰 분류를 알아 두는 것이 좋겠습니다.

웹 프레임워크는 크게 풀스택(FullStack) 프레임워크와 마이크로(Micro) 프레임워크가 있습니다. 풀스택 프레임워크는 웹 서비스를 만드는데 필요한 다양한 기능(데이터베이스, 인증, 템플릿

---

1   https://en.wikipedia.org/wiki/Web_framework

엔진 등)을 모두 포함하고 한꺼번에 설치하는 형태입니다. 이 때문에 프레임워크를 설치하자마자 기본적인 웹 서비스를 할 수 있을 정도로 편리합니다. 다만 기본 기능들이 하나로 똘똘 뭉쳐있기 때문에 커스터마이징이 비교적 어렵다는 점과 함께 설치되는 코드의 양이 많기 때문에 상대적으로 느리다는 단점이 있습니다. 마이크로 프레임워크는 적은 코드가 초기에 설치되고 많은 기능을 갖고 있지 않기 때문에 가볍고 빠르다는 장점과 커스터마이징 하기에 좋다는 장점을 갖고 있습니다. 반대로는 기능 개발에 비교적 시간이 오래 걸릴 수 있다는 것이 단점입니다.

1.3 웹 서버와 웹 애플리케이션 서버

이렇게 프레임워크를 활용하거나 언어 자체로 웹 서비스를 만들면 인터넷 공간 어딘가에 컴퓨터를 준비해 두고 그 컴퓨터에 웹 애플리케이션이 동작하고 있어야만 사람들이 이용할 수 있습니다. 이때 사용하는 컴퓨터가 바로 웹 서버입니다. 실상 웹 서버 프로그램이라고 불러야 맞는 이야기겠지만 기본적으로는 컴퓨터 단위를 말하기 때문에 여기서도 컴퓨터라 부르겠습니다. 웹 서버는 다양한 기능을 하는 각각의 소프트웨어가 동작할 수 있는 환경이 되는 컴퓨터를 말합니다. 그리고 그 중에서도 웹 서버 프로그램은 사용자가 브라우저를 통해 서버 컴퓨터에 접속했을 때 요청을 정리하고 웹 애플리케이션으로 전달하는 역할을 하는 프로그램입니다. 웹 애플리케이션 서버란 웹 서비스 자체가 돌아가는 서버를 이야기합니다. 여기서도 다시 웹 애플리케이션 서버 프로그램이라고 부르도록 하겠습니다.

이전에는 웹 서버 프로그램이 웹 애플리케이션에 요청을 전달하거나 처리된 결과를 받아오기 위해 CGI(Common Gateway Interface)라는 방식을 사용했습니다. 쉽게 말해서 정해진 양식을 사용해 요청하고 결과를 받아오는 방식입니다. 그런데 이 방식은 상당히 느리고 비효율적이었습니다. 그래서 아파치 웹 서버 같은 경우 fast_cgi나 기타 모듈 방식으로 발전을 하게 됩니다. 이후 점점 성능을 높이려는 시도를 통해 웹 애플리케이션 서버 방식으로까지 발전하였습니다. Java의 경우 톰캣이라는 웹 애플리케이션 서버를 사용하고 파이썬 장고나 루비 레일즈 같은 경우 Gunicorn 같은 방식의 미들웨어 서버 방식으로 사용하고 있습니다. CGI 방식에 비해 어떤 점이 좋아졌는지 대표적인 것 하나만 꼽자면 포크(Fork) 방식으로 요청이 있을 때마다 프로그램을 별도로 실행해서 메모리를 잡아먹는 대신 웹 애플리케이션 서버를 통해 요청을 한곳에 전달해 메모리를 절약할 수 있게 효율화되었다는 것입니다.

1.4 우리가 배울 장고

우리가 배울 장고는 WSGI라는 미들웨어 방식으로 웹 애플리케이션 서버를 구동해 적은 리소스로 높은 효율성을 내기 위해 발전해가고 있습니다. 실전 예제를 만들 때는 실제로 WSGI를 이용한 방식으로 배포를 해보게 될 것입니다.

1.5 인프라라 불리우는 것들에 대해서

웹 서버와 웹 애플리케이션 서버가 동작하려면 컴퓨터가 필요합니다. 그런데 웹 서비스를 하려면 한 대의 컴퓨터만 가지고 일하지는 않습니다. 사용자 접속량에 따라 수백 대 이상의 서버를 사용해 웹 애플리케이션을 동작시키고 데이터베이스 서버, 파일 이미지 서버 등이 별도로 동작하고 이메일 서버 로그인 서버 등을 따로 운영하기도 합니다. 이런 다양한 종류의 서버 컴퓨터들이 동작하는 환경과 이 환경의 형태를 인프라(Infra)라고 부릅니다. 요즘은 클라우드 컴퓨팅이라고 해서 이런 인프라를 가상화를 통해 구성하기도 합니다. 가상화가 실제 물리적 컴퓨터를 활용한 방식보다 확장이나 관리 면에서 편리하긴 하지만 구성방식은 대동소이 합니다.

간단한 인프라를 예로 들자면 CDN - 로드밸런서 - 웹 서버 - (캐시, 데이터베이스, 파일) 서버들이 하나로 뭉쳐있는 형태입니다. 한가지씩 설명해 드리겠습니다.

CDN은 Content Delivery Network라고 불리는 서비스로 전 세계 곳곳에 노드 컴퓨터를 두고 사용자가 필요한 데이터를 미리 저장해 놓거나 요청받은 이후에 다음 사용자를 위해 저장해 놓는 형태로 서버와 사용자 간 물리적 거리로 인한 응답 시간 증가를 최소화하기 위한 서비스입니다. 에어 비앤비나 직방같은 고화질 이미지를 전송해야 하는 서비스나 유튜브처럼 전 세계에 대용량 데이터를 전송해야 하는 서비스들이 이 CDN을 통해 서비스 효율화를 추구하고 있습니다.

로드밸런서는 웹 서버와 관련이 있습니다. 한 대의 웹 서버가 동시 접속자 100명을 감당한다고 생각해 봅시다. 동시 접속자가 300명이 되려면 어떻게 해야 할까요? 컴퓨터를 3대로 늘리거나 한 대의 웹 서버 사양을 높이는 방식을 취해야 합니다. 전자를 아웃 스케일링, 후자를 업 스케일링한다고 하는데 아웃 스케일링을 하면 여러 컴퓨터가 하나로 묶여있어야 사용자들이 불편함 없이 서비스에 접속할 수 있습니다. 이 때 사용하는 것이 로드밸런서입니다. 사용자들이 어떤 URL을 이용해 접속할 때 IP가 필요하다는 것을 설명해 드렸었습니다. 로드밸런서를 사용하는 인프라 환경에서는 URL을 통해 얻는 IP가 로드밸런서의 IP입니다. 그래서 사용자는 결국에 로드밸런서로 접속하고 로드밸런서는 접속한 사용자의 요청을 어떤 웹 서버 컴퓨터로 전달하는 역할을 수행합니다. 클라우드 컴퓨팅 인프라에서는 이 로드밸런서도 내부적으로 아웃 스케일링을 통해 사용자 증가를 감당하고 있습니다.

웹 서버는 실제 요청을 처리하는 컴퓨터입니다. 웹 서버 프로그램과 웹 애플리케이션 프로그램이 보통 한 컴퓨터에서 실행되도록 만드는데 이 웹 서버 자체의 구성 방법도 다양합니다. 하지만 기본적으로는 아파치나 Nginx같은 웹 서버 프로그램이 동작하고 있는 컴퓨터를 지칭합니다.

캐시 서버는 CDN과 비슷한 역할을 하는데 들어온 요청에 대한 응답을 미리 파일이나 메모리 캐시로 저장해 두는 컴퓨터를 말합니다. Redis나 Memcached 같은 것들이 대표적입니다. 한번 요청이 들어오면 웹 서버가 이 요청을 받고 웹 애플리케이션에 요청을 전달합니다. 그리고 자료가 필요하면 데이터베이스에 접근해 데이터를 얻어와서 요청을 가공하고 웹서버에 전달하면 웹 서버가 이 완성된 자료를 사용자에게 전달하는 방식으로 웹 서비스가 동작하는데 캐시는 이 과정을 생략하기 위해서 동작합니다. 웹 서버가 어떤 요청을 받으면 해당 요청과 똑같은 요청이 있었는지 캐시에서 확인하고 있었다면 그걸 바로 내어주는 형태입니다.

데이터베이스는 컴퓨터에서 사용하는 엑셀과 비슷한 역할을 합니다. 웹 서비스는 수많은 데이터를 저장하고 가공해야 합니다. 컴퓨터를 사무 용도로 사용할 때는 데이터 관리를 위해 엑셀 같은 프로그램을 사용하는데 이때 파일에 데이터를 저장합니다. 이렇게 파일에 저장하는 방식은 느린 편에 속합니다. 그래서 웹 서비스에서 다루는 높은 빈도의 데이터 처리에는 적합하지 않습니다. 이러한 데이터베이스의 단점을 해결하기 위해서 나온 데이터 관리 전용 서비스입니다. 데이터를 빠르게 저장하고 검색하는 용도로 웹 서비스가 요구하는 높은 성능을 보여줍니다. MySQL, MS-SQL, Oracle DB 같이 많은 회사에서 다양한 형태로 만들어서 판매하고 있습니다. 또 RDS와 No-SQL라 불리는 형태도 나뉘기도 합니다. RDS는 흔히 말하는 SQL 쿼리문을 사용하는 관계형 데이터베이스를 말하고 No-SQL은 SQL을 사용하지 않고 문서 형태로 관리하는 데이터베이스를 말합니다. 하지만 웹 서비스를 구성할 때 한가지 데이터베이스만 사용하는 것이 아니라 기능이나 데이터 종류에 따라 다양한 데이터베이스를 조합해서 사용하기도 합니다.

마지막으로 파일 서버 같은 경우 사용자가 업로드한 파일을 여러 사용자가 함께 봐야 하는 경우 대표적으로 인스타그램 같은 서비스에서 활용하는 서버입니다. 사용자가 파일을 업로드했다면 보통 한곳의 웹서버를 통해 업로드 합니다. 그럼 다른 웹 서버들에 이 파일을 동기화해야 하는데 이 동기화 기법도 여러 가지 방법이 있고 효율도 다릅니다. 하지만 한 곳에 업로드한 후 여러 곳에 동기화 하는 방법은 아무리 노력해도 동기화가 완벽히 되지 않는 경우가 발생할 수밖에 없습니다. 그래서 사용하는 방식이 중앙에 하나의 이미지 서버를 준비해두고 이곳을 통해 이미지를 공유하는 방식입니다. 이런 방식을 사용하면 네트워크가 단절되지 않는 한 이미지를 여러 웹 서버에서 동시에 접근할 수 있습니다.

자, 간단한 인프라를 구성하려고 해도 이렇게 다양한 서버들이 필요합니다. 앞으로 여러분이 능력 있는 웹 서비스 개발자가 되려면 다양한 인프라 구성 방식에 대해 알아야 하고 각 인프라에 대한 접근 방법 API가 있다면 그 API를 이용하는 방법도 익혀두셔야 합니다. 물리적 인프라는 별도로 하고 클라우드 같은 경우에도 국내에 SK, KT가 서비스하는 클라우드부터 해외에는 Google, Amazon, MS가 서비스하는 굵직한 클라우드 서비스들이 있습니다. 모든 클라우드 서비스를 익히려 하는 것은 비효율적이겠지만 한 곳만 고집하는 것 또한 부족합니다. 일하는 회사에 따라 한 인프라에서 다른 인프라로 옮겨가는 경우도 있으니 꾸준히 관심을 갖고 관련 커뮤니티 글이나 뉴스레터를 구독하면서 정보를 얻어 두시는 것이 좋겠습니다.

1.6 파이썬과 장고

파이썬은 이 시대 최고의 입문용 언어이며 정말 많은 영역에서 사용되고 있는 범용 언어입니다. 1991년에 출시된 생각보다 오래된 언어이지만 모던 프로그래밍 트랜드를 선도하는 언어이기도 합니다. 귀도 반 로섬이 발표하였고 현재는 파이썬 소프트웨어 재단에서 관리하고 있습니다. 필자는 파이썬을 장고를 통해 접하게 되었습니다. 많은 사람이 파이썬과 장고를 알고는 있는데 어떻게 이런 폭발적인 인기를 얻게 되었는지는 잘 모르실 겁니다. 장고는 파이썬으로 만들어졌으니 당연히 파이썬 보다 늦게 출시되었습니다. 2005년에 처음 출시되었는데 로렌스 저널 월드 신문사에서 2003년에 시작된 프로젝트입니다. 우선 신문사 사이트를 만들고 사용성이 검증되자 2005년에 오픈 소스로 공개하게 됩니다.

장고가 유명해지게 된 계기는 구글 앱 엔진에서 장고를 채용한 일입니다. 구글 앱 엔진은 지금은 구글 클라우드 내에서 서비스되고 있지만 구글 클라우드가 출시되기 전부터 여러 가지 언어로 웹 애플리케이션을 만들어 구글 인프라 안에서 구동할 수 있게 해주는 서비스였습니다. 그런데 파이썬으로 웹 애플리케이션을 만드는데 장고를 채용하면서 장고가 빠르게 유명세를 타기 시작했습니다. 그리고 덕분에 파이썬도 함께 유명해지기 시작했습니다. 닭이 먼저냐 달걀이 먼저냐 싸움 같지만, 필자 입장에서는 '장고 때문에 파이썬이 유명해졌다'에 한 표를 던지고 싶습니다.

파이썬은 어플리케이션 제작, 데이터 분석, 머신러닝 등 다양한 분야에서 쓰이고 있고 때문에 장고의 필요성은 날로 높아져 갑니다. 어떤 형태로 파이썬을 활용하던지 웹 서비스가 붙어야 하는 경우가 많기 때문입니다.

장고는 파이썬 언어로 프로그래밍하는 웹 프레임워크입니다. 웹 프레임워크 중에서도 장고는 가장 빠른 시간내에 웹 서비스를 구현할 수 있는 프레임워크입니다. 생산성이 좋다고 말할 수 있습니다. 장고가 생산성이 좋은 이유는 웹 서비스를 만들 때 필요한 대부분의 기능을 미리 정형화된 형태로 준비해뒀기 때문입니다.

설치하자마자 회원 관리 기능과 관리자 페이지를 사용할 수 있습니다. 그리고 데이터베이스와의 통신을 위한 다양한 드라이버를 지원하고 ORM 방식을 통해 데이터베이스를 다룰 수 있기 때문에 프로그래머는 SQL을 몰라도 데이터베이스를 편하게 다룰 수 있습니다. 또 CRUD라도 부르는 기본 기능들을 제네릭 뷰라는 형태로 미리 만들어뒀기 때문에 이 뷰를 상속받기만 해도 바로 기능을 구현할 수 있습니다.

또 다양한 기본 미들웨어를 사용해 웹 애플리케이션 보안성이 높습니다. 그리고 설정파일을 개발 환경과 배포 환경을 구분해서 사용할 수 있기 때문에 편리하고 유명한 프레임워크니 만큼 대다수의 클라우드 서비스에서 자동 배포를 활용할 수 있습니다.

정말 길게 말하면 입이 아플 만큼 편리한 프레임워크임이 틀림없습니다. 이제 다음 장부터 장고를 실제로 사용해보면서 이 좋은 점들을 하나씩 활용해 웹 서비스를 만들어 보겠습니다.

#2 장고 시작하기

장고를 이용해 웹 프로그래밍을 하면 웹 서비스를 만드는 데 사용되는 시간을 절약할 수 있습니다. 그리고 적은 노력으로 많은 기능을 완성할 수 있습니다. 왜 적은 노력으로 이런 일들이 가능한지 장고 프로젝트의 구조를 살펴보며 알아봅시다.

2.1 개발 환경 세팅

장고를 이용해 웹 프로그래밍을 하려면 파이썬 개발 환경이 필수입니다. 지금부터 파이썬 설치와 파이참을 설치해 개발 환경을 만들어 보겠습니다.

2.1.1 파이썬 설치

파이썬이라는 언어로 프로그래밍을 하려면 파이썬 해석기인 인터프리터를 설치해야 합니다. 이제 설치할 파이썬 3.7.1 프로그램은 이 인터프리터를 설치하는 과정입니다. 윈도우, 맥, 리눅스 컴퓨터 모두에 설치가 필요합니다. 자신의 컴퓨터 OS에 맞는 설치 프로그램으로 설치하시면 됩니다.

2.1.1.1 맥(MacOS)에 파이썬 설치

Step 01   웹 브라우저를 열고 www.python.org 페이지에 접속해 Downloads -> Python 3.7.1 버튼을 클릭합니다.

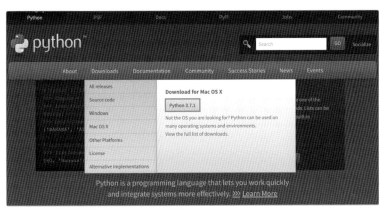

> [그림 02-01] 파이썬 공식 홈페이지

Step 02 다운로드 받은 python-3.7.1-macosx10.9.pkg 파일을 실행합니다.

> ❯ [그림 02-02] 맥 OS용 파이썬 설치 프로그램

Step 03 설치 프로그램이 실행되면 소개 페이지가 나타납니다. [계속] 버튼을 클릭합니다.

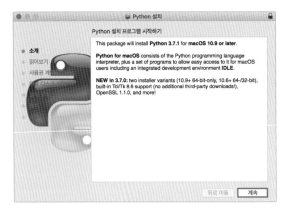

> ❯ [그림 02-03] 파이썬 설치 첫 화면

Step 04 설치에 관련된 중요 정보가 나오는 읽어보기 화면입니다. [계속] 버튼을 클릭합니다.

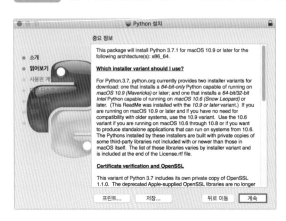

> ❯ [그림 02-04] 읽어보기 화면

Step 05 사용권 계약 화면이 나옵니다. 주의해서 읽어볼 부분은 없지만 파이썬의 역사가 나오기도 하니 관심이 있다면 읽어보시기 바랍니다. [계속] 버튼을 클릭합니다.

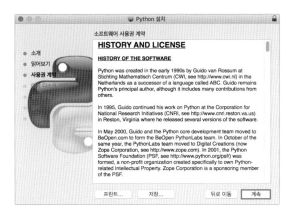

> [그림 02-05] 사용권 계약 화면

Step 06 바로 팝업으로 이용약관 동의 화면이 나타납니다. [동의] 버튼을 클릭합니다.

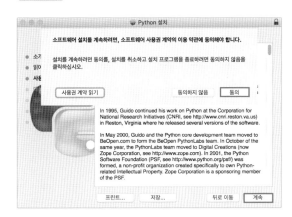

> [그림 02-06] 이용약관 동의 팝업

Step 07 이제 설치 위치를 고를 수 있습니다. 적당한 디스크를 선택한 후에 [계속] 버튼을 클릭합니다.

> [그림 02-07] 설치 디스크 선택

Step 08 설치 유형을 선택할 수 있습니다. 변경 없이 설치할 것이기 때문에 [설치] 버튼을 클릭합니다.

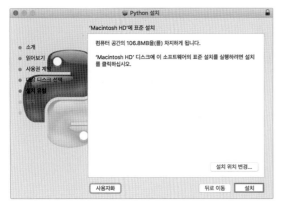

> [그림 02-08] 설치 유형 선택

Step 09 시스템 암호를 입력해야 합니다. 본인 컴퓨터의 암호를 입력하고 [소프트웨어 설치] 버튼을 클릭합니다.

> [그림 02-09] 암호 입력

Step 10 설치가 진행됩니다. 완료될 때까지 잠시 기다립니다.

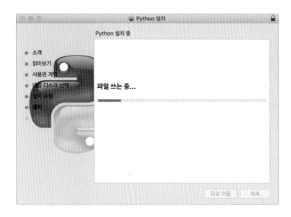

> [그림 02-10] 설치 진행

Step 11 설치가 완료되면 파이썬 애플리케이션 폴더가 자동으로 나타납니다. 이 창은 그대로 둡니다.

> [그림 02-11] 설치 완료 애어플리케이션 폴더

Step 12 설치 화면으로 다시 돌아오면 설치가 완료되었다는 메시지가 보입니다. [닫기] 버튼을 클릭합니다.

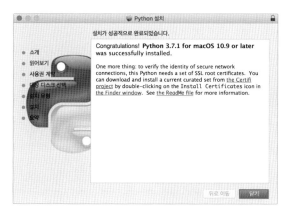

> [그림 02-12] 설치 완료 메시지

Step 13 다운로드 받았던 설치 프로그램 제거 메시지가 나옵니다. [휴지통으로 이동] 버튼을 클릭합니다.

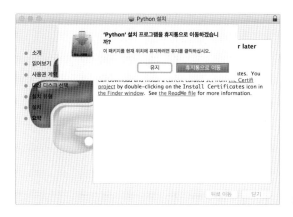

> [그림 02-13] 설치 프로그램 삭제 메시지

Step 14 Step 11에서 보았던 화면으로 이동해 IDLE 프로그램을 실행합니다. [그림 02-14]처럼 Python 3.7.1이라
는 메시지가 나타나면 설치가 제대로 된 것을 확인할 수 있습니다.

> [그림 02-14] IDLE

2.1.1.2 윈도우(Windows)에 파이썬 설치

윈도우에 파이썬 설치 시 주의할 점은 윈도우 사용자 계정이름이 한글일 경우 나중에 문제가 생
길 수 있다는 것입니다. 꼭 영문 계정을 생성해서 해당 계정으로 로그인한 후 설치를 진행합니다.

Step 01 웹 브라우저를 열고 www.python.org 페이지에 접속해 Downloads -> Python 3.7.1 버튼을 클릭 합니다.

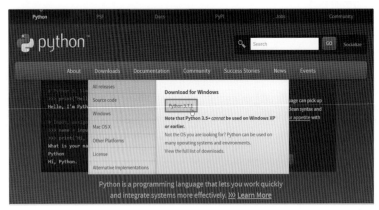

> [그림 02-15] 파이썬 공식 홈페이지

Step 02 다운로드 받은 설치 프로그램을 실행합니다.

> [그림 02-16] 파이썬 설치 파일

Step 03 파이썬 설치화면이 나타나면 아래쪽에 있는 두 개의 체크 박스에 모두 체크를 하고 [Install Now] 버튼을 클릭합니다.

> ❯ [그림 02-17] 설치 첫 화면

Step 04 사용자 계정 컨트롤 창이 나타나면 [예] 버튼을 클릭합니다.

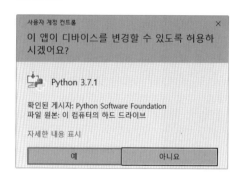

> ❯ [그림 02-18] 사용자 계정 컨트롤 창

Step 05 설치가 진행됩니다. 잠시 기다립니다.

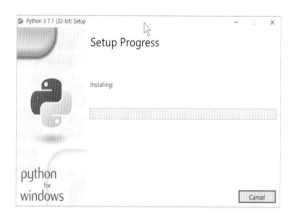

> ❯ [그림 02-19] 설치 진행

Step 06 맥보다 설치가 금방 완료됩니다. [Close] 버튼을 클릭합니다.

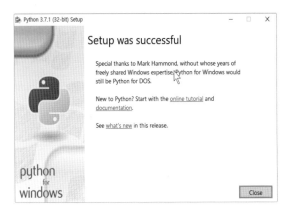

> [그림 02-20] 설치 완료

Step 07 시작 메뉴에서 새로 설치된 프로그램 목록에서 파이썬 관련 프로그램들을 확인할 수 있습니다.

> [그림 02-21] 파이썬 설치 후 시작 메뉴

Step 08 시작 메뉴에서 IDLE을 실행합니다. IDLE에서 Python 3.7.1 버전 명을 확인할 수 있으면 설치가 잘 된 것입니다.

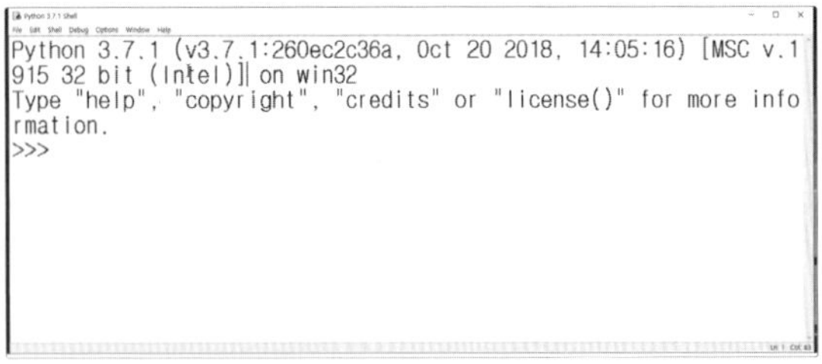

```
Python 3.7.1 (v3.7.1:260ec2c36a, Oct 20 2018, 14:05:16) [MSC v.1
915 32 bit (Intel)] on win32
Type "help", "copyright", "credits" or "license()" for more info
rmation.
>>>
```

> [그림 02-22] IDLE 실행

2.1.2 파이참 설치

파이썬을 설치했으니 이제 파이참을 설치해보겠습니다. 파이참은 파이썬으로 프로그래밍을 할 때 사용되는 소프트웨어 중 대표적입니다. 파이썬 전용이고 유료, 무료 버전을 제공하고 있습니다. 이 책에서는 무료 버전을 사용합니다. 무료 버전을 사용해도 개발하는데 전혀 지장이 없으므로 설치해 보겠습니다.

2.1.2.1 맥(MacOS)에 파이참 설치

Step 01   웹 브라우저를 열고 파이참 다운로드 페이지(http://www.jetbrains.com/pycharm/download/)에 접속합니다. 무료인 Community 버전의 검정색 [DOWNLOAD] 버튼을 클릭합니다.

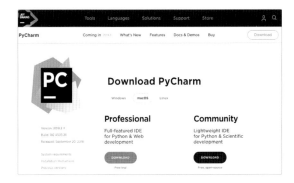

> [그림 02-23] 파이참 다운로드 페이지

Step 02   설치 파일 다운로드가 시작됩니다. 안내 페이지에서는 메일링을 신청할 수 있습니다. 파이참 제작사의 메일링을 받고 싶다면 등록하시기 바랍니다. 설치 파일 다운로드가 끝나면 설치 파일을 실행합니다.

> [그림 02-24] 설치 파일 다운로드

Step 03 맥에서 파이참 설치는 간단합니다. 창이 나타나면 [PyCharm CE.app] 아이콘을 [Applications] 아이콘으로 드래그 합니다.

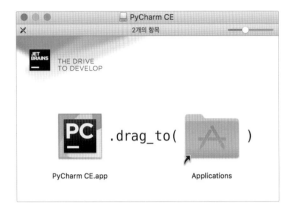

> [그림 02-25] 앱 설치

Step 04 그러면 바로 앱 파일이 응용 프로그램 폴더로 복사됩니다.

> [그림 02-26] 앱 파일 복사 중

Step 05 복사가 끝나면 런치패드에서 앱을 확인할 수 있습니다. 클릭해 실행합니다.

> [그림 02-27] 런치패드에 보이는 파이참

Step 06 최초 실행 시 확인 메시지가 나타납니다. [열기] 버튼을 클릭합니다.

> [그림 02-28] 실행 확인

Step 07 역시 최초 실행 시 환경 설정을 불러오기 위한 화면이 나타납니다. 이전에 사용하던 설정이 없기 때문에 [Do not import settings]를 선택하고 [OK] 버튼을 클릭합니다.

> [그림 02-29] 설정 불러오기 창

Step 08 단축키 설정 화면이 나타납니다. [I've never used PyCharm]을 선택하고 [Next: UI Themes] 버튼을 클릭합니다.

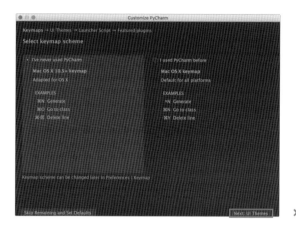

> [그림 02-30] 단축키 설정

Step 09 테마 선택화면입니다. 어두운 테마와 밝은 테마가 존재하니 원하는 테마를 선택 후 [Skip Remaining and Set Defaults] 버튼을 클릭합니다.

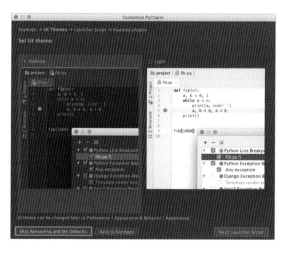

> [그림 02-31] 테마 선택

Step 10 로딩 화면이 나타납니다. 다음 번 실행부터는 바로 이 로딩 화면이 보일 것입니다. 잠시 기다립니다.

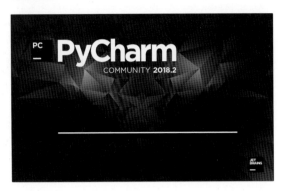

▶ [그림 02-31] 파이참 로딩 창

Step 11 파이참 로딩이 끝나면 Welcome 창이 나타납니다. 이 화면을 보고 있다면 설치가 잘 끝난 것입니다.

▶ [그림 02-33] 파이참 Welcome 창

2.1.2.2 윈도우(Windows)에 파이참 설치

Step 01 웹 브라우저를 열고 파이참 다운로드 페이지(https://www.jetbrains.com/pycharm/download/)에 접속합니다. 무료인 Community 버전의 검정색 [DOWNLOAD] 버튼을 클릭합니다.

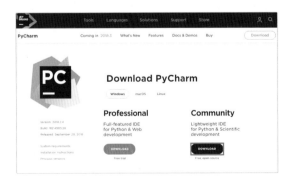

▶ [그림 02-34] 파이참 다운로드 페이지

Step 02 설치 파일 다운로드가 시작됩니다. 안내 페이지에서는 메일링을 신청할 수 있습니다. 파이참 제작사의 메일링을 받고 싶다면 등록하시기 바랍니다. 설치 파일 다운로드가 끝나면 설치 파일을 실행합니다.

> [그림 02-35] 설치 파일 다운로드

Step 03 사용자 계정 컨트롤 창이 나타나면 [예] 버튼을 클릭합니다.

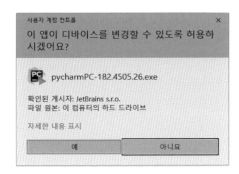

> [그림 02-36] 사용자 계정 컨트롤

Step 04 환영 화면이 나타납니다. [Next >] 버튼을 클릭합니다.

> [그림 02-37] 환영 화면

Step 05 설치 위치를 지정할 수 있습니다. 변경 없이 그대로 두고 [Next >] 버튼을 클릭합니다.

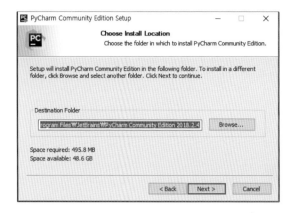

> [그림 02-38] 설치 위치 지정

Step 06 옵션 선택 창이 나타나면 [그림 02-39]와 똑같이 체크(32비트 운영체제나 환경에서 사용하려면 JRE를 같이 다운로드 해야 합니다.) 하고 [Next >] 버튼을 클릭합니다.

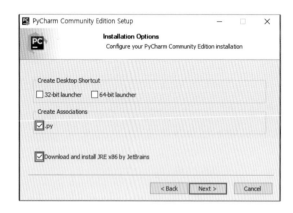

> [그림 02-39] 옵션 선택 창

Step 07 시작 메뉴 폴더 구성을 선택할 수 있습니다. 변경 없이 그대로 두고 [Install] 버튼을 클릭합니다.

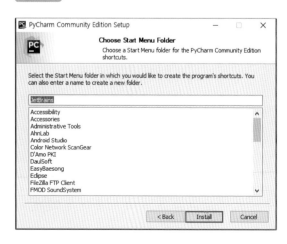

> [그림 02-40] 시작 메뉴 폴더 구성

Step 08 우선 JRE가 다운로드 됩니다.

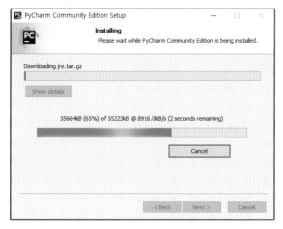

> [그림 02-41] JRE 다운로드

Step 09 필요한 파일 복사와 함께 설치가 진행됩니다.

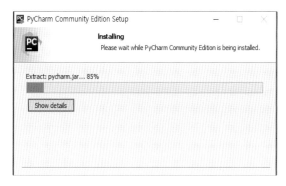

> [그림 02-42] 설치 진행

Step 10 설치를 완료했습니다. 체크 박스에 체크하고 [Finish] 버튼을 클릭합니다.

> [그림 02-43] 설치 완료

Step 11 이전 설정 불러오기 창이 나타납니다. [Do not import settings]를 선택하고 [OK] 버튼을 클릭합니다.

> [그림 02-44] 설정 불러오기

Step 12 테마 선택 화면에서는 원하는 색상의 테마를 선택하고 [Skip Remaining and Set Defaults] 버튼을 클릭합니다.

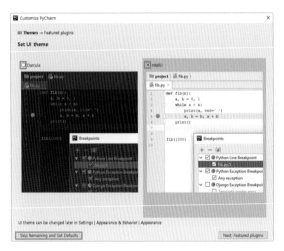

> [그림 02-45] 테마 선택

Step 13 로딩 화면이 나타납니다. 다음 번 실행부터는 바로 이 로딩 화면이 보일 것입니다. 잠시 기다립니다.

> [그림 02-46] 파이참 로딩 창

Step 14 파이참 로딩이 끝나면 Welcome 창이 나타납니다. 이 화면을 보고 있다면 설치가 잘 끝난 것입니다.

> [그림 02-47] 파이참 Welcome 창

파이썬과 파이참을 설치해 봤습니다. 이제 환경 구성이 끝났으니 실제 장고 프로젝트를 만들어 보면서 장고를 살펴봅시다.

2.2 기본 프로젝트 만들기

장고로 웹 서비스를 만든다는 것은 파이썬을 가지고 웹 프로그래밍을 한다는 것과 같은 의미입니다. 파이참을 사용해 장고 프로젝트를 시작하려면 기본적으로 파이참 프로젝트를 만든 후에 장고 프로젝트를 만들 수 있습니다. 각각의 단계를 살펴봅시다.

2.2.1 프로젝트 생성

Step 01 우선 파이참 프로젝트를 만들겠습니다. 파이썬 Welcome 창에서 [Create New Project] 버튼을 클릭합니다.

> [그림 02-48] 파이썬 Welcome 창

Step 02   프로젝트 만들기 창이 나타납니다. 이 창에서 Location 부분에 선택되어 있는 [untitled]이 프로젝트 이름입니다. 이 이름을 [django_default]로 변경합니다.

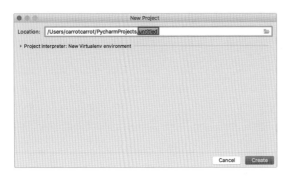

> [그림 02-49] 프로젝트 만들기 창

Step 03   [그림 02-50]처럼 이름을 변경하면 이 이름으로 프로젝트 폴더가 생성될 것입니다. 프로젝트 이름은 변경했으니 가상 환경 설정을 살펴보겠습니다. [Project Interpreter]를 클릭합니다.

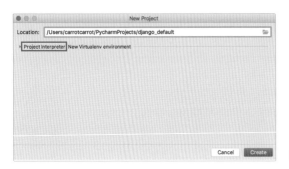

> [그림 02-50] 프로젝트 이름 변경

Step 04   가상 환경은 다양한 파이썬 버전과 모듈 버전을 사용하고 싶을 때 각각의 버전별 환경을 분리해서 사용하는 것을 의미합니다. 이 책에서도 앞으로 프로젝트마다 별개의 가상 환경을 설정해두고 사용할 것입니다. [그림 02-51]처럼 [New environment using]를 선택하고 설정을 확인합니다. [Location]은 프로젝트 폴더 밑에 venv 폴더로 설정하고 [Base interpreter]는 파이썬 3.7 버전으로 선택하면 됩니다. 보통은 기본 값으로 두고 바꾸지 않아도 됩니다. 설정을 다 확인했으면 [Create] 버튼을 클릭합니다.

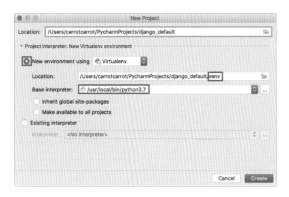

> [그림 02-51] 가상 환경 설정

Step 05 유용한 팁 창이 나타납니다. 다음번부터 보지 않기 위해서 [Show tips on startup]에 체크를 없애고 [Close] 버튼을 클릭합니다.

> [그림 02-52] 팁 창

Step 06 [그림 02-53]처럼 파이썬 프로젝트를 생성하면 프로젝트 이름과 같은 이름으로 폴더가 생기고 그 안에 venv라는 가상 환경 폴더가 생깁니다. 이제 여기에 장고 프로젝트를 만들어 보겠습니다.

> [그림 02-53] 파이썬 프로젝트 생성 완료

Step 07 파이참 아래쪽에 있는 [Terminal] 버튼을 클릭하면 가상환경이 활성화되어 있는 터미널이 켜집니다. 여기에 장고 명령들을 입력할 것입니다.

> [그림 02-54] Terminal

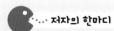

···· 저자의 한마디

가상 환경을 구축하지 않고 장고를 설치해도 무방하지만 다양한 프로그래밍 환경을 경험하고 이 환경이 망가지지 않도록 가상 환경을 사용하는 것을 추천합니다. 또 이 가상 환경에서 입력하는 명령들을 기준으로 할 것이기 때문에 윈도우, 맥, 리눅스 모두 동일한 명령으로 실행할 수 있습니다.

Step 08 터미널에 다음 명령을 입력합니다. '$'는 입력하지 않습니다. 명령창이라는 의미입니다.

> `$ pip install django`

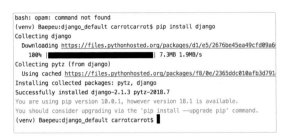

> [그림 02-55] 장고 설치

장고 설치는 금방 완료됩니다. 다만 프로젝트를 만들 때마다 장고를 설치할 것입니다.

Step 09 장고를 설치했으면 장고 프로젝트를 만들어야 합니다.

> `$ django-admin startproject config .`

위의 명령을 입력할 때 주의 할 점은 config 다음에 한 칸을 띄우고 .(점)이 있다는 것입니다. 이 점은 '현재 폴더에 파일들을 만들겠다'라는 의미입니다. 장고 프로젝트를 만들면 config 폴더가 생기고 manage.py 라는 파일이 만들어 집니다.

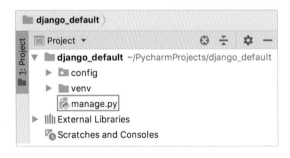

> [그림 02-56] 장고 프로젝트 생성 후 프로젝트 폴더

Step 10 장고로 프로젝트를 생성했기 때문에 우리는 당장이라도 웹 사이트를 사용할 수 있는 상태입니다. 하지만 아직 할 일이 남아 있습니다. 바로 DB(데이터베이스)를 생성하는 일입니다.

> `$ python manage.py migrate`

위의 명령을 입력해 DB를 초기화 하면서 DB 파일을 생성합니다. [그림 02-57]처럼 장고가 여러 가지 일을 처리하면서 DB를 만들고 초기화 합니다.

```
Applying admin.0003_logentry_add_action_flag_choices... OK
Applying contenttypes.0002_remove_content_type_name... OK
Applying auth.0002_alter_permission_name_max_length... OK
Applying auth.0003_alter_user_email_max_length... OK
Applying auth.0004_alter_user_username_opts... OK
Applying auth.0005_alter_user_last_login_null... OK
Applying auth.0006_require_contenttypes_0002... OK
Applying auth.0007_alter_validators_add_error_messages... OK
Applying auth.0008_alter_user_username_max_length... OK
Applying auth.0009_alter_user_last_name_max_length... OK
Applying sessions.0001_initial... OK
(venv) Baepeu:django_default carrotcarrot$
```

> [그림 02-57] 명령 실행 후 터미널

초기화 작업이 끝나고 프로젝트 탐색창을 보면 db.sqlite3 파일이 생겨있습니다. 이 파일에 우리가 웹 프로그래밍에서 다루는 회원 정보나 글 정보들이 저장됩니다. 파일 내용을 자세히 살펴보고 싶다면 sqlite viewer를 검색해 원하는 프로그램을 다운로드 받아 확인할 수 있습니다.

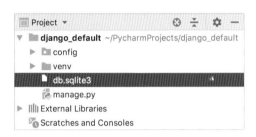

> [그림 02-58] db.sqlite3 생성 완료

2.2.2 프로젝트 구조 살펴보기

프로젝트를 생성했으니 구조를 살펴보겠습니다. [그림 02-59]처럼 여러 가지 폴더와 파일들이 있습니다. 여기에 추가로 폴더와 파일들을 생성해가면서 웹 서비스를 완성할 것입니다.

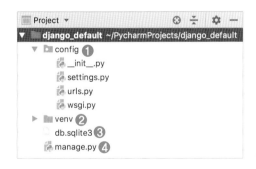

> [그림 02-59] 프로젝트 파일들

❶ config 폴더 : 프로젝트 설정 파일과 웹 서비스 실행을 위한 파일이 들어 있습니다. 이 폴더 이름은 django-admin startproject 명령을 사용해 프로젝트를 만들 때 정해진 것이며 꼭 config 라는 이름을 사용할 필요는 없습니다. 프로젝트 생성 후에 변경하려면 매우 귀찮기 때문에 생성할 때 잘 결정하는 것이 좋습니다.

• __init__.py : 파이썬 2.x대 버전과의 호환을 위해 만들어진 비어있는 파일입니다. 파이썬

3.x 대에서는 불필요하지만 계속 생성됩니다. 지워져도 프로젝트를 진행하는 데 지장이 없습니다. 다른 폴더에서도 계속 보일 것입니다.

- settings.py : 프로젝트 설정에 관한 다양한 내용이 들어 있습니다. 다음 단계에서 자세히 살펴보겠습니다.

- urls.py : 특정 기능을 수행하기 위해 접속하는 주소를 URL이라고 하고 이를 설정해 주는데, 그 설정을 이 파일에 기록합니다. 한 프로젝트 안에 여러개의 urls 파일을 만들 것입니다. config 폴더 안에 있는 urls 파일이 최초로 탐색되는 기준 URL 파일입니다. 기준 URL 파일은 settings.py에서 변경할 수 있습니다.

- wsgi.py : 웹 서비스를 실행하기 위한 WSGI 관련 내용이 들어 있습니다. 특별히 변경할 일은 거의 없습니다.

❷ venv 폴더 : 프로젝트 구동에 필요한 가상환경이 들어있는 폴더입니다. 되도록 수정이나 삭제는 하지 않는 것이 좋습니다.

❸ db.sqlite3 : SQLite3 DB 파일입니다. SQLite DB를 사용할 경우 임의로 삭제하거나 위치를 이동하면 안 됩니다. 다만 다른 DB로 변경할 경우 필요 없는 파일입니다.

❹ manage.py : 장고의 다양한 명령어를 실행하기 위한 파일입니다. 임의로 변경하지 않도록 주의하시기 바랍니다.

이후의 과정에서는 기능 추가를 위해 [앱]을 만들 것입니다. 이때 앱에 관련된 폴더와 파일도 추가적으로 설정하겠습니다.

2.2.3 settings.py

settings.py는 프로젝트에 관련된 다양한 설정이 모두 들어있습니다. 물론 파일에 기록되어 있지 않은 내용들이 있지만 그 내용들은 장고 기본 값으로 사용하게 됩니다. 해당 기본 값들은 django/conf/global_settings.py 파일에 담겨 있습니다.

settings.py 파일의 내용을 보면서 어떤 값들인지 살펴봅시다.

❶ BASE_DIR : 프로젝트 루트 폴더, 설정 파일이나 py파일 등에서 프로젝트의 루트 폴더를 찾아 그 하위를 탐색한다거나 하는 일들을 빈번하게 수행합니다. 이 때문에 변수로 미리 준비해 두는 값.

❷ SECRET_KEY : 다양한 보안을 위해 사용됩니다. 세션 값의 보호나 비밀번호 변경 시 사용되는 보안 URL을 만드는 등의 일에 주로 사용합니다. 임의로 변경할 수 있으나 변경하면 로그인이

풀리는 등의 부작용이 있습니다. 또 정해진 값은 외부에 노출되어서는 안 됩니다.

❸ DEBUG : 디버그 모드를 설정합니다. True일 경우 다양한 오류 메시지를 즉시 확인할 수 있습니다. 실제로 배포할 때는 False로 바꾸며, 이때는 다른 설정값을 이용해 관리자가 오류 메시지를 받아 보게 설정할 수 있습니다.

❹ ALLOWED_HOSTS : 현재 서비스의 호스트를 설정합니다. 개발 시에는 비워두고 사용하나 배포시에는 '*'이나 실제 도메인을 기록합니다. '*'은 위험하기 때문에 실제 도메인을 기록하길 권장하고 있습니다. 이는 DNS Rebinding을 막기 위한 조치입니다. 장고 1.10.3 버전이 업데이트 되는 시점부터 Debug 모드가 False일 때 ALLOWED_HOSTS 값이 비어있으면 서비스를 시작할 수 없습니다.

❺ INSTALLED_APPS : 장고 웹 서비스는 다양한 앱의 결합으로 만들어집니다. 현재 프로젝트에서 사용하는 앱의 목록을 기록하고 관리합니다. 나중에 직접 만들 앱들도 여기에 다 기록할 것입니다.

❻ MIDDLEWARE : 장고의 모든 요청/응답 메시지 사이에 실행되는 특수한 프레임워크들입니다. 주로 보안에 관한 내용들이 많습니다.

❼ ROOT_URLCONF : 기준이 되는 urls.py 파일의 경로를 설정합니다.

❽ TEMPLATES : 장고에서 사용하는 템플릿 시스템에 관한 설정들입니다. 템플릿 해석 엔진과 템플릿 폴더의 경로 등을 변경하는 데 쓰입니다.

❹ WSGI_APPLICATION : 실행을 위한 WSGI 어플리케이션을 설정합니다.

❿ DATABASES : DB 관련 설정입니다.

⓫ AUTH_PASSWORD_VALIDATORS : 비밀번호 검증을 위한 설정입니다. 기본적으로 들어 있는 검증 규칙은 사용자 정보와 유사한지, 숫자로만 만들었는지, 너무 짧은지, 평범한 비밀번호인지 검증하게 되어 있습니다.

⓬ LANGUAGE_CODE 등 : 이하 내용은 다국어에 관한 설정들입니다. 장고는 손쉽게 다국어 서비스를 만들 수 있는 기능을 갖고 있습니다.

다국어 설정에 관한 부분 외에는 추가적으로 사용할 설정 등을 그 아랫부분에 설정해 사용합니다. 앞으로 settings.py 파일을 변경할 텐데 그때마다 해당 값의 내용을 살펴보겠습니다.

2.2.4 **wsgi.py**

wsgi.py 파일은 WSGI 어플리케이션 구동을 위해 사용되는 파일입니다. 실제로는 웹 서버와 장고 애플리케이션 사이에 통신 역할을 담당하는 것이 WSGI입니다.

우선 WSGI가 무엇인지 살펴봅시다. WSGI는 Web Server Gateway Interface의 약어입니다. 웹 서버는 Nginx나 Apache 같은 서버 컴퓨터에서 사용자(웹브라우저)의 요청을 받아서 처리해주는, 말하자면 만화 배트맨에 나오는 알프레드 같은 집사의 역할을 하는 프로그램입니다. 웹 서버가 사용자의 역할을 적절하게 해석하여 장고로 구동되고 있는 웹 서비스에 전달을 해줘야 하는데, 이 때는 중간 역할을 하는 무엇인가가 필요합니다. 왜냐하면 그런 중간 역할자 없이는 효율적으로 요청을 전달할 수가 없고, 특정 언어로만 제작되지 않는 웹 서비스의 특성상 웹 서버는 여러 가지 언어로 된 프로그램들과 통신을 하여야 하기 때문입니다.

웹 초창기 때는 CGI(Common Gateway Interface)라는 것이 그 중간자 역할을 했습니다. 그러나 이 CGI는 구조상 속도가 느린 편이었고 리소스도 많이 필요했습니다. 이후에 Fast CGI 같은 방식으로 발전을 거듭했고, 언어별로 mod_php, mod_python 같은 아파치 모듈 형태의 프로그램들도 등장했습니다. 하지만 mod_python은 구동 중에 종료되거나 하는 불안정한 프로그램이었기 때문에 WSGI가 등장합니다.

동작 방식의 이전의 것들과 비슷하지만 리눅스 서버에서 리소스를 잡아먹는 주범이었던 포크(Fork) 방식을 사용하지 않고 다양한 방식으로 빠르게 동작하고 적은 리소스를 사용하도록 만들어졌습니다.

웹 서버 프로그램과 장고 웹 애플리케이션 사이에서 미들웨어(middleware)처럼 동작하면서 웹 서버는 요청이 있을 경우 정보와 콜백 함수를 WSGI에 전달합니다. 그럼 이 정보를 해석하여 장고 웹 어플리케이션에 전달합니다. 그럼 장고 웹 어플리케이션은 파이썬 스크립트를 이용해 정보를 처리하고 끝낸 결과를 WSGI에 다시 전달합니다. 그럼 이 정보를 콜백 함수를 이용해 웹 서버에 다시 전달하는 방식으로 서버, WSGI, 장고 웹 어플리케이션이 상호작용하며 동작합니다.

이를 위해 wsgi.py 파일을 이용해 어플리케이션을 구동합니다.

2.3 장고 기본 명령들

대략적으로 파일들을 살펴보았으니 기본 명령들을 정리하고 살펴보겠습니다.

❶ django-admin startproject : 장고 프로젝트를 만드는 명령입니다. 웹 서비스를 만들 때마다 한번 실행합니다. 이후 명령들은 django-admin을 이용해 실행할 수 있지만 보통 python manage.py를 통해 실행합니다.

❷ startapp : 프로젝트에 기능 단위인 앱을 새로 만들 때 사용합니다.

❸ makemigrations : 어플리케이션에 변경 사항을 추적해 DB에 적용할 내용을 정리합니다. 보통 앱 안에 있는 모델(model)의 변경 사항이 있을 때 주로 사용합니다

❹ sqlmigrate : 실행할 SQL 명령문을 출력합니다. 어떤 명령문을 실행할지 확인할 때 사용하며, 튜닝이 안 된 쿼리나 슬로우(slow) 쿼리 여부를 확인할 수 있습니다.

❺ migrate : 실제 변경사항을 DB에 반영합니다.

❻ showmigrations : 프로젝트의 DB 변경사항 목록과 상태를 출력합니다.

❼ runserver : 테스트 서버를 실행합니다. 웹 서비스를 실제로 동작시켜 확인할 때 사용합니다.

❽ dumpdata : 현재 DB의 내용을 백업할 때 사용합니다.

❾ loaddata : 백업 파일에서 DB로 내용을 복구 할 때 사용합니다.

❿ flush : DB 테이블은 그대로 두고 테이블의 내용만 전부 삭제합니다.

⓫ shell : 장고 쉘(shell)을 실행합니다. 작성한 모델 등을 불러와 실제로 테스트를 해볼 수 있습니다.

⓬ dbshell : DB에 직접 접근할 수 있는 쉘을 실행합니다. 장고 어플리케이션에 문제가 있어 관리자 페이지에 접근할 수 없을 때 보통 shell을 이용해 DB를 수정하는데, SQL 구문을 이용해 직접 수정하고 싶다면 dbshell을 이용할 수 있습니다.

⓭ createsuperuser : 관리자 계정을 생성합니다.

⓮ changepassword : 계정의 비밀번호를 변경할 수 있습니다.

위의 기본 명령들은 서비스를 만들 때 빈번하게 사용합니다. 대략적인 쓰임새를 기억해두고 프로젝트를 만들어 가면서 사용법을 익혀봅니다.

2.4 디자인 패턴과 MTV

웹 프로그래밍은 다양한 기술이 섞여 있는 영역입니다. 그래서 다양한 사람들이 섞여 일하기도 합니다. 여러 사람이 일을 할 때는 사람 수만큼이나 많은 문제들이 발생할 수 있습니다. 그래서 선배 프로그래머들이 디자인 패턴이란 것을 만들어 두었습니다.

2.4.1 디자인 패턴이란?

디자인 패턴은 설계 문제의 해답이라고 할 수 있습니다. 웹 프로그래밍은 백엔드, 프론트 프로그래머와 기획자, 디자이너까지 다양한 영역의 사람들이 얽혀서 일합니다. 그래서 종종 다툼이 생기기도 합니다. 백엔드 쪽 일도 한사람이 전담하기보다는 DB 엔지니어의 설계를 전달받아 적용하기도 하고, 로직을 만들고 수정하기도 합니다. 또 웹 서버와의 연동도 생각해야 합니다.

이렇게 복잡한 형태로 일을 해야 하기 때문에 설계상의 문제가 발생할 수 있습니다. 디자인 패턴은 웹 프로그래밍에서만 사용하는 설계 기법은 아닙니다. 그러나 웹 프로그래밍에서는 업무를 진행하는 데 있어서 실제로 발생하는 문제를 해결하기 위해 사용하고 있습니다. 바로 프론트 코드와 백엔드 코드의 분리 그리고 로직과 DB의 분리입니다.

디자인 패턴도 프레임워크도 없이 웹 프로그래밍을 할 때는 하나의 스크립트에 서버에서 처리해야 하는 로직과 프론트로 전달돼야 하는 html 코드까지 다 섞여 있었습니다. 그래서 프론트를 수정해야 하는 문제에서도 서버 쪽 스크립트를 만지는 일들이 생겼고 이를 수정하면서 실수를 하게 되면 로직 코드에도 문제가 발생할 수 있었습니다.

이런 문제들을 해결하기 위해 화면 출력을 위한 HTML 코드를 별도의 파일로 빼내고, 서버 쪽 코드는 다시 DB 구조를 위한 파일, 기능을 위한 파일을 분리해 내는 디자인 패턴 방식을 사용하기 시작했습니다. 이렇게 하면 변경이 필요한 각 부분의 파일만 별도로 수정할 수 있기 때문에 다툼이나 위험부담 없이 수정이 가능하게 된 것입니다.

장고에서는 이를 특별한 패턴 이름으로 부르고 있습니다. 바로 MTV입니다. 이제 이 MTV를 살펴봅시다.

2.4.2 MVC와 MTV

앞서 살펴본 웹 프로그래밍에서 자주 사용되는 디자인 패턴은 MVC입니다. Model-View-Controller의 약어인데 MTV는 이름만 조금 다를 뿐 동일한 패턴입니다. 우선 각각의 기능부터 살펴보겠습니다.

❶ Model : DB의 구조를 결정합니다. 대부분의 경우 테이블을 작성할 때 사용하는데 테이블의 이름, 각 열의 이름과 타입 등을 설계할 때 사용합니다.

❷ View : 사용자에게 보여지는 UI 부분입니다. HTML 코드 등 실질적으로 클라이언트에게 보여질 부분이 들어갑니다.

❸ Controller : 기능, 로직 부분입니다. 넘겨받은 데이터를 어떻게 해석하고 가공할지 그리고 처리된 결과를 어떻게 클라이언트에게 돌려줄지 결정하는 부분입니다.

장고에서 MTV는 Model-Template-View입니다. MVC와 비교했을 때 View가 양쪽에 다 있지만 기능이 서로 다릅니다. 각각을 연결해보면 (Model:Model)-(View:Template)-(Controller:View)입니다. 단어의 뜻보다는 같은 위치에 있는 것들끼리 똑같은 역할을 수행한다고 생각하면 됩니다.

이런 MTV 패턴은 장고 전체에 사용되지만 특히 앱 안에서 철저하게 분리해 사용합니다. 아직 앱을 만들지는 않았지만 앱을 만들었다고 가정하고 앱을 만들면 생기는 각각의 파일들의 목적과 용도를 살펴보겠습니다.

기존 프로젝트가 열려있는 파이참에서 터미널을 열고 다음 명령을 입력합니다.

```
$ python manage.py startapp app_default
```

앱을 생성하면 [그림 02-60]처럼 MTV 패턴이 적용된 파일과 폴더가 만들어집니다. 이들 중 중요한 부분을 살펴보겠습니다.

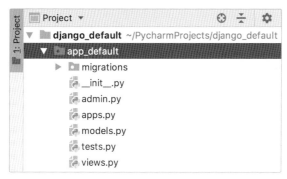

> [그림 02-60] 앱 생성 후 추가된 폴더와 파일들

2.4.3 models.py

모델(Model)은 DB의 구조를 결정한다고 했습니다. 장고에서는 models.py를 통해 DB의 명세를 관리합니다. 모델은 클래스로 만드는데 클래스의 이름이 테이블 이름이 되고 클래스의 속성들이 컬럼(Column)이 됩니다.

속성의 값이 컬럼의 데이터 타입과 제약 사항을 결정합니다. 또 모델을 이용해 DB의 종류에 상관 없이 그리고 프로그래머가 SQL을 모르더라도 DB를 편하게 이용할 수 있도록 ORM이라는 기능을 사용합니다. ORM(Object Relational Mapping)은 객체를 이용해 관계형 DB를 이용할 수 있게 해주는 개념입니다. 장고에서만 사용하는 것은 아니고 다양한 웹 프레임워크에서 많이 사용하고 있습니다.

DB에 주로 하는 일이 생성, 검색, 수정, 삭제인데 모델을 이용하면 ORM 내부에서 자동으로 데이터베이스에 할 일을 전달하고 결과를 반환해 줍니다. 따라서 프로그래머는 특정 DB에서 사용되는 SQL 문이나 API 사용법을 몰라도 웹 어플리케이션을 작성할 수 있습니다. 웹 프로그래머는 다양한 영역을 알아야 한다는 부담감이 있었는데 이제는 ORM 때문에 DB까지 잘 알아야 한다는 부담감을 조금은 내려놓을 수 있게 됐습니다.

2.4.4 admn.py

모델을 이용해 DB에 테이블을 생성했다면 이를 추가, 수정, 삭제, 확인이 가능해야 합니다. 웹 프로그래밍은 이것을 CRUD(Create-Read-Update-Delete)라고 부르고 웹 프로그래밍에서 하는 일은 이것이 전부라고 해도 과언이 아닙니다.

모델을 만들고 CRUD 페이지를 만들어야 하지만 모델이 제대로 만들어졌는지 바로 확인을 하고 싶다면 장고의 기본 관리자 페이지를 사용할 수 있습니다. 이때 자신이 만든 모델을 관리자 페이지에서 확인하거나 특별한 기능을 추가하고 싶다면 admin.py에 해당 내용을 써주면 됩니다.

2.4.5 views.py

게시판을 만든다고 할 때 어떤 페이지들이 필요할까요? 앞서 들었던 CRUD를 생각해보면 글 쓰기, 글 보기, 글 수정, 글 삭제 이런 페이지들이 필요할 것입니다. 이 페이지들을 하나 하나 만들 때는 views.py에 프로그래밍해 줍니다. 뷰(view)를 만든다고 하는데 이 뷰는 클래스형(Class Based) 뷰와 함수형(Function Based) 뷰 두 가지가 있습니다. 앞으로 대부분의 프로그래밍 작업은 뷰를 만들고 수정하는 일이 될 것입니다.

2.4.6 urls.py

views.py에 어떤 기능을 만들면 해당 기능을 동작시키는 방식은 URL을 통한 호출 방식이 주가 됩니다. '그럼 어떤 URL를 이용해 어떤 view를 동작시킬까'를 결정해야 하는데 이 내용을 urls.py에 기록합니다. 보통은 프로젝트 urls.py와 각 앱에 해당하는 urls.py들로 구성합니다.

2.4.7 templates

보통 HTML이 들어 있는 파일입니다. 확장자는 html이 대부분이지만 안에는 html이 아닌 템플릿 코드들도 들어 있습니다. 템플릿 코드의 문법은 어렵지 않기 때문에 필요할 때마다 익혀 가도록 하겠습니다.

템플릿 파일들 앱 폴더 안에 temples 폴더에 위치 시키지만 프로젝트 루트에도 위치시킬 수 있습니다. 특정 폴더안에 템플릿 파일들을 모아두고 싶다면 파일의 위치를 settings.py에 설정해둬야 합니다.

2.5 관리자 계정 생성하기

장고의 장점 중 하나인 관리자 페이지도 살펴보겠습니다. 관리자 계정 생성을 위해 다음의 명령을 터미널에 입력합니다.

```
$ python manage.py createsuperuser
```

계정명은 admin으로 하고 이메일은 본인의 이메일로 입력합니다. 비밀번호를 입력할 때 주의할 점은 영문과 숫자를 섞고 최소 8자리로 해야 한다는 것입니다. 그리고 윈도우 사용자들이 간혹 당황하는 경우가 생기는데 비밀번호를 아무리 입력해도 커서는 움직이지 않습니다. 입력되지 않는 것처럼 보여도 입력되고 있는 것이니 비밀번호를 입력하고 Enter 키를 누르면 됩니다.

```
(venv) Baepeu:django_default carrotcarrot$ python manage.py createsuperuser
Username (leave blank to use 'carrotcarrot'): admin
Email address: masterofflash@nate.com
Password:
Password (again):
Superuser created successfully.
(venv) Baepeu:django_default carrotcarrot$
```

> [그림 02-61] 관리자 계정 생성

 2.6 사이트 확인하기 ───────────────

사이트 메인과 관리자 페이지를 살펴보려면 서버를 실행해야 합니다.

```
$ python manage.py runserver
```

위의 명령을 입력해 서버를 실행하고 웹 브라우저를 실행해 127.0.0.1:8000 이라는 주소로 접속
합니다.

```
(venv) Baepeu:django_default carrotcarrot$ python manage.py runserver
Performing system checks...

System check identified no issues (0 silenced).
November 03, 2018 - 18:44:40
Django version 2.1.3, using settings 'config.settings'
Starting development server at http://127.0.0.1:8000/
Quit the server with CONTROL-C.
```

> [그림 02-62] 웹 서버 실행

사이트 메인은 장고로 만들었다는 것을 확인할 수 있습니다. 사이트 메인 하단에 있는 장고 문서, 튜토리얼, 커뮤니티 링크는 즐겨찾기에 추가해둡니다. 자주 들어갈수록 여러분의 실력 향상에 도움이 되는 사이트입니다.

> [그림 02-63] 사이트 메인

이번에는 관리자 페이지를 살펴보겠습니다. 웹 브라우저에 127.0.0.1:8000/admin이라고 입력해 접속해보세요. 제일 먼저 로그인 창이 나타납니다. 로그인 창에 여러분이 미리 만들어 둔 관리자 아이디와 비밀번호를 입력해 로그인 합니다.

> [그림 02-64] 관리자 로그인 창

로그인을 하고나면 제대로 된 관리자 화면이 나타납니다. 앞으로 이 관리자 화면에도 다양한 기능을 추가할 것입니다.

> [그림 02-65] 관리자 화면

이번 장을 통해 장고의 전반적인 내용을 살펴보았습니다. 전반적인 내용만 살펴봤을 때는 장고가 얼마나 강력한지 느끼기 힘들 수 있습니다. 하지만 오프라인 수업에서 많은 수강생분들이 사이트를 하나하나 완성해 갈 때마다 신기하다고 말씀하셨던 기억이 납니다. 여러분도 앞으로의 학습을 통해 그런 기분을 느끼셨으면 합니다. 이제 기초를 알았으니 다양한 예제를 통해 만들고 싶은 사이트를 완성해 가는 일만 남았습니다. 다음 장부터는 사이트에 여러가지 기능을 추가하면서 장고의 강력함을 학습해 보도록 하겠습니다.

#3 튜토리얼 따라 하기 - 설문조사

천리길도 한걸음부터라고 했습니다. 이번 장에서는 장고 공식 튜토리얼을 따라 하면서 사이트를 만드는 과정을 체험해보고 장고로 어떻게 웹 어플리케이션을 만드는지 순서를 익혀보겠습니다.

3.1 사이트 기능 살펴보기

어떤 서비스를 만든다는 것은 전체의 구성을 알고 그에 맞춰 다양한 기능을 만들어 가는 과정입니다. 실제 개발을 하기에 앞서 전체 기능들을 살펴보겠습니다.

3.1.1 사용자 화면

❶ 투표 목록 : 관리자 페이지에서 만든 투표 목록이 나타납니다. 각 투표는 투표 제목이 출력되고 해당 제목을 클릭하면 투표 화면으로 이동합니다.

> [그림 03-01] 투표 목록

❷ 투표 화면 : 투표 화면에는 투표 제목과 투표 항목 목록이 나타납니다. 라디오(Radio) 버튼과 함께 표시해두고 선택할 수 있도록 만들었습니다. 한 항목을 선택하고 Vote 버튼을 클릭하면 투표 결과 화면으로 이동합니다.

> [그림 03-02] 투표 화면

❸ 투표 결과 : 선택한 투표 항목에 1을 더해 출력합니다.

> [그림 03-03] 투표 결과

사용자 화면에 이런 내용을 출력하기 위해 관리자 화면은 어떻게 구성해야 할까요? 살펴봅시다.

3.1.2 관리자 화면

관리자 화면은 회원이나 글을 관리하기 위해서 사용합니다. 투표 역시 하나의 글과 같습니다. 투표와 투표 항목들을 만들고 관리하는 화면을 하나하나 살펴봅시다.

❶ 투표 목록 : 투표를 진행하기 위해서는 투표를 만들어야 합니다. 만든 투표는 [그림 03-04]처럼 제목, 발행일, 최근 발행 여부를 함께 표시합니다.

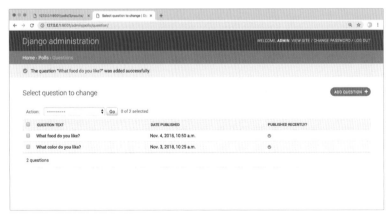

> [그림 03-04] 투표 목록

❷ 투표 작성 및 수정 : 투표 항목은 다른 화면에서도 새로 작성하고 관리할 수 있습니다. 하지만 투표와 투표 항목은 한꺼번에 관리하는 것이 편합니다. [그림 03-05]처럼 한 화면에서 관리하도록 만들었습니다.

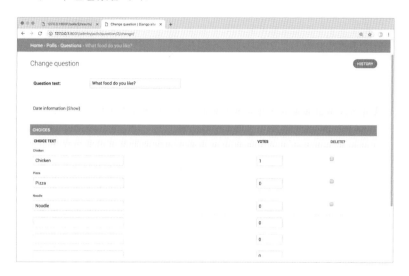

> [그림 03-05] 투표 작성 및 수정

3.2 설문조사 서비스 만들기

설문조사 서비스는 장고의 공식 튜토리얼입니다. 따라서 자세한 내용을 살펴보기보다 전체 제작 흐름과 튜토리얼에서 알려주고자 하는 바를 살펴보는 방식으로 가볍게 진행하겠습니다.

3.2.1 프로젝트 만들기

파이참을 켜고 웰컴 창에서 [Create New Project] 버튼을 클릭해 새로운 프로젝트를 만듭니다.

> [그림 03-06] 파이참 웰컴 창

프로젝트의 이름은 [polls]로 하고, 가상환경도 같이 만들어 줍니다. [Create] 버튼을 클릭합니다.

❯ [그림 03-07] 프로젝트 설정

프로젝트를 만들고 나면 바로 장고를 설치합니다.

```
$ pip install django
```

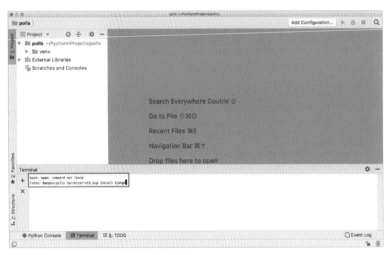

❯ [그림 03-08] 프로젝트 생성

장고를 설치하고 장고 프로젝트를 만듭니다.

```
$ django-admin startproject config .
```

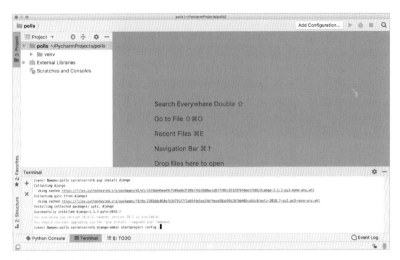

> [그림 03-09] 장고 프로젝트 생성

프로젝트를 만들고 나면 관련 파일들을 확인할 수 있습니다.

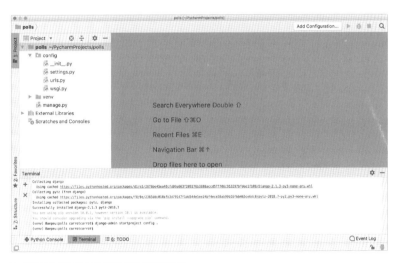

> [그림 03-10] 장고 프로젝트 생성 후 파일 트리

3.2.2 웹 서버 시작하기

웹 서버를 실행해 서비스를 확인해 보겠습니다.

```
$ python manage.py runserver
```

웹 서버를 실행하면 메시지를 확인할 수 있습니다. [그림 03-11]처럼 migration 관련 경고 메시지가 나타납니다. 지금은 무시해도 괜찮습니다. 방금 실행한 웹 서버는 테스트 용도입니다. 실제 서비스를 사용할 때는 절대 이 웹 서버를 사용해서는 안 됩니다. 다음 장부터 배포를 해볼 텐데 그때부터는 wsgi를 사용해서 웹 서비스를 동작시킬 것입니다.

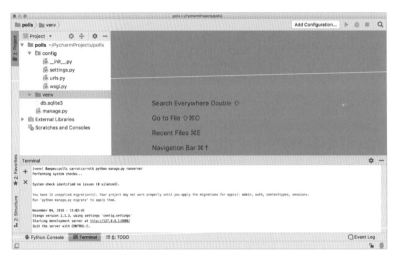

> [그림 03-11] 서버 실행 후

웹 서버를 실행하는 명령어의 옵션을 살펴봅시다. 기본 웹 서버는 8000 포트를 기본으로 동작합니다. 포트를 변경하고 싶다면 포트 번호를 인수로 전달합니다.

```
$ python manage.py 8080
```

만약 IP를 직접 지정하거나 같은 네트워크망 안에서 접속이 가능하도록 하고 싶다면 다음 명령어를 입력할 수 있습니다.

```
$ python manage.py 0.0.0.0:8000
```

혹은

```
$ python manage.py 0:8000
```

이 명령어에서 IP주소 0은 0.0.0.0의 약어입니다. 해당 형태로 동작시킬 때는 settings.py에 있는 ALLOWED_HOSTS를 설정해야 합니다.

이 경량 웹 서버를 이용해 실제 서버에 배포하지 않아도 우리는 웹 서비스의 변경 사항을 테스트 해볼 수 있습니다. 또 서버가 실행 중이어도 소스코드의 변경 사항은 자동으로 반영되기 때문에 소스코드를 변경할 때마다 서버를 종료했다 다시 실행할 필요가 없습니다.

웹 서버를 종료하고 싶을 때는 [Ctrl + C] 키를 누르면 됩니다. 다음 단계를 위해 서버를 종료합니다.

3.2.3 설문조사 앱 만들기

프로젝트를 만들고 서버 환경도 확인했으니 앱을 만들겠습니다.

```
$ python manage.py startapp polls
```

앱을 만들면 생기는 새로운 파일들을 확인할 수 있습니다.

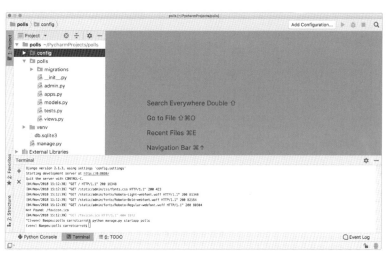

❯ [그림 03-12] 앱 생성 후 파일들

3.2.4 첫 번째 뷰 만들기

polls/views.py 파일을 열고 코드를 입력합니다.

코드 03-01   polls/views.py

```python
from django.http import HttpResponse
def index(request):
    return HttpResponse("Hello, world. You're at the polls index.")
```

뷰를 만들면 이 뷰를 호출하기 위한 URL이 있어야 합니다. URL 연결을 위해 polls 폴더에 urls.py 파일을 만들겠습니다.

프로젝트 탐색기에서 polls 폴더를 마우스 오른쪽 버튼으로 클릭하면 메뉴가 나타납니다. 이 메뉴에서 [New -> Python File]을 선택합니다.

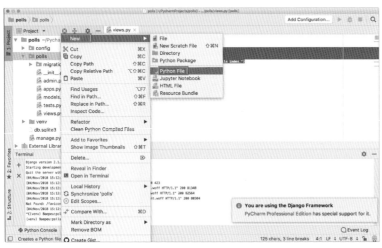

> [그림 03-13] 파일 만들기 메뉴

새 파이썬 파일 만들기 창이 나타나면 [Name]에 [urls] 라고 입력하고 [OK] 버튼을 클릭합니다.

> [그림 03-14] 파일 만들기 창

파일을 만들었으면 [그림 03-15]처럼 polls 폴더 아래에 위치하고 있습니다.

> [그림 03-15] urls.py 파일 열기

urls.py 파일에 다음 코드를 입력합니다.

코드 03-02   polls/urls.py

```
from django.urls import path
from . import views
urlpatterns = [
    path('', views.index, name='index'),
]
```

path 함수는 path(route, view, kwargs, name) 형태로 호출합니다. 총 4개의 인수를 받는다는 것을 알 수 있습니다.

❶ route : 주소를 의미 합니다.

❷ view : ❶의 주소로 접근했을 때 호출할 뷰

❸ kwargs : 뷰에 전달할 값들입니다.

❹ name : route의 이름을 의미합니다. 이 이름을 가지고 원하는 곳에서 주소를 호출해 출력하거나 사용할 수 있습니다. polls 폴더에 있는 urls.py는 앱의 라우팅만 담당합니다. 프로젝트의 메인 urls.py 파일에서 연결을 해줘야 정상 동작합니다. config/urls.py 파일을 다음 코드처럼 수정 합니다.

```
from django.contrib import admin
from django.urls import path, include

urlpatterns = [
    path('polls/', include('polls.urls')),
    path('admin/', admin.site.urls),
]
```

include는 다른 urls.py 파일을 참조할 수 있도록 합니다. 만약 127.0.0.1:8000/polls/list/ 라는 주소로 접속하면 polls/까지는 일치하기 때문에 잘라내고 나머지 list/ 부분만 polls/urls.py에서 찾아보는 방식으로 동작합니다.

```
$ python manage.py runserver
```

명령을 입력해 서버를 실행하고 127.0.0.1:8000/polls/ 라는 주소로 접속해 봅시다. polls 앱의 첫 화면을 볼 수 있습니다. 확인했다면 다음 단계로 넘어 갑시다.

> [그림 03-16] polls의 첫 화면

3.2.5 데이터베이스 만들기

config/settings.py를 열어서 76번째 줄을 살펴봅시다. 데이터베이스 관련 설정이 있습니다. [ENGINE]은 어떤 종류의 데이터베이스를 사용할지 설정하는 부분입니다. 기본적으로 'django.db.backends.sqlite3', 'django.db.backends.postgresql', 'django.db.backends.mysql', 'django.db.backends.oracle' 이렇게 4가지를 사용할 수 있고 다른 데이터베이스도 사용할 수 있습니다. 원하는 데이터베이스의 사용법은 장고 매뉴얼이나 해당 데이터베이스 매뉴얼에서 찾아볼 수 있습니다.

데이터베이스를 만들고 초기화 하기 위해 아래 명령을 입력합니다.

```
$ python manage.py migrate
```

명령이 잘 실행된 것은 [그림 03-17]처럼 OK 메시지로 확인할 수 있습니다.

> [그림 03-17] migrate 명령 실행 후

보통은 데이터베이스 관련 설정이 끝난 직후에 실행합니다. 데이터베이스를 만들었으니 앱에서 사용할 모델을 작성하겠습니다.

3.2.6 모델 만들기

장고에서 모델은 데이터베이스의 구조도입니다. 데이터베이스에 어떤 테이블을 만들고 어떤 컬럼을 갖게 할 것인지 결정합니다. 또 해당 컬럼의 제약 조건까지도 모델에서 결정합니다. 이 모델은 보통 models.py에 작성하고 클래스 형태입니다.

투표 앱을 위한 두 개의 모델을 만들어 보겠습니다.

polls/models.py 파일에 아래 코드를 입력합니다.

코드 03-04   polls/models.py

```python
from django.db import models

class Question(models.Model):
    question_text = models.CharField(max_length=200)
    pub_date = models.DateTimeField('date published')
class Choice(models.Model):
    question = models.ForeignKey(Question, on_delete=models.CASCADE)
    choice_text = models.CharField(max_length=200)
    votes = models.IntegerField(default=0)
```

장고의 모델은 [models.Model]을 상속받아 만듭니다. 이 부모 클래스가 실제로 데이터베이스와 ORM을 이용해 동작하는 기능들을 가지고 있습니다.

각 클래스 변수들은 필드 값을 갖습니다. 해당 필드는 자료형과 같습니다. [CharField]는 문자열 타입이고 [DateTimeField]는 날짜와 시간 형태입니다. 다른 설정을 하지 않으면 각 변수명이 실제 데이터베이스와 장고가 사용하는 변수명입니다. 만약 사람이 읽기 쉬운 형태를 사용하고 싶다면 'date published'처럼 인자로 전달하면 됩니다. 제약 조건을 결정하고 싶다면 max_length=200 처럼 인자로 전달합니다.

여기서 특이한 부분은 ForeignKey입니다. 다른 모델과의 관계를 만들기 위해서 사용합니다. [Choice] 모델이 ForeignKey로 [Question] 모델을 갖는다는 것은 [Choice] 모델이 [Question]에 소속된다는 것을 의미합니다.

모델을 완성했으니 데이터베이스에 적용해야 합니다. 이때 사용하는 명령이 migrate 명령들인데 이 명령을 사용하려면 polls 앱이 현재 프로젝트에 설치되어 있다고 알려줘야 합니다.

config/settings.py 파일을 열고 [INSTALLED_APPS] 변수 제일 윗줄에 polls 앱을 추가합니다.

코드 03-05   config/settings.py

```
INSTALLED_APPS = [
    'polls.apps.PollsConfig',
    'django.contrib.admin',
    'django.contrib.auth',
    'django.contrib.contenttypes',
    'django.contrib.sessions',
    'django.contrib.messages',
    'django.contrib.staticfiles',
]
```

'polls.apps.PollsConfig'는 polls 앱 폴더에 apps.py 파일에 있는 PollsConfig 클래스를 의미합니다. 짧게 쓰고 싶다면 [polls]라고 앱 이름만 써도 됩니다.

이제 데이터베이스에 적용해 봅시다.

```
$ python manage.py makemigrations polls
```

명령을 실행하면 앱의 변경사항을 추적해 데이터베이스에 적용할 내용을 만들어 냅니다. 그 결과는 polls/migrations/0001_initial.py 파일에 기록되어 있습니다.

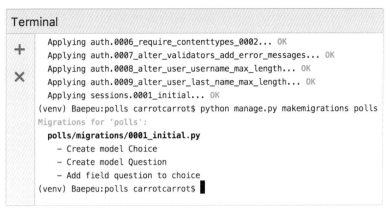

> [그림 03-18] makemigrations 명령 실행

이제 어떤 SQL 구문이 실행될지 확인해 봅시다.

```
$ python manage.py sqlmigrate polls 0001
```

명령을 입력하고 실행하면 여러 줄의 SQL 구문이 나타납니다. 이것을 보고 어떤 SQL을 실행할지 또는 문제가 있는 쿼리는 아닐지 판단할 수 있습니다. 하지만 장고를 사용하면 ORM을 통해 이런 쿼리문을 잘 모르더라도 웹 서비스를 구축할 수 있습니다. 자세한 쿼리문에 대한 설명이 필요하시다면 각 데이터베이스의 매뉴얼을 참조하도록 합니다.

이렇게 두 명령을 실행해도 아직은 데이터베이스에 반영이 된 상태가 아닙니다. 변경사항을 데이터베이스에 반영하기 위한 명령을 입력하겠습니다.

```
$ python manage.py migrate polls 0001
```

이 명령을 실행하면 데이터베이스에 테이블을 생성하고 초기화 할 수 있습니다.

3.2.7 모델에 함수 추가하기

[Question] 모델과 [Choice] 모델에 [__str__] 메서드를 추가 합니다. 해당 메서드는 관리자 화면이나 쉘에서 객체를 출력할 때 나타날 내용을 결정합니다.

```python
from django.db import models

class Question(models.Model):
    # ... 중략
    def __str__(self):
        return self.question_text

class Choice(models.Model):
    #... 중략
    def __str__(self):
        return self.choice_text
```

다른 메서드도 하나 추가해 보겠습니다. 다음 코드를 보고 [was_published_recently] 메서드를
추가하고 해당 메서드가 잘 동작하도록 datetime과 timezone도 import 합니다.

```python
import datetime

from django.db import models
from django.utils import timezone

class Question(models.Model):
    # ... 중략
    def was_published_recently(self):
        return self.pub_date >= timezone.now() - datetime.timedelta(days=1)
```

모델을 작성한 후에 단순 메서드 변경은 migrate를 할 필요가 없습니다. 모델 작성을 끝냈으니 관
리자 페이지에서 확인해 보겠습니다.

3.2.8 관리자 페이지 확인하기

관리자 페이지에 접근하기 위해서는 관리자 계정이 필요합니다. 다음 명령어를 이용해 관리자 계
정을 만들어 봅시다.

```
$ python manage.py createsuperuser
```

관리자 계정을 생성하면 바로 서버를 실행합니다.

```
$ python manage.py runserver
```

서버를 동작시키고 웹 브라우저를 이용해 127.0.0.1:8000/admin/을 주소창에 입력하여 관리자 페이지에 접속합시다. 로그인 화면에서는 방금 만든 관리자 계정을 이용해 로그인 합니다.

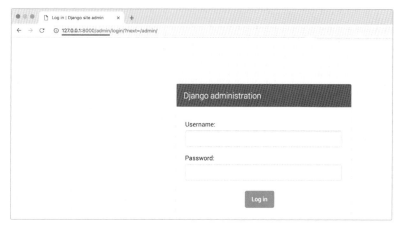

> [그림 03-19] 관리자 로그인

로그인을 하면 관리자 메인 페이지를 볼 수 있습니다. 아직까지는 관리자 페이지에서 사용자 계정과 그룹만 관리할 수 있습니다.

> [그림 03-20] 관리자 메인 페이지

관리자 페이지에서 [Question] 모델을 관리하려면 등록을 해야 합니다. admin.py 파일에 다음 코드를 입력합니다.

코드 03-08   polls/admin.py

```python
from django.contrib import admin

from .models import Question

admin.site.register(Question)
```

관리자 페이지에 모델을 등록하면 바로 확인할 수 있습니다.

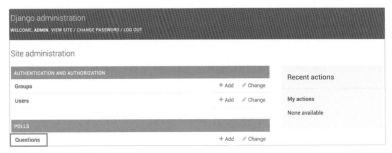

> [그림 03-21] 모델 등록 후 관리자 페이지

새로운 투표를 등록하기 위해 [Questions]를 클릭 합니다. 클릭하면 투표 목록으로 이동할 수 있습니다.

> [그림 03-22] 투표 목록

투표 목록에는 아무 것도 없습니다. 아직 투표를 등록하지 않았기 때문입니다. 오른쪽 위에 있는 [ADD QUESTION] 버튼을 클릭해 등록 화면으로 이동합니다.

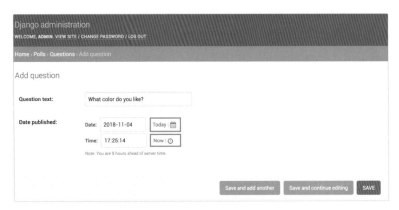

> [그림 03-23] 투표 추가 화면

등록 화면에서 투표 제목을 입력하고 [Today] 버튼과 [Now] 버튼을 눌러 날짜와 시간을 입력합니다. 마시막으로 [SAVE] 버튼을 눌러 저장합니다.

> [그림 03-24] 투표 추가 후

투표를 추가하면 목록 화면에 나타납니다. 이후 과정에서 이 목록도 보기 좋게 변경해 보도록 하겠습니다.

3.2.9 여러 가지 뷰 추가하기

투표 앱의 메인 페이지는 작성했지만 우리는 여러 가지 뷰를 더 만들어야 합니다.

❶ 투표 목록 : 등록된 투표의 목록을 표시하고 상세 페이지로 이동하는 링크 제공
❷ 투표 상세 : 투표의 상세 항목을 보여줌
❸ 투표 기능 : 선택한 답변을 반영
❸ 투표 결과 : 선택한 답변을 반영 한 후 결과를 보여줌

위의 네 가지 뷰를 모두 만들어 보겠습니다. views.py에 다음 코드를 입력합니다.

코드 03-09   polls/views.py

```python
def detail(request, question_id):
    return HttpResponse("You're looking at question %s." % question_id)

def results(request, question_id):
    response = "You're looking at the results of question %s."
    return HttpResponse(response % question_id)

def vote(request, question_id):
    return HttpResponse("You're voting on question %s." % question_id)
```

각각의 뷰는 아직 특별한 기능은 없이 값만 출력할 것입니다. 이 뷰가 동작하도록 URL을 연결해 보겠습니다.

코드 03-10   polls/urls.py

```python
from django.urls import path

from . import views

urlpatterns = [
    # ex: /polls/
    path('', views.index, name='index'),
    # ex: /polls/5/
    path('<int:question_id>/', views.detail, name='detail'),
    # ex: /polls/5/results/
    path('<int:question_id>/results/', views.results, name='results'),
    # ex: /polls/5/vote/
    path('<int:question_id>/vote/', views.vote, name='vote'),
]
```

추가한 3개의 뷰를 위한 URL을 연결했습니다. index뷰와 다르게 특이한 모양을 보여줍니다. 각 URL에 있는 〈〉(화살괄호)는 변수를 의미합니다. 이 부분에 해당하는 값을 뷰에 인자로 전달합니다.

실제 동작되는 뷰를 만들기 위해 index View부터 수정하겠습니다.

코드 03-11   polls/views.py

```python
from .models import Question

def index(request):
    latest_question_list = Question.objects.order_by('-pub_date')[:5]
    output = ', '.join([q.question_text for q in latest_question_list])
    return HttpResponse(output)
```

뷰 코드를 수정하고 화면을 확인해 봅시다. 메인 화면에 투표 목록이 나타납니다. 아직은 한 가지 뿐 이지만 추가하면 즉시 나타납니다.

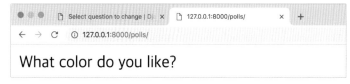

> [그림 03-25] 새로운 투표 목록 화면

기능이 있는 뷰를 만들었지만 MTV 패턴에 따르지 않은 형태입니다. 템플릿을 만들어 파이썬 코드와 HTML 코드를 분리합시다.

우리는 HTML을 템플릿 파일에 입력할 것입니다. 템플릿 파일을 만들기 위해서 새로운 폴더를 만들겠습니다. polls 폴더를 마우스 오른쪽 버튼으로 클릭하고 [New -> Directory]를 선택해 폴더를 추가합니다.

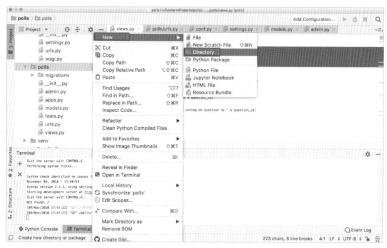

> [그림 03-26] 폴더 추가

폴더 이름은 [templates]라고 입력하고 [OK] 버튼을 클릭합니다. 그리고 templates 폴더에 다시 [polls]라는 폴더를 추가합니다.

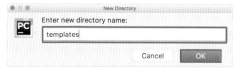

> [그림 03-27] 폴더 이름 입력

결과적으로 프로젝트 폴더에 polls/templates/polls 단계로 폴더가 생겼습니다. 이 폴더를 마우스 오른쪽 버튼으로 클릭하고 [New -> HTML File] 메뉴를 선택해 파일이름이 [index]인 파일을 추가합니다.

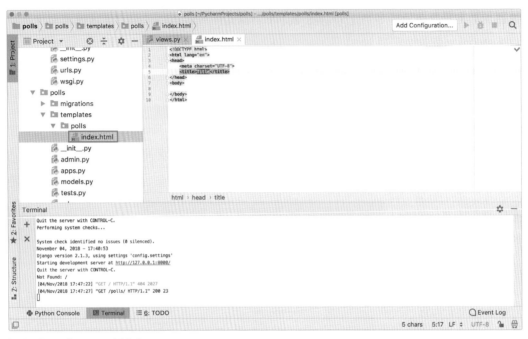

> [그림 03-28] index.html 파일 추가

파일을 추가하면 자동으로 html 확장자가 붙습니다. [body] 태그 안에 템플릿 코드를 입력합니다.

코드 03-12   polls/templates/polls/index.html

```
{% if latest_question_list %}
    <ul>
    {% for question in latest_question_list %}
        <li><a href="/polls/{{ question.id }}/">{{ question.question_text }}</a></li>
    {% endfor %}
    </ul>
{% else %}
    <p>No polls are available.</p>
{% endif %}
```

코드를 추가하면 [그림 03-29]와 같은 상태입니다.

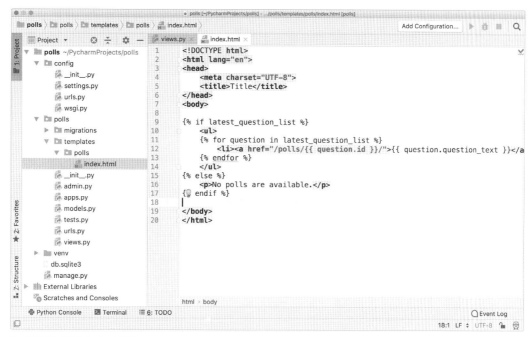

> [그림 03-29] index.html 수정

만든 템플릿을 이용하도록 뷰를 변경하겠습니다. 템플릿을 불러오기 위해 [loader]를 임포트 하고 index뷰의 내용을 다음 코드를 참조해 변경합니다.

─────
코드 03-13   polls/views.py

```python
from django.http import HttpResponse
from django.template import loader


from .models import Question


def index(request):
    latest_question_list = Question.objects.order_by('-pub_date')[:5]
    template = loader.get_template('polls/index.html')
    context = {
        'latest_question_list': latest_question_list,
    }
    return HttpResponse(template.render(context, request))
```

loader를 이용해 index.html를 불러오고 여기에 미리 만들어 둔 투표 목록을 context라는 변수를 이용해 전달합니다. 하지만 이런 절차가 약간 불편합니다. 그래서 장고에는 render라는 단축함수가 존재합니다. 이 함수를 이용하도록 코드를 변경하겠습니다.

render는 views.py 파일 위쪽에 이미 임포트 되어 있습니다.

코드 03-14   polls/views.py

```python
def index(request):
    latest_question_list = Question.objects.order_by('-pub_date')[:5]
    context = {'latest_question_list': latest_question_list}
    return render(request, 'polls/index.html', context)
```

render 메서드는 request와 템플릿 이름 그리고 사전형 객체를 인자로 받습니다. 여기서 사전형 객체는 템플릿에서 사용할 변수들입니다. 투표 메인 페이지에 다시 접근하면 [그림 03-30]처럼 목록의 모양이 바뀐 것을 볼 수 있습니다.

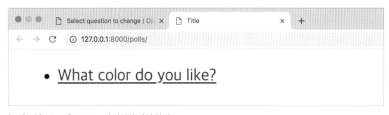

> [그림 03-30] template이 반영된 메인 화면

이제 다른 뷰들에도 변경 사항을 추가해보겠습니다.

3.2.10 404 오류 일으키기

404는 웹 서비스에서 자주 볼 수 있는 오류입니다. 파일이 존재하지 않을 때 발생하는 오류인데, 게시판 등 정보를 불러 오는 페이지의 경우 해당 데이터가 존재하지 않는다는 의미로 사용합니다.

detail 뷰를 수정하겠습니다. 다음 코드를 참조하여 detail 뷰를 변경합니다.

코드 03-15   polls/views.py

```python
from django.http import Http404

def detail(request, question_id):
```

```
    try:
        question = Question.objects.get(pk=question_id)
    except Question.DoesNotExist:
        raise Http404("Question does not exist")
    return render(request, 'polls/detail.html', {'question': question})
```

Http404를 이용하면 상세 정보를 불러올 수 있는 투표 항목이 없을 경우 404 오류를 발생시킬 수 있습니다.

이전의 index 뷰와 마찬가지로 detail 뷰에서 detail.html이라는 템플릿을 사용하는 것을 볼 수 있습니다. detail.html 파일을 만들고 body 태그 안에 다음 코드를 입력합니다.

―――― 코드 03-16   polls/templates/polls/detail.html

```
{{ question }}
```

Http404를 처리할 때는 loader-render 관계처럼 단축 함수가 존재합니다. 바로 get_object_ or_404입니다. 이 함수를 사용해 detail 뷰를 수정합시다.

―――― 코드 03-17   polls/views.py

```
from django.shortcuts import render, get_object_or_404

def detail(request, question_id):
    question = get_object_or_404(Question, pk=question_id)
    return render(request, 'polls/detail.html', {'question': question})
```

render 옆에 get_object_or_404를 추가해 임포트 합니다. 그리고 detail 뷰에서는 try-except 구문을 없애고 get_object_or_404를 이용해 코드를 간소화했습니다.

마지막으로 detail.html 템플릿에 내용을 추가하겠습니다. body 태그 안의 내용을 다음 코드를 참조해 수정합니다.

―――― 코드 03-18   polls/templates/polls/detail.html

```
<h1>{{ question.question_text }}</h1>
<ul>
{% for choice in question.choice_set.all %}
```

```
    <li>{{ choice.choice_text }}</li>
{% endfor %}
</ul>
```

3.2.11 하드 코딩된 URL 없애기

index.html 파일을 살펴보면 상세 페이지로 이동하기 위한 링크의 주소가 하드 코딩되어 있는 것을 알 수 있습니다.

코드 03-19   polls/templates/polls/index.html

```
<li><a href="/polls/{{ question.id }}/">{{ question.question_text }}</a></li>
```

[코드 03-18]처럼 href 속성의 값을 직접 써주는 방식으로 해둘 경우 나중에 주소를 polls가 아닌 다른 형태로 바꾸려면 html을 직접 다 열어서 변경해야 하는 불편함이 있습니다. 그래서 URL 템플릿 태그를 사용해 하드 코딩된 URL을 없애 보겠습니다.

코드 03-20   polls/templates/polls/index.html

```
<li><a href="{% url 'detail' question.id %}">{{ question.question_text }}</a></li>
```

[코드 03-19]처럼 index.html을 일부 수정했습니다. URL 템플릿 태그를 사용해 주소를 만들어 출력하는 방식입니다. URL 템플릿 태그는 URL의 이름을 필수 인자로 전달 받습니다. detail이라는 이름을 가진 URL 형식을 찾아서 URL을 만들어 출력하는 것입니다. 해당 이름을 가진 URL은 urls.py 전체를 검색해 찾습니다.

3.2.12 URL 네임스페이스(Namespace) 설정하기

네임스페이스는 프로그래밍 용어 중 하나입니다. 분리된 경로는 만드는 개념인데, 예를 들어 detail이라는 주소 이름을 가진 뷰가 polls에도 있고 다른 앱에도 있을 경우 장고는 어느 뷰의 URL을 만들지 알 수가 없습니다. 그래서 이런 경우 네임스페이스를 설정해 각각의 뷰가 어느 앱에 속한 것인지 구분하도록 할 수 있습니다. 필수로 설정할 필요는 없지만 프로젝트가 복잡해질수록 네임스페이스가 있는 것이 편리합니다.

네임스페이스는 urls.py에 설정합니다.

코드 03-21   polls/urls.py

```
app_name = 'polls'
```

urls.py에 [app_name]이라는 변수를 추가하고 이름을 설정하면 네임스페이스 설정은 끝입니다.
이 네임스페이스를 사용하기 위해서 템플릿에도 수정을 해야 합니다.

코드 03-22   polls/templates/polls/index.html

```
<li><a href="{% url 'polls:detail' question.id %}">{{ question.question_text
}}</a></li>
```

URL 이름은 detail 앞에 [polls:]라고 네임스페이스를 추가하면 사용할 수 있습니다. 다음은 투표
기능이 동작하도록 뷰를 변경해보겠습니다.

3.2.13 간단한 폼 만들기

투표 기능이 동작하려면 detail.html을 수정하고 vote 뷰에도 기능을 추가해야 합니다. detail.html
을 다음 코드를 참조하여 수정합니다.

코드 03-23   polls/templates/polls/detail.html

```
<h1>{{ question.question_text }}</h1>

{% if error_message %}<p><strong>{{ error_message }}</strong></p>{% endif %}

<form action="{% url 'polls:vote' question.id %}" method="post">
{% csrf_token %}
{% for choice in question.choice_set.all %}
    <input type="radio" name="choice" id="choice{{forloop.counter }}" value="{{
choice.id }}">
    <label for="choice{{forloop.counter }}">{{choice.choice_text }}</label><br>
    {% endfor %}
    <input type="submit" value="Vote">
</form>
```

변경 점을 확인해보겠습니다. [form] 태그를 사용해서 사용자가 답변 항목을 선택하고 전달할 수 있도록 만들었습니다. 사용자가 선택한 항목의 번호를 vote 뷰를 전달하도록 action 속성에 vote URL이 출력되게 URL 템플릿 태그를 사용했습니다. method 속성에 써있는 post는 HTTP 메서드 중에 하나이며 서버로 정보를 전달할 때 사용하는 일반적인 방법입니다. forloop.counter는 템플릿 문법에서 제공하는 기능 중 하나로 반복문의 반복 횟수를 출력해주는 기능을 합니다. 여기서 선택한 답변의 번호를 vote뷰에 [choice=번호] 형태로 전달합니다. csrf_token은 CSRF 공격을 막기 위한 수단 중 하나입니다. 간단히 말해서 방금 서버로 들어온 요청이 사이트 내부에서 온 것이 맞는지 확인하는 용도로 csrf_token의 값을 사용합니다. detail.html에서 만들어진 정보를 받을 vote 뷰를 수정하겠습니다. 다음 코드를 참조하여 vote 뷰를 수정합니다.

코드 03-24 polls/views.py

```python
from django.http import HttpResponse, HttpResponseRedirect
from django.urls import reverse

from .models import Question, Choice

def vote(request, question_id):
    question = get_object_or_404(Question, pk=question_id)
    try:
        selected_choice = question.choice_set.get(pk=request.POST['choice'])
    except (KeyError, Choice.DoesNotExist):
        # Redisplay the question voting form.
        return render(request, 'polls/detail.html', {
            'question': question,
            'error_message': "You didn't select a choice.",
        })
    else:
        selected_choice.votes += 1
        selected_choice.save()

        return HttpResponseRedirect(reverse('polls:results', args=(question.id,)))
```

전체 과정은 간단합니다. request.POST[변수이름]을 통해 전달받은 변수의 값들을 확인할 수 있습니다. 이 때 전달되는 값은 항상 문자열이기 때문에 문자열이라는 사실을 기억하고 다뤄야 합니다. 전달받은 답변이 해당 투표 항목에 있는지 확인하고 없다면 다시 상세 페이지로 이동합니다. 이 때 답변을 선택하지 않았다는 오류 메시지도 같이 전달합니다. 반대로 제대로 된 답변을 선택한 것이라면 해당 답변의 답변 수를 1 증가시키고 결과 화면으로 이동합니다.

결과를 출력하는 result 뷰도 변경해 봅시다.

코드 03-25   polls/views.py

```python
def results(request, question_id):
    question = get_object_or_404(Question, pk=question_id)
    return render(request, 'polls/results.html', {'question': question})
```

그리고 results.html도 만들어 줍니다.

코드 03-26   polls/templates/polls/results.html

```html
<h1>{{ question.question_text }}</h1>

<ul>
{% for choice in question.choice_set.all %}
    <li>{{ choice.choice_text }} -- {{ choice.votes }} vote{{
choice.votes|pluralize }}</li>
{% endfor %}
</ul>

<a href="{% url 'polls:detail' question.id %}">Vote again?</a>
```

results.html은 각 답변 항목과 투표 수를 한꺼번에 보여 줍니다.

3.2.14 제네릭 뷰 사용하기

제네릭 뷰는 장고에서 미리 준비한 뷰를 말합니다. 웹 프로그래밍에 일반적으로 사용되는 뷰들은
이미 장고에서 대부분 만들어 뒀습니다. 이것들을 사용하면 코드를 적게 사용하고 기능들을 빠
르게 완성할 수 있습니다.

다음 코드를 참조하여 views.py를 수정합니다. 기존에 있던 index, detail, results 뷰는 삭제합니다.

코드 03-27   polls/views.py

```python
from django.views import generic
from .models import Question, Choice
```

```python
class IndexView(generic.ListView):
    template_name = 'polls/index.html'
    context_object_name = 'latest_question_list'
    def get_queryset(self):
        """Return the last five published questions."""
        return Question.objects.order_by('-pub_date')[:5]

class DetailView(generic.DetailView):
    model = Question
    template_name = 'polls/detail.html'

class ResultsView(generic.DetailView):
    model = Question
    template_name = 'polls/results.html'
```

새로 추가한 뷰는 기존의 함수형 뷰와 달리 클래스형 뷰입니다. 클래스 형뷰로 바꾸면서 장고가 만들어둔 제네릭 뷰중에 한가지씩을 상속받아 적용했습니다. 코드가 훨씬 간결해지는 것을 확인할 수 있습니다.

클래스형 뷰로 변경하면 urls.py도 수정해줘야 합니다.

코드 03-28   polls/urls.py

```python
urlpatterns = [
    path('', views.IndexView.as_view(), name='index'),
    path('<int:pk>/', views.DetailView.as_view(), name='detail'),
    path('<int:pk>/results/', views.ResultsView.as_view(), name='results'),
    path('<int:question_id>/vote/', views.vote, name='vote'),
]
```

urls.py에 있는 urlpatterns 변수의 내용을 살펴봅시다. path 함수는 그대로 사용하고 route 패턴도 동일합니다. 바뀐 부분은 route 패턴에 들어있는 패턴 이름과 view 인자입니다. 패턴 이름을 question_id에서 pk로 변경했습니다. 그리고 뷰 이름을 바꾸고 뒤에 추가 코드를 붙였습니다. 함수형 뷰를 사용할 때는 뷰를 그대로 써주면 되지만, 클래스형 뷰를 사용할 때는 꼭 뒤에 [as_view()]를 붙여야 하기 때문입니다. 꼭 기억해두시기 바랍니다.

3.2.15 정적(Static) 파일 사용하기

정적 파일은 css나 js같은 파일을 의미 합니다. 이런 파일을 사용하려면 static 폴더를 만들고 그 안에 파일을 저장한 후 사용할 수 있습니다.

우선 polls 폴더 밑에 static 폴더를 만들고 그 안에 polls 폴더를 하나 더 만들겠습니다. 그리고 style.css 파일을 추가합니다.

css 파일은 파이썬 파일이나 HTML과는 다르게 목록에 나오지 않습니다. [New -> File]을 선택 합니다.

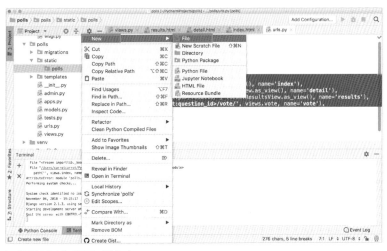

> [그림 03-31] 새로운 파일 추가

그리고 새 파일 창이 나타나면 [style.css]라고 파일이름을 입력하고 [OK] 버튼을 클릭합니다.

> [그림 03-32] style.css 파일 이름 입력

해당 파일에 다음 코드를 입력합니다.

```css
body {
    background: white url("images/background.png") no-repeat;
    background-position: right bottom;
}

li a {
    color: green;
}
```

그리고 적절한 png 이미지를 찾아서 images 폴더 아래쪽에 넣어 줍니다. 정확한 폴더 구조는 [그림 03-33]을 참조 하시기 바랍니다.

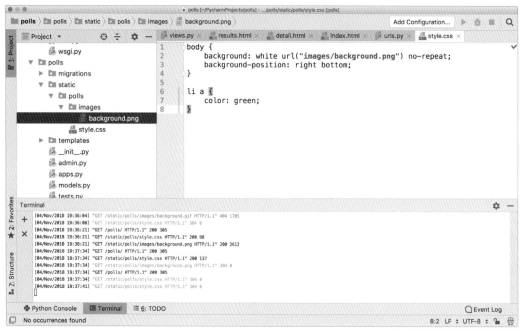

> [그림 03-33] 배경 이미지 추가

css 작성과 이미지 추가를 끝냈으면 css 파일을 불러와 사용할 수 있도록 index.html 파일을 수정하겠습니다.

index.html 파일의 head 태그 안에 다음 코드를 입력합니다.

```
{% load static %}
<link rel="stylesheet" type="text/css" href="{% static 'polls/style.css' %}">
```

코드를 입력하면 [그림 03-34]와 같은 모양이 됩니다.

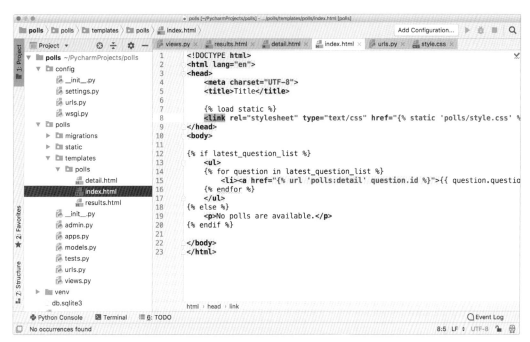

> [그림 03-34] index.html 수정 후

이제 모든 기능의 추가가 끝났습니다. 제대로 동작하는지 확인하기 위해서 관리자 페이지 기능을 변경하겠습니다.

3.2.16 관리자 폼 커스터마이징

기존에 관리자 페이지에서는 목록 화면에 투표 제목만 나타나 있고 답변 목록도 수정할 수 없는 상황입니다. 그래서 투표 기능도 제대로 동작하지 않는 상태입니다. 이를 해결하기 위해 관리자 화면을 변경해 보겠습니다. 관리자 화면을 커스터마이징 하기 위해서는 admin.py에서 ModelAdmin을 상속받는 클래스를 만들고 register에 두 번째 인자로 전달해야 합니다.

```python
class QuestionAdmin(admin.ModelAdmin):
    fieldsets = [
        (None,                  {'fields': ['question_text']}),
        ('Date information', {'fields': ['pub_date']}),
    ]

admin.site.register(Question, QuestionAdmin)
```

fieldsets 변수를 이용해 입력/수정 화면에서 각 항목들을 그룹화 하고 그룹의 이름까지 설정할 수 있습니다.

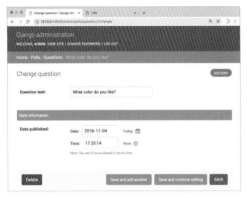

> [그림 03-35] 입력/수정 화면 그룹 설정

이번에는 답변 항목도 같이 등록하고 수정할 수 있도록 추가하겠습니다. Choice 모델도 임포트 합니다. 그리고 Choice 모델을 위한 옵션 클래스를 만드는데 [StackedInline] 클래스를 상속 받습니다. 그리고 이 클래스를 [QuestionAdmin] 클래스의 [inlines] 클래스 변수에 추가 합니다.

```python
from .models import Question, Choice

class ChoiceInline(admin.StackedInline):
    model = Choice
    extra = 3

class QuestionAdmin(admin.ModelAdmin):
    fieldsets = [
        (None,                  {'fields': ['question_text']}),
        ('Date information', {'fields': ['pub_date']}),
    ]
    inlines = [ChoiceInline]
```

변경을 하면 답변 목록도 투표 입력/수정 화면에 나타납니다.

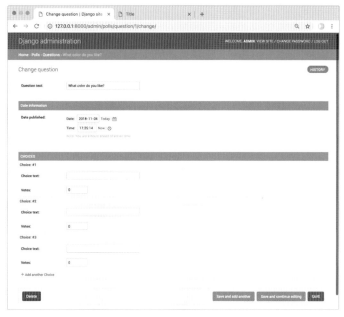

> [그림 03-36] Choice 추가 후

이제 답변을 편하게 추가할 수 있습니다. [그림 03-37]처럼 몇 가지 답변을 입력한 후 [SAVE] 버튼을 클릭합니다.

그럼 자동으로 답변이 추가됩니다.

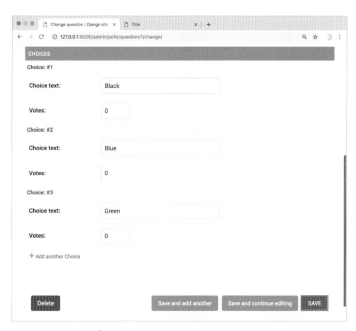

> [그림 03-37] 새로운 답변 입력

새로운 답변을 추가한 후 다시 수정 화면으로 이동하면 이전과 다르게 각 답변이 있고 [Delete 체크 박스]도 나타나는 것을 확인할 수 있습니다. 이렇게 입력이 편해졌습니다.

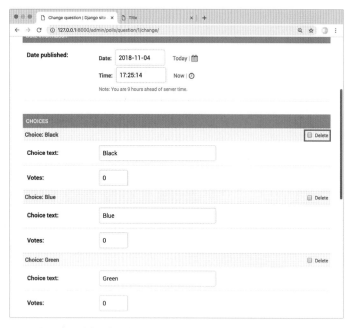

> [그림 03-38] 답변 추가 후 화면

하지만 입력 화면이 아래로 많이 길어지기 때문에 불편하다고 느껴집니다. 답변을 관리하는 형태를 바꿔서 화면을 좀 더 효율적으로 사용해 보겠습니다.

ChoiceInline 클래스의 부모 클래스를 StackedInline이 아니라 [TabularInline]으로 변경합니다.

───────────
코드 03-33   polls/admin.py

```
class ChoiceInline(admin.TabularInline):
    model = Choice
    extra = 3
```

TabularInline은 인라인 아이템을 테이블 형식으로 보여줍니다.

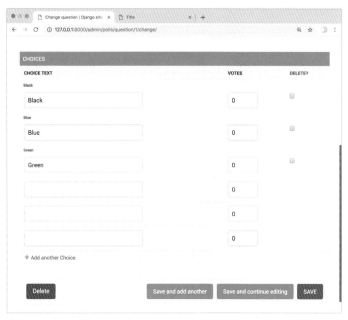

> [그림 03-39] TabularInline으로 변경 후

변경을 하면 답변 목록이 깔끔하게 테이블 형태로 나오는 것을 확인할 수 있습니다.

3.2.17 관리자 화면 목록 커스터마이징

관리자 화면의 폼을 커스터마이징 했으니 목록도 보기 좋게 바꾸겠습니다. 기존의 목록 화면은 [그림 03-40]처럼 투표 질문만 보입니다. 질문뿐 아니라 발행일 등 여러 항목이 나오고 다른 기능도 사용할 수 있도록 하나씩 변경해 봅시다.

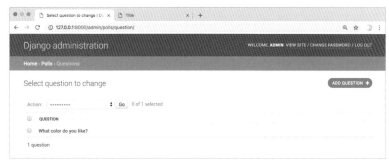

> [그림 03-40] 기존 목록 화면

목록에 보이는 항목을 변경하려면 list_display 클래스 변수를 추가해야 합니다. 변수의 값은 튜플로 출력하고 싶은 항목을 묶어서 설정합니다.

```python
class QuestionAdmin(admin.ModelAdmin):
    fieldsets = [
        (None,                 {'fields': ['question_text']}),
        ('Date information', {'fields': ['pub_date']}),
    ]
    list_display = ('question_text', 'pub_date', 'was_published_recently')
    inlines = [ChoiceInline]
```

항목을 변경하면 목록에 바로 반영된 것을 확인할 수 있습니다. 특별히 모델의 필드뿐 아니라 메서드도 항목으로 출력할 수 있습니다. 하지만 출력되는 모양이 이쁘지 않으니 이것도 수정해 봅시다.

> [그림 03-41] 항목 변경 후

was_published_recently의 출력 모양을 변경하기 위해서는 모델 코드를 수정해야 합니다.

was_published_recently 메서드 아래쪽에 세 가지의 값을 더 추가합니다.

코드 03-35   polls/models.py

```python
class Question(models.Model):
    # ... 중략

    def was_published_recently(self):
        return self.pub_date >= timezone.now() - datetime.timedelta(days=1)

    was_published_recently.admin_order_field = 'pub_date'
    was_published_recently.boolean = True
    was_published_recently.short_description = 'Published recently?'
```

❶ admin_order_field : 원칙적으로 임의의 메서드에 의한 값은 정렬이 불가능 합니다. 대신 다른 값을 기준으로 정렬할 수 있는데 이 기준 항목을 설정하는 항목입니다.

❷ boolean : 값이 불리언 값 형태인지 설정합니다. True 설정하면 값 대신 아이콘이 나타납니다.

❸ short_description : 항목의 헤더 이름을 설정합니다.

변경을 마치고 화면을 새로고침 해서 결과를 확인합니다.

> [그림 03-42] was_published_recently 변경 후

마지막 수정을 해보겠습니다. 관리자 페이지에 검색 기능과 필터 기능을 추가해 봅시다. 검색과 필터 기능은 QuestionAdmin 클래스에 list_filter, search_fields 클래스 변수를 추가하면 사용할 수 있습니다.

코드 03-36   polls/admin.py

```python
class QuestionAdmin(admin.ModelAdmin):
    fieldsets = [
        (None,               {'fields': ['question_text']}),
        ('Date information', {'fields': ['pub_date']}),
    ]

    list_display = ('question_text', 'pub_date', 'was_published_recently')

    inlines = [ChoiceInline]

    list_filter = ['pub_date']
    search_fields = ['question_text']
```

코드를 변경하고 결과를 확인하면 [그림 03-43]과 같습니다.

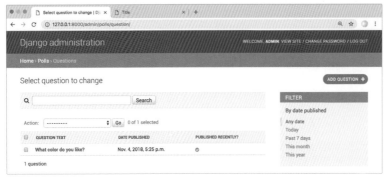

> [그림 03-43] 검색과 필터 추가 후

관리자 페이지의 디자인을 변경하고 싶다면 django/contrib/admin/templates의 템플릿을 복사해 프로젝트로 가져와 수정할 수 있습니다. 또 관리자 페이지를 커스터마이징에 대해 살펴볼 부분들이 아직 남아 있습니다. 하지만 튜토리얼에서 다루는 부분은 여기까지이기 때문에 다른 방법들은 이후의 과정을 통해 살펴보도록 하겠습니다.

튜토리얼을 따라 하면서 장고로 웹 서비스를 만드는 전반적인 과정을 살펴봤습니다. 아직은 어렵게 느껴질 수 있습니다. 하지만 이후 과정에서 여러 가지 기능들을 만들어보면서 장고의 기능을 자세히 살펴볼 것이기 때문에 걱정하지 않으셔도 됩니다. 이제 실전 예제들을 만들어 봅시다.

#4 ‹ 실전 프로젝트 - 북마크

이전 장까지 배운 내용을 머릿속으로 떠올려 보면서 실제 프로젝트를 하나씩 만들어 보겠습니다. 하나의 장에서 사용한 내용은 다음 장에서도 동일하게 사용할 것입니다. 기능 하나하나를 본인이 만들고 싶은 프로젝트에 어떻게 적용할지 고민하면서 따라해 보세요.

이번 장에서는 북마크 서비스를 만들어보겠습니다. 인터넷 즐겨찾기 관리 서비스입니다. 간단하게 모델을 만들고 CRUD 페이지들을 구현해 실제로 하나의 서비스를 만들 때 기본이 되는 앱 단위의 기능 개발을 어떻게 해야 할지 배워보겠습니다.

4.1 사이트 기능 살펴보기

간단한 북마크 서비스이지만 기능별로 나눠보면 생각보다 많습니다. 간단한 서비스를 만들 때도 기획자나 개발자가 생각해야할 것들이 많다는 이야기입니다.

4.1.1 목록 페이지

저장한 북마크의 목록을 출력합니다. 번호와 사이트 이름, 주소기 목록에 있고 수정하기와 삭제하기 버튼도 같이 출력합니다. 목록의 위쪽에는 북마크 추가 버튼을 아래쪽에는 페이지 목록이 있습니다.

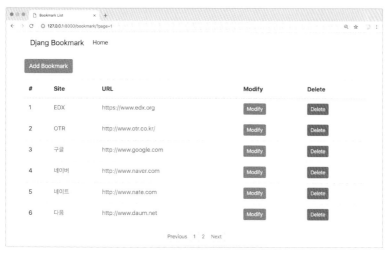

> [그림 04-01] 목록 페이지

페이지 하단에 있는 페이징 기능을 사용하면 나머지 목록을 확인할 수 있는 다른 페이지로 이동할 수 있습니다.

〉 [그림 04-02] 페이징 기능을 이용해 이동한 다른 페이지

이동한 후 페이지 목록을 살펴보면 Previous 버튼과 Next 버튼 색상이 반전된 것을 볼 수 있습니다. 현재 페이지 번호 또한 마찬가지입니다. 이 기능은 장고의 page 오브젝트와 CSS를 사용해 구현합니다.

목록에 관련된 부분 말고도 페이지 제일 위쪽에는 메뉴바가 있습니다. 이 메뉴바는 사이트 전체에 나타나도록 만들겠습니다. 또 메뉴바와 전체 사이트에 공통으로 적용한 디자인은 부트스트랩(Bootstrap)이라는 CSS 프레임워크를 사용했습니다. 이 프레임워크의 간단한 사용법 및 프레임워크를 장고 프로젝트에 어떻게 적용할지도 살펴볼 것입니다.

4.1.2 북마크 추가

북마크 추가는 글 작성 페이지 입니다. 사이트 이름과 주소를 입력하고 Add 버튼을 클릭하면 데이터베이스에 북마크를 저장할 수 있습니다. 그럼 목록 페이지에서는 데이터베이스에 저장된 북마크를 불러와서 보여주는 것입니다.

〉 [그림 04-03] 북마크 추가

4.1.3 북마크 상세

북마크 상세 페이지는 디테일 화면 이라고도 부릅니다. 저장해둔 북마크의 상세 정보를 확인하는 페이지 입니다. 북마크 서비스에서는 큰 의미가 없지만 웹 서비스에서 기본이 되는 CRUD 중에 하나이기 때문에 살펴보고 넘어가겠습니다.

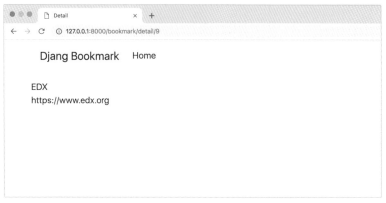

> [그림 04-04] 북마크 상세

4.1.4 북마크 수정

생성과 상세를 보았으니 수정 페이지 차례입니다. 수정 페이지는 추가 페이지와 동일한 모습을 보입니다. 하지만 수정 페이지에서는 수정하려고 하는 북마크의 상세 정보를 불러와서 입력 폼에 똑같이 보여줘야 합니다. 또 버튼 레이블도 Update라고 바꿔서 보여줄 것입니다.

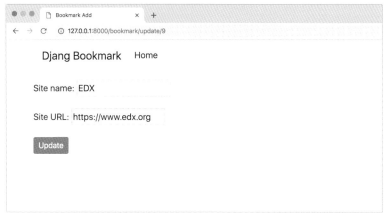

> [그림 04-05] 북마크 수정

4.1.5 북마크 삭제

삭제 기능도 만들텐데 삭제 확인 메시지가 출력되고 버튼을 누르면 삭제가 되는 형태입니다. 이 삭제 확인 메시지를 출력할 때는 모델에 있는 특정 함수를 통해 메시지를 출력합니다.

> [그림 04-06] 북마크 삭제

프론트 페이지들을 살펴봤으니 관리자 페이지 목록도 간단하게 살펴보겠습니다.

4.1.6 관리자 페이지

관리자 페이지는 다른 부분은 변경이 없기 때문에 목록 페이지만 살펴보겠습니다. 관리자 페이지에서 확인할 수 있는 북마크 목록 내용도 북마크 삭제 때와 똑같은 내용입니다. 관리자 페이지에서 북마크를 관리하고 목록이 출력될 수 있도록 연결해 보겠습니다.

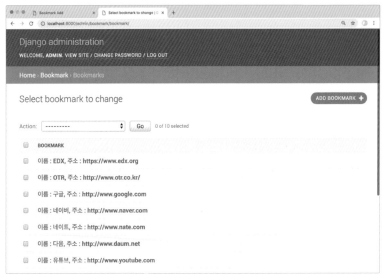

> [그림 04-07] 북마크 목록

4.2 북마크 앱 만들기

3장에서는 튜토리얼을 따라 하면서 전체 구성과 단계를 간략하게 살펴보았습니다. 이번 장에서는 개발 절차의 흐름보다는 모델, 뷰, 템플릿 등을 각 단계에서 모두 제작하고 각각의 제작 방법에 대해서 살펴보는 방식으로 서비스를 완성하겠습니다.

4.2.1 프로젝트 만들기

항상 시작은 프로젝트 만들기부터입니다. 파이참을 열고 [Create New Project] 버튼을 클릭해 새로운 프로젝트를 생성합니다.

❯ [그림 04-08] 파이참 웰컴 화면

프로젝트 이름은 [bookmark]로 설정하고 가상환경도 추가합니다. 모든 설정을 확인 했다면 [Create] 버튼을 클릭합니다.

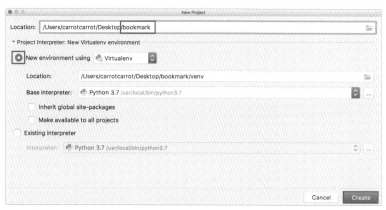

❯ [그림 04-09] 프로젝트 생성

프로젝트를 만들었다면 파이참에서 터미널을 열고 장고를 설치 합니다.

```
$ pip install django
```

장고를 설치하면 장고 프로젝트를 생성합니다. 프로젝트를 생성할 때는 [startproject] 명령을 사용하고 [config]는 설정 폴더의 이름입니다.

```
$ django-admin startproject config .
```

바로 데이터 베이스를 초기화 하고 관리자 계정을 생성합니다.

```
$ python manage.py migrate
$ python manage.py createsuperuser
```

여기까지 성공했다면 서버를 실행하고 관리자 페이지에 로그인을 해봅시다. 다음 명령을 입력해 서버를 실행합니다.

```
$ python manage.py runserver
```

서버를 실행하고 http://127.0.0.1:8000/ 로 접속하면 장고가 설치 후 잘 동작한다는 메시지가 나타납니다.

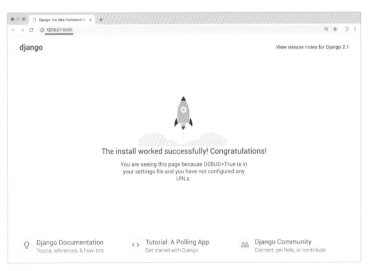

> [그림 04-10] 서버 실행 후 첫 화면

관리자 아이디도 잘 생성한 것인지 로그인을 통해 확인해 보겠습니다.

http://127.0.0.1:8000/admin/ 페이지로 접속합니다.

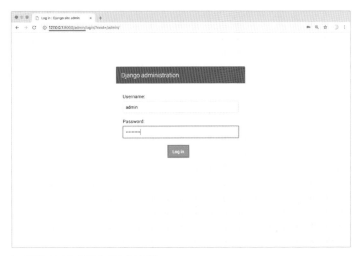

> [그림 04-11] 관리자 페이지 로그인

나타난 로그인 화면에 미리 생성해둔 관리자 계정 정보를 입력하고 [Login in] 버튼을 클릭합니다.

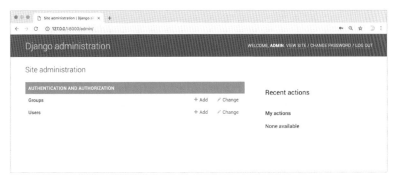

> [그림 04-12] 관리자 로그인 후 첫 화면

[그림 04-12]처럼 관리자 페이지가 보인다면 로그인에 성공한 것입니다. 이제 웹 서비스 개발을 시작할 수 있습니다.

다음 단계를 위해 [Ctrl + C] 키를 눌러 서버를 종료하고 다음 단계로 넘어 갑시다.

4.2.2 Bookmark 앱 생성하기

프로젝트를 만들고 나서 어떤 기능을 만들고 싶다면 앱을 만들어야 합니다.

```
$ python manage.py startapp bookmark
```

위의 명령어를 입력하면 앱을 만들 수 있습니다.

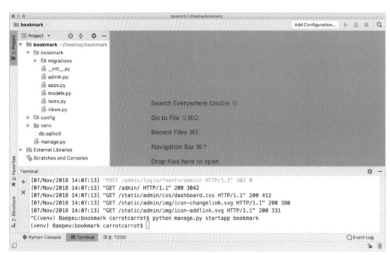

> [그림 04-13] bookmark 앱 생성 후

앱을 생성하면 관련 폴더와 파일이 생깁니다. 중요한 파일들은 admin.py, models.py, views.py 입니다. 기능을 완성하면서 각 파일들의 내용을 채워 보겠습니다.

4.2.3 모델 만들기

모델은 데이터베이스 사용을 쉽게 하기 위해 사용하는 도구 입니다. 웹 서비스를 만들면서 뭔가 데이터베이스에 저장하면서 사용해야겠다는 데이터가 있다면 모델을 만든다고 생각하면 됩니다.

북마크 기능에는 북마크에 관한 정보를 데이터베이스에 저장해야 합니다. 모델을 작성해서 해당 자료를 데이터베이스에 저장할 수 있도록 하겠습니다.

코드 04-01　　bookmark/models.py

```
from django.db import models

class Bookmark(models.Model):
```

```
    site_name = models.CharField(max_length=100)
    url = models.URLField('Site URL')
```

models.py에 models.Model을 상속받는 Bookmark 클래스를 만듭니다. 이것이 바로 모델의 기본입니다. 모델 안에는 두 개의 클래스 변수가 있습니다. 앞으로는 이것을 필드라고 부르겠습니다. site_name과 url이라는 두 개의 필드를 만드는데 데이터베이스에 이 두 가지의 정보를 저장하려고 만들었습니다. 그리고 이 정보가 기록되는 테이블의 이름은 bookmark입니다.

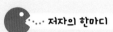 **저자의 한마디**

데이터베이스에 생성되는 테이블 이름은 보통 모델의 이름을 따라 만들어 집니다. 이 때 모델의 이름만 사용하는 것이 아니라 [앱이름_모델이름] 형태로 만들어집니다. 물론 옵션을 사용해서 이 규칙을 바꿀 수도 있습니다.

이 모델을 이용해 데이터베이스에 테이블을 생성하려면 두 가지의 명령어를 입력해야 합니다. 그리고 데이터베이스 관련 명령어가 제대로 동작하려면 settings.py에 bookmark 앱을 사용하기 위한 설정을 추가해야 합니다.

settings.py 파일을 열고 INSTALLED_APPS 변수 끝에 'bookmark'를 추가합니다. 맨 끝에 ,(콤마)를 써 넣는 것도 잊지 않습니다. 빼놓더라도 오류는 나지 않지만 다른 앱을 추가할 때 빈번이 실수하는 부분이기 때문에 습관처럼 콤마를 추가해두는 것이 좋습니다.

코드 04-02 config/settings.py

```
INSTALLED_APPS = [
    'django.contrib.admin',
    'django.contrib.auth',
    'django.contrib.contenttypes',
    'django.contrib.sessions',
    'django.contrib.messages',
    'django.contrib.staticfiles',
    'bookmark',
]
```

INSTALLED_APPS에 추가 했다면 이제 데이터베이스 관련 명령이 정상적으로 동작할 것입니다. 터미널을 열고 다음 명령어를 입력합니다.

```
$ python manage.py makemigrations bookmark
```

북마크 앱에서 데이터베이스 관련 변경사항이 있는지 확인하고 변경할 내용이 있다면 파일을 생성합니다. 이런 파일을 마이그레이션 파일이라고 합니다. 각 파일은 번호가 하나씩 증가하며 앱 폴더에 있는 migrations 폴더에 순서대로 쌓입니다.

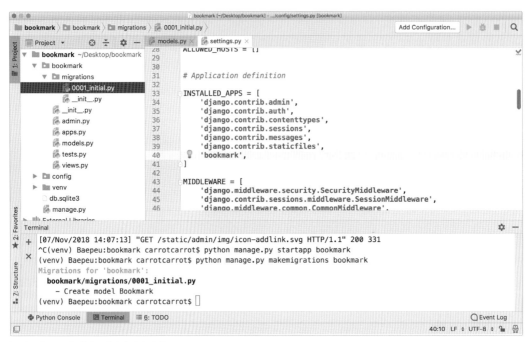

> [그림 04-14] 마이그레이션 파일 생성

마이그레이션 파일의 내용을 실제 데이터베이스에 적용하기 위해 다음 명령을 입력합니다.

```
$ python manage.py migrate bookmark
```

모델과 연결된 데이터베이스가 생성됐습니다. 이제 북마크를 추가, 확인, 수정, 삭제 해야하는데 당장은 페이지를 만들지 않았기 때문에 관리자 페이지를 통해서 확인해야겠습니다.

4.2.4 관리자 페이지에 모델 등록

모델을 이용한 데이터 작업을 하려면 해당 뷰를 만들어야 합니다. 하지만 뷰를 만들기 위해서는 시간이 걸립니다. 또 뷰를 만들면서 확인하는 작업을 할 때 미리 입력된 데이터가 필요하기도 합니다. 그래서 관리자 페이지에 미리 모델을 관리할 수 있도록 등록해두면 편리합니다.

admin.py에 다음 코드를 입력합니다.

───────
코드 04-03　bookmark/admin.py

```python
from django.contrib import admin
from .models import Bookmark


admin.site.register(Bookmark)
```

admin.py는 모델을 관리자 페이지에 등록해 관리할 수 있도록 하는 역할과 관리자 페이지에서 보이는 내용의 변경, 기능 추가 등을 할 수 있도록 코드를 입력하는 파일입니다.

from .models import Bookmark 구문은 현재 폴더에 있는 models.py파일에서 Bookmark라는 모델을 불러오겠다 라는 의미입니다. 이렇게 불러온 모델을 admin.site.register 구문을 이용해 등록하면 관리자 페이지에서 해당 모델을 관리할 수 있습니다.

```
$ python manage.py runserver
```

명령을 입력해 서버를 실행하고 관리자 페이지에 접속해 모델이 나타나는지 확인해 봅시다.

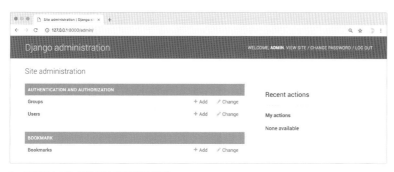

> [그림 04-15] 모델 등록 후 관리자 화면

관리자 화면에 Bookmark 모델이 보인다면 [Add] 버튼을 클릭해 몇 가지 북마크를 추가합니다. 추가 화면으로 이동하면 사이트 이름과 주소를 입력하고 [SAVE] 버튼을 클릭합니다.

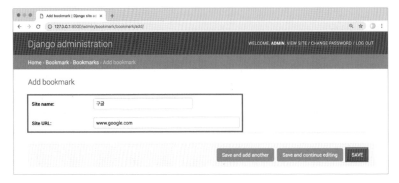

> [그림 04-16] 북마크 추가 화면

이렇게 몇 번의 과정을 반복하면서 북마크를 추가합니다. 추가한 후 목록 화면을 보면 추가한 북마크가 나타나는 것 같습니다. 그런데 어떤 사이트인지 알아볼 수가 없습니다. 목록에 보면 우리가 알아볼 수 있는 내용은 없고 북마크 모델의 오브젝트라는 내용과 번호만 출력되고 있습니다.

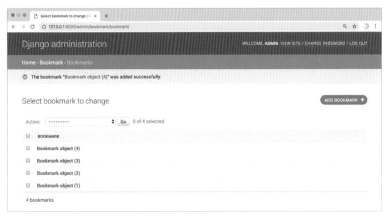

> [그림 04-17] 북마크 추가 후 목록

이런 현상을 수정해 목록을 알아볼 수 있도록 만들려면 모델을 수정해야만 합니다.

4.2.5 모델에 __str__ 메서드 추가

클래스 내부에 있는 메서드 중에서 _(언더바)가 앞뒤로 두 개씩 붙어있는 함수들을 매직 메서드 혹은 던더 메서드라고 부릅니다. 특별한 기능들이 있는 메서드들인데 이번에 추가할 __str__ 메서드도 매직 메서드입니다. 이 메서드의 기능은 클래스의 오브젝트를 출력할 때 나타날 내용을 결정하는 메서드입니다.

북마크 모델에 __str__메서드를 추가합니다.

코드 04-04　bookmark/models.py

```python
from django.db import models


class Bookmark(models.Model):
    # ... 중략
    def __str__(self):
        # 객체를 출력할 때 나타날 값
        return "이름 : "+self.site_name + ", 주소 : " + self.url
```

__str__ 메서드는 항상 문자열을 반환해야 합니다. 안에서 어떤 연산을 수행해도 상관없지만 반환하는 값은 항상 문자열이 되도록 구문을 만들어 줍니다. 코드를 변경 했다면 관리자 페이지로 이동해 북마크 모델의 목록을 새로고침 합니다.

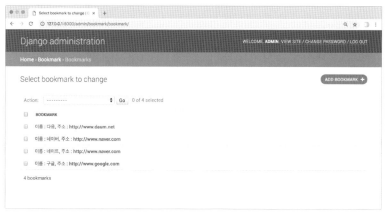

▶ [그림 04-18] __str__ 메서드 추가 후 목록 화면

변경된 목록을 보면 __str__ 메서드에서 반환한 값이 출력되고 있는 것을 알 수 있습니다. 이 메서드의 내용은 이후에 삭제 화면에서도 동일하게 나타납니다.

4.2.6 목록 뷰 만들기

관리자 페이지를 이용해 모델을 관리할 수 있지만 제대로 된 서비스를 만들기 위해서는 프론트에서 해당 기능을 사용할 수 있어야 합니다. 이러한 기능들을 뷰(view)라고 부르는데 보통은 views. py에 만듭니다.

첫 번째로 만들 뷰는 목록 뷰입니다. views.py 파일을 열고 BookmarkListView를 만듭니다.

```
from django.views.generic.list import ListView

from .models import Bookmark

class BookmarkListView(ListView):
    model = Bookmark
```

이번 앱에서는 모든 뷰를 클래스형 뷰로 만들 것입니다. 뷰에는 함수형 뷰와 클래스형 뷰가 있다는 것을 기억하셔야 합니다. 클래스형 뷰는 웹 프로그래밍에서 자주 사용하는 기능을 장고가 미리 준비해 뒀고 그걸 빌려다 쓰는 형태라고 말씀 드렸습니다. 북마크 앱은 전형적인 뷰들이 필요하기 때문에 클래스형 뷰가 적절합니다.

목록 뷰는 BookmarkListView라는 이름으로 클래스형 뷰를 만드는데, ListView를 상속해 사용합니다. 그리고 model을 설정해줘야 하기 때문에 Bookmark 모델을 임포트 하고 클래스 안에 model = Bookmark라는 구문을 이용해 모델을 설정합니다.

4.2.7 URL 연결하기

뷰를 만들었으면 어떤 주소를 사용해 이 뷰를 호출할 수 있도록 연결해야 합니다. 다시 말하면 어떤 주소를 입력했을 때 해당 페이지를 보여주고 싶은가를 설정하는 것입니다. 이 설정은 urls.py 파일에 합니다.

urls.py 파일은 config 폴더에 있는 루트 파일과 각 앱 폴더에 만들어 두는 서브 파일들이 있습니다. 루트 urls.py 파일만 있어도 무방하지만 한번 만든 앱은 다른 프로젝트에도 재사용할 수 있기 때문에 앱에 관한 URL 연결은 앱 폴더에 있는 urls.py에 설정합니다.

그리고 앱에 관한 urls.py의 내용은 루트 파일에서 연결해줘야만 동작을 합니다. 루트 urls.py 파일을 열고 include 함수를 임포트 하고 urlpatterns에 bookmark.urls를 연결하는 path를 추가합니다.

```python
from django.contrib import admin
from django.urls import path, include

urlpatterns = [
    path('bookmark/', include('bookmark.urls')),
    path('admin/', admin.site.urls),
]
```

이렇게 연결을 하면 http://127.0.0.1:8000/bookmark/[이하URL] 같은 주소로 접속하면 book-mark/까지의 URL을 잘라내고 나머지 부분을 bookmark.urls로 전달해 찾아봅니다. 나머지 부분을 가지고 어떤 뷰를 연결할지를 bookmark 앱 폴더에 있는 urls.py에 작성하도록 합시다. 아직까지는 bookmark 앱 폴더에 urls.py가 없으므로 새로 파일을 만들어 줍니다.

```python
from django.urls import path
from .views import BookmarkListView

urlpatterns = [
    path('', BookmarkListView.as_view(), name='list'),
]
```

path의 첫 번째 인수 ''를 보면 bookmark/이하 부분이 없다라고 해석할 수 있습니다. 그럼 북마크 앱의 루트 페이지 같은 역할을 한다고 생각하면 됩니다. 이런 주소로 접속했을 때 BookmarkList-View라는 뷰를 호출하겠다라는 의미입니다. 함수형 뷰라면 뷰 이름만 써주면 되지만 클래스형 뷰일 경우 뒤에 .as_view()라고 꼭 붙여줘야 정상적으로 동작합니다. 마지막 인자인 name은 설정한 이름을 가지고 해당 URL패턴을 찾을 수 있도록 하는 역할을 합니다.

URL과 뷰를 연결했으니 이제 서버를 실행해서 확인해 보겠습니다.

```
$ python manage.py runserver
```

서버를 실행하면 템플릿 파일이 없다는 오류 메시지가 나타납니다.

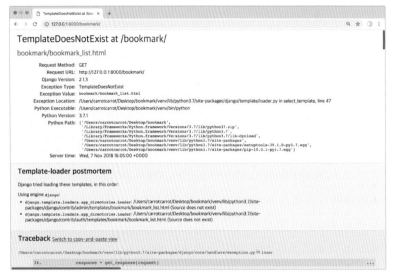

> [그림 04-19] TemplateDoesNotExist 오류 메시지

템플릿 파일을 만들어 오류를 없애 봅시다.

4.2.8 bookmark_list.html 템플릿 만들기

템플릿은 프론트엔드 소스코드가 저장되는 파일들이면서 장고에서 데이터를 껴넣는 양식 파일이기도 합니다. 어떤 뷰를 만들 때는 그 뷰의 내용을 어떻게 브라우저에 표시할지 템플릿을 가지고 결정합니다.

또 템플릿 파일은 정해진 위치가 있습니다. 앱 폴더 내부에 templates 폴더에 위치해야 하며 보통 앱 이름으로 폴더를 한번 더 만들어 저장합니다. templates/bookmark 폴더를 만들고 해당 폴더를 마우스 오른쪽 버튼으로 클릭해 [New -> HTML File] 메뉴를 선택합니다.

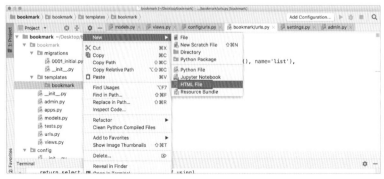

> [그림 04-20] bookmark_list.html 만들기

만들 HTML 파일의 body 태그 안에 다음의 코드를 입력합니다.

───────
코드 04-08 bookmark/templates/bookmark/bookmark_list.html

```html
<div class="btn-group">
    <a href="#" class="btn btn-info">Add Bookmark</a>
</div>
<p></p>
<table class="table">
    <thead>
        <tr>
            <th scope="col">#</th>
            <th scope="col">Site</th>
            <th scope="col">URL</th>
            <th scope="col">Modify</th>
            <th scope="col">Delete</th>
        </tr>
    </thead>
    <tbody>
        {% for bookmark in object_list %}
            <tr>
                <td>{{forloop.counter}}</td>
                <td><a href="#">{{bookmark.site_name}}</a></td>
                <td><a href="{{bookmark.url}}" target="_blank">{{bookmark.url}}
</a></td>
                <td><a href="#" class="btn btn-success btn-sm">Modify</a></td>
                <td><a href="#" class="btn btn-danger btn-sm">Delete</a></td>
            </tr>
        {% endfor %}
    </tbody>
</table>
```

소스코드 첫 부분에는 북마크 추가하기 링크를 만들어 두었고. 그 다음부터 북마크의 목록을 출력하기 위해서 table 태그를 사용합니다. 제레닉 뷰에서는 모델의 오브젝트가 여러 개일 경우 object_list라는 변수로 전달합니다. 이 object_list에서 bookmark라는 이름으로 북마크를 하나씩 꺼내 북마크 당 한 줄씩 출력할 것입니다. 한 북마크는 tr 태그로 묶습니다. 각각의 북마크를 출력할 때 사이트 이름 url 등을 출력하고 수정 버튼과 지우기 버튼도 함께 만들어두겠습니다.

HTML 파일을 새로 만들었으니 서버를 다시 실행하고 결과를 확인합니다.

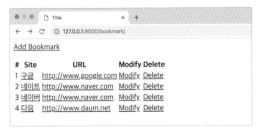

> [그림 04-21] 템플릿을 사용한 후 목록

목록이 잘 출력된다면 추가, 상세, 수정, 삭제 기능을 구현하도록 하겠습니다.

4.2.9 북마크 추가 기능 구현

북마크 추가를 위한 뷰를 BookmarkCreateView라는 이름을 가진 클래스 뷰로 만듭니다. 제네릭
뷰인 CreateView를 상속받으면 손쉽게 만들 수 있습니다.

코드 04-09   bookmark/views.py

```python
from django.views.generic.edit import CreateView
from django.urls import reverse_lazy

class BookmarkCreateView(CreateView):
    model = Bookmark
    fields = ['site_name','url']
    success_url = reverse_lazy('list')
    template_name_suffix = '_create'
```

어떤 모델의 입력을 받을 것인지 결정해야 하기 때문에 ListView와 마찬가지로 model 변수를 만
들고 Bookmark로 설정합니다. fields 변수는 어떤 필드들을 입력받을 것인지 설정하는 부분입
니다. success_url은 글쓰기를 완료하고 이동할 페이지입니다. 보통은 상세 페이지로 이동하지만
success_url의 사용법을 알기 위해 목록 페이지로 설정해봤습니다. 마지막으로 template_name_
suffix는 사용할 템플릿의 접미사만 변경하는 설정값입니다. 기본으로 설정되어 있는 템플릿 이
름들은 모델명_xxx 형태입니다. CreateView와 UpdateView는 form이 접미사인데 이걸 변경해
서 bookmark_create라는 이름의 템플릿 파일을 사용하도록 설정한 것입니다.

뷰를 완성했으니 URL을 연결하겠습니다.

코드 04-10   bookmark/urls.py

```
from .views import BookmarkListView, BookmarkCreateView

urlpatterns = [
    path('', BookmarkListView.as_view(), name='list'),
    path('add/', BookmarkCreateView.as_view(), name='add'),
]
```

urlpatterns 변수에 path를 하나 더 추가해 BookmarkCreateView를 연결합니다. 이 뷰를 사용하기 위해서 당연히 임포트를 미리 해야합니다.

템플릿도 바로 만들도록 하겠습니다. 미리 설정했던 대로 bookmark_create.html 파일을 템플릿 폴더에 만듭니다. body 태그 안에 form 태그를 입력합니다.

코드 04-11   bookmark/templates/bookmark/bookmark_create.html

```
<form action="" method="post">
    {% csrf_token %}
    {{form.as_p}}
    <input type="submit" value="Add" class="btn btn-info btn-sm">
</form>
```

form 태그는 html로부터 서버로 자료를 전달하기 위해 사용하는 코드입니다. 회원가입, 로그인, 글쓰기 등 다양한 기능에 사용합니다. action 메서드는 자료를 전달할 대상 페이지입니다. 비워둘 경우 현재 페이지로 전달합니다. method는 HTTP 메서드 종류를 설정합니다.

form 태그 안쪽에는 csrf_token 값이 있는데 이는 CSRF(Cross Site Request Forgery) 공격을 막기 위한 용도입니다. 해커가 만든 외부 사이트에서 우리가 만든 사이트에 로그인 한 사용자 권한으로 공격하는 것을 막기 위한 용도입니다. 또 form.as_p는 클래스형 뷰의 옵션 값으로 설정한 필드를 출력하는데 각 필드 폼 태그들을 P태그로 감싸 출력하는 코드입니다. 마지막으로 submit 버튼은 입력 완료를 위해 만들어 줍니다.

코드를 다 입력했으면 입력이 잘 되는지 확인해 봅시다.

```
$ python manage.py runserver
```

명령을 입력해 서버를 실행하고 http://127.0.0.1:8000/bookmark/add/ 주소로 접속합니다.

> [그림 04-22] 입력 화면

적절히 내용을 입력하고 [Add] 버튼을 누르면 데이터베이스에 내용이 저장되고 목록 화면으로 돌아 옵니다.

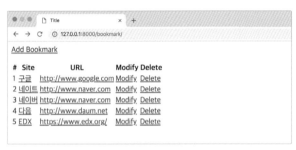

> [그림 04-23] 북마크 추가 후 목록

추가 기능이 잘 동작합니다. 마지막으로 목록 위쪽에 있는 [Add Bookmark] 링크가 동작하도록 만들겠습니다. bookmark_list.html 파일에 있는 [Add Bookmark] 링크의 href 속성 값을 변경 합니다.

코드 04-12   bookmark/templates/bookmark/bookmark_list.html

```
<a href="{% url 'add' %}" class="btn btn-info">Add Bookmark</a>
```

href 속성 값에 주소를 출력하기 위해 URL 템플릿 태그를 사용했습니다. [add]라는 이름을 가진 URL 패턴을 찾아서 URL 출력하라는 의미입니다. 코드를 수정한 뒤 목록에서 해당 링크를 클릭 하면 북마크 추가 페이지로 이동하는 것을 확인할 수 있습니다.

4.2.10 북마크 확인 기능 구현

추가 기능을 구현했으니 북마크의 확인 기능을 구현하겠습니다. 상세 페이지라고도 할 수 있는 이 기능도 클래스형 뷰를 사용해 간단히 만들겠습니다. views.py에 BookmarkDetailView를 만듭니다.

코드 04-13 bookmark/views.py

```python
from django.views.generic.detail import DetailView


class BookmarkDetailView(DetailView):
    model = Bookmark
```

다른 뷰들과 마찬가지로 제네릭 뷰인 DetailView를 상속받도록 합니다. model까지 Bookmark로 설정하면 확인 뷰 작성은 끝입니다. URL만 연결해주면 뷰는 제대로 동작할 것입니다.

코드 04-14 bookmark/urls.py

```python
from django.urls import path
from .views import *

urlpatterns = [
    path('', BookmarkListView.as_view(), name='list'),
    path('add/', BookmarkCreateView.as_view(), name='add'),
    path('detail/<int:pk>/', BookmarkDetailView.as_view(), name='detail'),
]
```

urls.py에 path를 추가하고 BookmarkDetailView를 연결합니다. URL 패턴은 다른 뷰들과 차이를 보입니다. 바로 [<int:pk>]가 들어간 부분입니다. 이 부분은 두 개의 값이 의미하는 바가 각각 있습니다. 앞쪽인 int는 타입이라고 여기면 됩니다. 정확히는 컨버터라고 부르는 기능이며 클래스 형태입니다. 뒤쪽은 컨버터를 통해 반환받은 값 혹은 패턴에 일치하는 값의 변수명입니다. 컨버터는 생략하거나 커스텀 컨버터를 만들어 넣을 수 있습니다.

기본 제공되는 컨버터 종류는 다음과 같습니다.

❶ str : 비어있지 않은 모든 문자와 매칭. 단 '/'는 제외. 컨버터를 설정하지 않을 경우 기본 컨버터

❷ int : 0을 포함한 양의 정수와 매칭

❸ slug : 아스키 문자나 숫자, 하이픈, 언더스코어를 포함한 슬러그 문자열과 매칭

❹ uuid : UUID와 매칭. 같은 페이지에 여러 URL이 연결 되는 것을 막으려고 사용

❺ path : 기본적으로 str와 같은 기능이나 '/'도 포함. URL의 부분이 아닌 전체에 대한 매칭을 하

고 싶을 때 사용

URL 연결이 끝났으면 템플릿도 작성하겠습니다. bookmark_detail.html 파일을 만들고 body 태그 안에 다음 코드를 입력합니다.

코드 04-15   bookmark/templates/bookmark/bookmark_detail.html

```
{{object.site_name}}<br/>
{{object.url}}
```

확인 페이지는 북마크 하나의 정보만 출력하면 됩니다. 그래서 제네릭 뷰인 DetailView가 object라는 이름으로 북마크의 값을 전달합니다. object변수를 이용해 값을 하나씩 출력합니다. 확인 뷰는 큰 용도는 없기 때문에 특별한 구조 없이 값만 출력했습니다.

확인 뷰를 만들었으니 목록 화면에서 확인 뷰로 가는 링크를 연결하겠습니다.

코드 04-16   bookmark/templates/bookmark/bookmark_list.html

```
<a href="{% url 'detail' pk=bookmark.id %}">{{bookmark.site_name}}</a>
```

bookmark_list.html에 있는 링크의 href 속성 값을 URL 템플릿 태그를 사용하도록 변경합니다. 템플릿 태그에 pk 값을 같이 전달해 제대로 된 URL이 만들어져 출력할 수 있도록 합니다. 모든 코드를 변경하고 북마크 목록 화면에서 사이트 이름을 클릭해 봅시다.

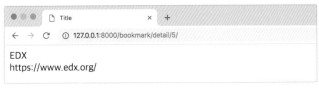

> [그림 04-24] 북마크 확인 화면

클릭했을 때 확인 화면으로 이동한다면 정상 동작하고 있는 것입니다.

4.2.11 북마크 수정 기능 구현

이번에는 북마크 수정 기능을 만들어보겠습니다. 수정 기능은 추가 기능과 거의 동일 합니다. 제네릭 뷰를 사용해서 수정 뷰를 추가하겠습니다. views.py 파일을 열고 Creative View 옆에 Update-View를 임포트 합니다.

코드 04-17   bookmark/views.py

```python
from django.views.generic.edit import CreateView, UpdateView


class BookmarkUpdateView(UpdateView):
    model = Bookmark
    fields = ['site_name','url']
    template_name_suffix = '_update'
```

임포트한 UpdateView를 상속받도록 BookmarkUpdateView를 만듭니다. 모델을 설정하고 추가
뷰처럼 입력받을 필드 목록을 설정합니다. 그리고 이번에는 템플릿 접미사를 _update로 했습니
다. 그럼 bookmark_update.html이 템플릿이 된다는 이야기입니다.

뷰 다음은 URL 연결입니다. urls.py 파일에 새로운 path를 추가해 update라는 이름으로 뷰를 연
결합니다.

코드 04-18   bookmark/urls.py

```python
urlpatterns = [
    path('', BookmarkListView.as_view(), name='list'),
    path('add/', BookmarkCreateView.as_view(), name='add'),
    path('detail/<int:pk>/', BookmarkDetailView.as_view(), name='detail'),
    path('update/<int:pk>/', BookmarkUpdateView.as_view(), name='update'),
]
```

마지막은 템플릿입니다. bookmark_create.html과 똑같이 만들고 버튼의 값만 Update로 변경합
니다.

코드 04-19   bookmark/templates/bookmark/bookmark_update.html

```html
<form action="" method="post">
    {% csrf_token %}
    {{form.as_p}}
    <input type="submit" value="Update" class="btn btn-info btn-sm">
</form>
```

Update 기능도 링크로 연결해야 하니 bookmark_list.html에 링크도 연결합니다.

코드 04-20   bookmark/templates/bookmark/bookmark_list.html

```
<a href="{% url 'update' pk=bookmark.id %}" class="btn btn-success btn-sm">Modify</a>
```

URL 템플릿 태그를 사용해 주소를 만들어 출력합니다. URL 패턴에는 pk라는 값이 있기 때문에 URL 템플릿 태그에도 pk 값을 전달해야 URL을 만들 수 있습니다. 버튼 링크도 완성했습니다. 화면을 확인해 봅시다. 북마크 목록 화면으로 이동해서 [Modify 버튼]을 클릭합니다.

> [그림 04-25] 북마크 수정 화면

수정 화면으로 이동하면 사이트 이름이나 주소를 수정하고 [Update] 버튼을 누릅니다. 수정이 잘 될까요? 수정이 잘 될거라 기대했지만 바로 오류 메시지를 만나게 됩니다. 물론 데이터베이스에 값은 잘 저장되어 있을 겁니다. 우리가 만난 이 메시지는 '수정을 마쳤는데 이동할 페이지가 없다'라는 얘기입니다.

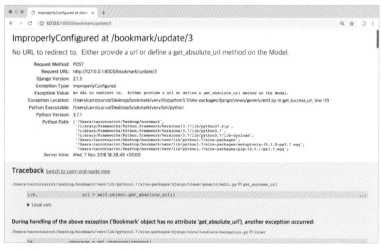

> [그림 04-26] 수정 후 오류 메시지

수정이 완료된 후 이동할 페이지는 뷰에 success_url이 설정되어 있거나 모델에 get_absolute_url이라는 메서드를 통해 결정합니다. 그런데 우리는 두 가지 모두 없기 때문에 오류를 만나게 된 것입니다. 북마크 추가 뷰를 만들 때 success_url은 설정해 봤으니 이번에는 get_absolute_url을 만들어 봅시다.

models.py를 열고 Bookmark 모델에 get_absolute_url 메서드를 추가합니다.

코드 04-21   bookmark/models.py

```python
from django.urls import reverse

class Bookmark(models.Model):
    # ... 중략
    def get_absolute_url(self):
        return reverse('detail', args=[str(self.id)])
```

get_absolute_url 메서드는 장고에서 사용하는 메서드입니다. 보통은 객체의 상세 화면 주소를 반환하게 만듭니다. 이 때 사용하는 reverse 메서드는 URL 패턴의 이름과 추가 인자를 전달받아 URL을 생성하는 메서드입니다.

메서드를 작성하고 다시 수정 기능을 테스트 해봅시다. 북마크 하나를 선택해 [Modify] 버튼을 누르고 내용을 변경합니다. [Update] 버튼을 누르면 내용이 수정되고 해당 북마크의 확인 화면으로 이동한 것을 알 수 있습니다.

❯ [그림 04-27] 수정 완료 후 화면

4.2.12 북마크 삭제 기능 구현

북마크 삭제 기능도 제네릭 뷰를 상속받아 구현하겠습니다. views.py를 열고 DeleteView를 임포트 하고 BookmarkDeleteView를 만듭니다.

코드 04-22   bookmark/views.py

```python
from django.views.generic.edit import CreateView, UpdateView, DeleteView

class BookmarkDeleteView(DeleteView):
    model = Bookmark
    success_url = reverse_lazy('list')
```

model은 Bookmark로 하고, success_url은 목록 페이지로 가도록 reverse_lazy를 사용해 설정합니다. 뷰를 만들고 나면 urls.py에 새로 path를 추가해 BookmarkDeleteView를 연결합니다.

코드 04-23   bookmark/urls.py

```python
urlpatterns = [
    path('', BookmarkListView.as_view(), name='list'),
    path('add/', BookmarkCreateView.as_view(), name='add'),
    path('detail/<int:pk>/', BookmarkDetailView.as_view(), name='detail'),
    path('update/<int:pk>/', BookmarkUpdateView.as_view(), name='update'),
    path('delete/<int:pk>/', BookmarkDeleteView.as_view(), name='delete'),
]
```

이번에는 바로 템플릿을 만드는 것이 아니라 bookmark_list.html에 [Delete] 버튼을 먼저 연결한 후에 템플릿을 만들도록 하겠습니다. href 속성에 URL 템플릿 태그를 사용해 delete 페이지의 URL을 출력합니다.

코드 04-24   bookmark/templates/bookmark/bookmark_list.html

```html
<a href="{% url 'delete' pk=bookmark.id %}" class="btn btn-danger btn-sm">
Delete</a>
```

이제 목록 화면에서 북마크를 선택하고 [Delete] 버튼을 눌러 봅시다.

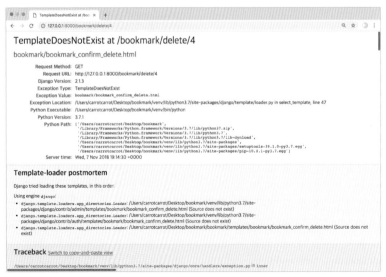

> [그림 04-28] 삭제 화면 오류

삭제 화면으로 이동하지만 오류 메시지가 나타납니다. 템플릿이 없다는 메시지인데 템플릿 이름을 확인해보면 특이합니다. 기존에 사용하던 모델명_xxx 형태이긴 하지만 뷰 이름만 써있는 것이 아닙니다. 오류 메시지를 참고해서 bookmark_confirm_delete.html 파일을 만듭니다. 템플릿의 body 태그 안에 다음 코드를 입력합니다.

───────
코드 04-25   bookmark/templates/bookmark/bookmark_confirm_delete.html

```
<form action="" method="post">
    {% csrf_token %}
    <div class="alert alert-danger">Do you want to delete Bookmark "{{object}}"?</div>
    <input type="submit" value="Delete" class="btn btn-danger">
</form>
```

삭제할 때는 확인이 필요하기 때문에 confirm_delete라는 이름을 사용합니다. 확인했다는 정보를 서버로 전달해야 하기 때문에 form태그를 사용합니다. form태그 안에는 무조건 csrf_token이 같이 있어야 한다고 기억해 두시기 바랍니다. 삭제할 것인지 확인 메시지를 출력하고 확인 버튼을 함께 만들어 두었습니다. 이제 다시 삭제를 시도해 봅시다.

> [그림 04-29] 북마크 삭제 확인 화면

북마크 삭제 확인 메시지가 나타나면 [Delete] 버튼을 누릅니다. 삭제가 제대로 됐다면 목록 화면으로 돌아오고 삭제하려고 했던 북마크가 사라진 것을 확인할 수 있습니다.

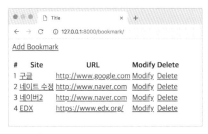

> [그림 04-30] 삭제 후 목록

삭제 기능을 끝으로 기능 구현은 끝났습니다. 기능을 다 구현했으니 웹 서비스를 조금 더 돋보일 수 있게 하는 디자인을 적용해 보겠습니다.

4.3 디자인 입히기

흔히 개발자가 디자인을 하면 티가 난다고 합니다. 아무리 디자인을 잘하더라도 디자이너가 만든 것보단 못하기 때문이 아닐까요? 그래서 이번 절에서는 적어도 공대생 디자인 같다는 소리를 듣지 않기 위해 노력해 보겠습니다. 하지만 굳이 우리가 노력하지 않아도 디자이너 동료가 있다면 더 좋은 디자인이 나오겠지요. 그럴 때도 이번 절의 내용은 필요합니다. 디자이너가 어떤 디자인을 입혀달라고 요청했을 때도 마찬가지의 과정을 진행해야 하기 때문입니다.

4.3.1 템플릿 확장하기

웹 서비스를 둘러보면 어느 페이지에 가든 동일하게 보이는 내용이 있습니다. 메뉴바나 타이틀 같은 부분입니다. 보통은 GNB(Global Navigation Bar)라고 부르는 것들입니다. 우리가 이전 절까지 기능을 구현하면서 만든 HTML 템플릿에 메뉴바를 넣는다고 하면 총 5개의 파일을 수정해야 합니다. 만약 100개의 템플릿을 사용하는 사이트라면 어떨까요? 100번을 수정해야 할 것입니다. 이런 불편함을 줄이기 위해서 장고에서는 템플릿 확장이라는 방법을 사용합니다. 기준이 되는 레이아웃 부분을 담은 템플릿을 별도로 만들어두고 기준 템플릿에 상속받아 사용하는 것처럼 재사용하는 방법입니다.

이 템플릿 확장을 사용해 보겠습니다. 프로젝트 루트에 [templates]라는 폴더를 추가합니다.

이 폴더에 기준이 되는 base.html이라는 파일을 추가할 것입니다.

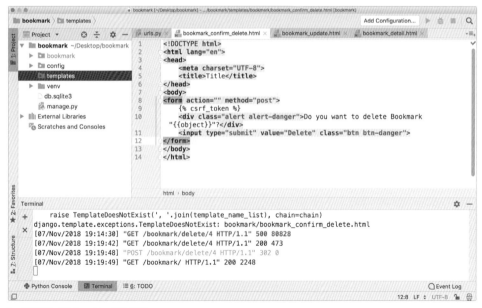

> [그림 04-31] templates 폴더 추가

하지만 폴더를 만들고 템플릿을 저장한다고 해서 바로 사용할 수 있는 것은 아닙니다. [settings.py]를 일부 변경해 우리가 만든 폴더에 저장된 템플릿 파일을 사용할 수 있도록 변경하겠습니다.

코드 04-26   config/settings.py

```python
TEMPLATES = [
    {
        'BACKEND': 'django.template.backends.django.DjangoTemplates',
        'DIRS': [os.path.join(BASE_DIR,"templates")],
        'APP_DIRS': True,
        'OPTIONS': {
            'context_processors': [
                'django.template.context_processors.debug',
                'django.template.context_processors.request',
                'django.contrib.auth.context_processors.auth',
                'django.contrib.messages.context_processors.messages',
            ],
        },
    },
]
```

TEMPLATES 변수를 살펴보면 DIRS라는 키가 존재합니다. 해당 키의 값은 비어있는 리스트입니다. 그 리스트에 os.path.join(BASE_DIR, "templates") 라는 값을 추가합니다. 우리가 만든 폴더를 템플릿 검색할 때 살펴보라고 추가한 것입니다.

이제 templates 폴더에 base.html 이라는 파일을 추가합니다. 템플릿 파일의 내용을 다음 코드를 참고하여 수정합니다.

코드 04-27   templates/base.html

```html
<!DOCTYPE html>
<html lang="en">
<head>
    <meta charset="UTF-8">
    <title>{% block title %}{% endblock %}</title>
</head>
<body>
    {% block content %}

    {% endblock %}
</body>
</html>
```

템플릿 확장은 [BLOCK]을 기준으로 동작합니다. 기준 템플릿에는 다른 템플릿에서 껴넣을 공간을 block 태그를 사용해 만들어두고 하위 템플릿에서는 이 블록에 껴넣을 내용을 결정하여 내용을 채웁니다.

방금 만든 base.html에는 두 개의 블록이 있습니다. [title]이라는 블록은 브라우저 탭에 보이는 이름을 결정하는 title 태그에 내용을 껴 넣을 수 있도록 만들었고 body 태그 안쪽에는 [content]라는 블록을 만들어서 하위 템플릿에서 출력하고자 하는 내용을 껴 넣을 수 있도록 만들었습니다.

나머지 템플릿들도 전부 다 수정하겠습니다. 첫 번째로 bookmark_confirm_delete.html을 아래 코드로 교체 합니다.

코드 04-28   bookmark/templates/bookmark/bookmark_confirm_delete.html

```
{% extends 'base.html' %}

{% block title %}Confirm Delete{% endblock %}

{% block content %}
<form action="" method="post">
    {% csrf_token %}
    <div class="alert alert-danger">Do you want to delete Bookmark
"{{object}}"?</div>
    <input type="submit" value="Delete" class="btn btn-danger">
</form>

{% endblock %}
```

템플릿 확장을 사용할 때는 하위 템플릿은 항상 맨 윗줄에 [extends] 태그를 사용해 어떤 템플릿을 기준 템플릿으로 사용할 것인지 결정합니다. 그리고 껴넣을 블록과 똑같은 이름으로 블록을 만든 후에 내용을 추가 합니다.

나머지 템플릿도 전부 코드를 교체 합니다.

코드 04-29   bookmark/templates/bookmark/bookmark_create.html

```
{% extends 'base.html' %}

{% block title %}
    Bookmark Add
{% endblock %}
```

```
{% block content %}
    <form action="" method="post">
        {% csrf_token %}
        {{form.as_p}}
        <input type="submit" value="Add" class="btn btn-info btn-sm">
    </form>
{% endblock %}
```

코드 04-30   bookmark/templates/bookmark/bookmark_detail.html

```
{% extends 'base.html' %}

{% block title %}Detail{% endblock %}

{% block content %}
{{object.site_name}}<br/>
{{object.url}}
{% endblock %}
```

코드 04-31   bookmark/templates/bookmark/bookmark_list.html

```
{% extends 'base.html' %}

{% block title %}
Bookmark List
{% endblock %}

{% block content %}
    <div class="btn-group">
        <a href="{% url 'add' %}" class="btn btn-info">Add Bookmark</a>
    </div>
    <p></p>
    <table class="table">
        <thead>
            <tr>
                <th scope="col">#</th>
                <th scope="col">Site</th>
                <th scope="col">URL</th>
                <th scope="col">Modify</th>
```

```
                <th scope="col">Delete</th>
            </tr>
        </thead>
        <tbody>
            {% for bookmark in object_list %}
                <tr>
                    <td>{{forloop.counter}}</td>
                    <td><a href="{% url 'detail' bookmark.id
%}">{{bookmark.site_name}}</a></td>
                    <td><a href="{{bookmark.url}}"
target="_blank">{{bookmark.url}}</a></td>
                    <td><a href="{% url 'update' bookmark.id %}" class="btn
btn-success btn-sm">Modify</a></td>
                    <td><a href="{% url 'delete' bookmark.id %}" class="btn
btn-danger btn-sm">Delete</a></td>
                </tr>
            {% endfor %}
        </tbody>
    </table>
{% endblock %}
```

코드 04-32　bookmark/templates/bookmark/bookmark_update.html

```
{% extends 'base.html' %}

{% block title %}
    Bookmark Add
{% endblock %}

{% block content %}
    <form action="" method="post">
        {% csrf_token %}
        {{form.as_p}}
        <input type="submit" value="Update" class="btn btn-info btn-sm">
    </form>
{% endblock %}
```

모든 템플릿에서 동일한 형태로 수정을 했습니다. title 블록과 content 블록을 만들고 기전에 있
던 출력해야 하는 부분은 모두 content 블록으로 이동 시켰습니다.

템플릿을 수정하고 페이지를 새로고침 해보면 이상 없이 동작은 하지만 디자인은 전혀 바뀐 것이 없는 것을 알 수 있습니다. 이제 템플릿을 분리하고 확장했으니 디자인을 입혀보겠습니다.

4.3.2 부트스트랩 적용하기

웹 브라우저를 열고 부트스트랩 공식 홈페이지(https://getbootstrap.com/)에 접속 해보겠습니다.

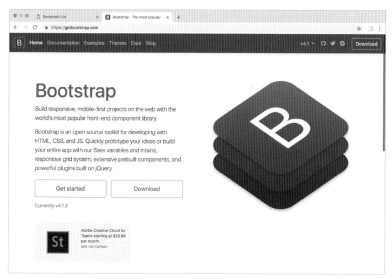

> [그림 04-32] 부트스트랩 홈페이지

부트스트랩은 CSS 프레임워크 중에 한 종류입니다. 웹 페이지의 화면을 만들기 위해서는 HTML, CSS, JavaScript 세 가지를 조합해 사용해야합니다. HTML은 화면의 내용과 뼈대를 담당하고 CSS는 폰트나 색상 같은 디자인적 요소를 담당하고 JavaScript는 움직임과 서버와의 통신 등을 담당합니다.

디자인을 담당하는 CSS는 발전을 거듭해 다양한 기능을 활용할 수 있게 되었습니다. 하지만 그만큼 복잡해지기도 했기 때문에 프레임워크가 등장했습니다. 부트스트랩 같은 프레임워크를 사용하면 CSS의 다양한 기능들을 HTML 태그에 class 속성을 추가하는 것만으로도 페이지를 아름답게 바꿀 수 있습니다.

이제 우리가 만든 웹 서비스에 부트스트랩을 사용할 수 있도록 base.html을 수정해 보겠습니다. 부트스트랩을 사용하려면 css 파일 하나와 js 파일 세 가지를 불러다 사용해야 합니다.

부트스트랩 홈페이지 상단에 있는 [Documentation] 버튼을 클릭합니다.

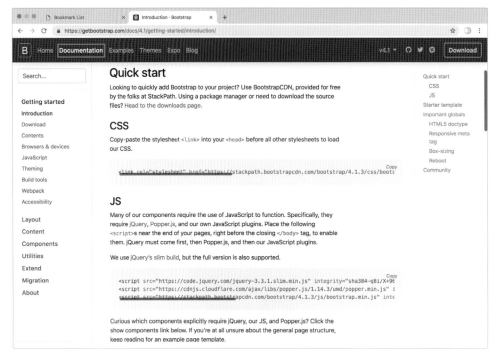

> [그림 04-33] 부트스트랩 문서

부트스트랩 문서의 첫 번째 페이지 Quick start 부분에 CSS, JS 항목이 있습니다. 이 부분에 나온
코드를 base.html의 head 태그 안쪽에 입력하겠습니다.

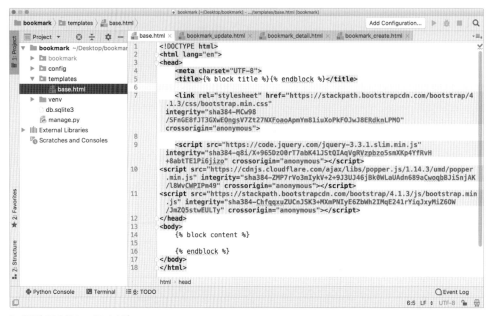

> [그림 04-34] base.html 수정

총 4줄의 코드를 입력하고 나서 목록 화면을 확인 해봅시다.

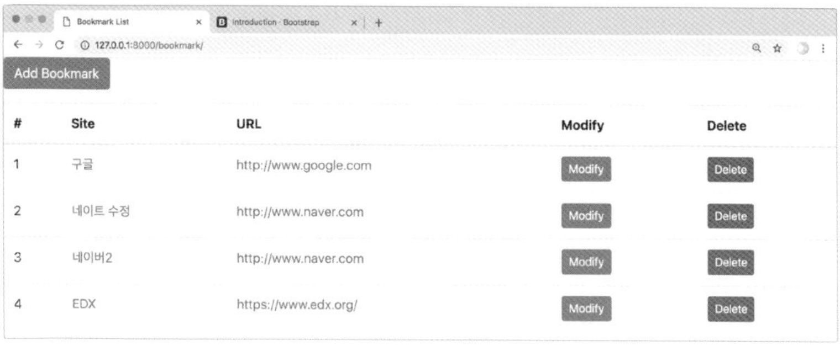

> [그림 04-35] 부트스트랩 적용 후 목록

bookmark_list.html 파일은 수정하지 않았지만 디자인이 훨씬 아름다워진 것을 확인할 수 있습니다. 비밀은 바로 class 속성에 있습니다. 부트스트랩은 HTML 태그의 class 속성을 기준으로 css를 적용해 디자인을 입힙니다. 기존에 있던 HTML코드에 미리 class를 적절히 입력해 놓았기 때문에 디자인이 바로 입혀진 것입니다.

부트스트랩을 사용해 디자인을 입혔으니 조금 더 수정해서 메뉴바도 만들겠습니다.

base.html 파일의 body 태그 내용을 다음 코드로 교체 합니다.

코드 04-33   templates/base.html

```html
<div class="container">
    <nav class="navbar navbar-expand-lg navbar-light bg-light">
      <a class="navbar-brand" href="#">Djang Bookmark</a>
      <button class="navbar-toggler" type="button" data-toggle="collapse"
data-target="#navbarSupportedContent" aria-controls="navbarSupportedContent"
aria-expanded="false" aria-label="Toggle navigation">
        <span class="navbar-toggler-icon"></span>
      </button>

      <div class="collapse navbar-collapse" id="navbarSupportedContent">
        <ul class="navbar-nav mr-auto">
          <li class="nav-item active">
            <a class="nav-link" href="#">Home <span class="sr-only">(current)</
span></a>
          </li>
        </ul>
      </div>

    </nav>
```

```
        <p></p>
        <div class="row">
            <div class="col">
                {% block content %}

                {% endblock %}

                {% block pagination %}
                {% endblock %}
            </div>
        </div>
    </div>
```

코드를 교체하고 확인해보면 메뉴바가 생긴 것을 확인할 수 있습니다. 또 코드 안에는 [pagina컷 tion]이라는 블록을 추가했습니다. 이 곳에는 목록 화면의 페이징 기능 만들어 넣겠습니다.

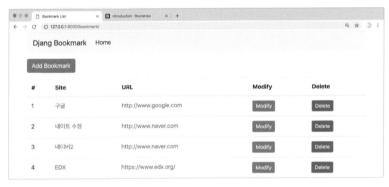

> [그림 04-36] 메뉴바 완성

4.3.3 페이징 기능 만들기

페이징 기능은 게시판 같은 서비스에서는 필수입니다. 함수형 뷰에서는 페이징 기능을 만들기 위해서 여러 가지 일을 해야하지만 클래스형 뷰에서는 간단하게 구현할 수 있습니다.

코드 04-34   bookmark/views.py

```
class BookmarkListView(ListView):
    model = Bookmark
    paginate_by = 6
```

views.py에 있는 BookmarkListView에 paginate_by = 6이라는 코드를 추가합니다. 한 페이지에 몇 개씩 출력할 것인지 결정하는 값입니다. 그리고 북마크가 6개가 넘도록 몇 개 더 추가합니다.

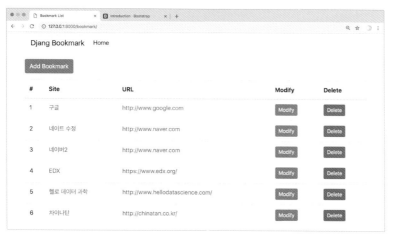

> [그림 04-37] 페이징 기능 추가 후

필자는 북마크가 총 8개인 상태로 만들었습니다. 그런데 목록에는 6개만 출력되고 있습니다. 6개씩 끊어 출력하는 기능이 정상적으로 동작하고 있는 것입니다. 이제 목록 아래쪽에 페이지 목록을 출력해서 페이징 기능을 사용할 수 있도록 만들어 봅시다.

bookmark_list.html 파일을 열고 파일 제일 아래쪽에 다음의 코드를 입력합니다.

코드 04-35   bookmark/templates/bookmark/bookmark_list.html

```
{% block pagination %}
  {% if is_paginated %}
    <ul class="pagination justify-content-center pagination-sm">
        {% if page_obj.has_previous %}
          <li class="page-item">
                <a class="page-link" href="{% url 'list' %}?page={{ page_obj.
previous_page_number }}" tabindex="-1">Previous</a>
          </li>
        {% else %}
          <li class="page-item disabled">
            <a class="page-link" href="#" tabindex="-1">Previous</a>
          </li>
        {% endif %}

        {% for object in page_obj.paginator.page_range %}
            <li class="page-item {% if page_obj.number == forloop.counter %}
disabled{% endif %}">
```

```
                    <a class="page-link" href="{{ request.path }}?page={{ forloop.
counter }}">{{ forloop.counter }}</a>
              </li>
        {% endfor %}

        {% if page_obj.has_next %}
          <li class="page-item">
                <a class="page-link" href="{% url 'list' %}?page={{ page_obj.
next_page_number }}">Next</a>
          </li>
        {% else %}
          <li class="page-item disabled">
            <a class="page-link" href="#">Next</a>
          </li>
        {% endif %}
    </ul>
  {% endif %}
{% endblock %}
```

클래스형 뷰에서 paginate_by 값을 사용하면 자동으로 Page 객체를 생성합니다. 이 객체를 사용해 이전 페이지, 이후 페이지, 현재 페이지를 알 수 있습니다. 그리고 페이지의 범위도 알 수 있기 때문에 템플릿 문법을 사용해 각각의 값들을 출력했습니다. 자세한 내용은 Paginator 객체 문서[2]를 참조하시기 바랍니다.

목록 페이지를 새로 고침하면 목록 아래쪽에 페이지 목록이 나타납니다.

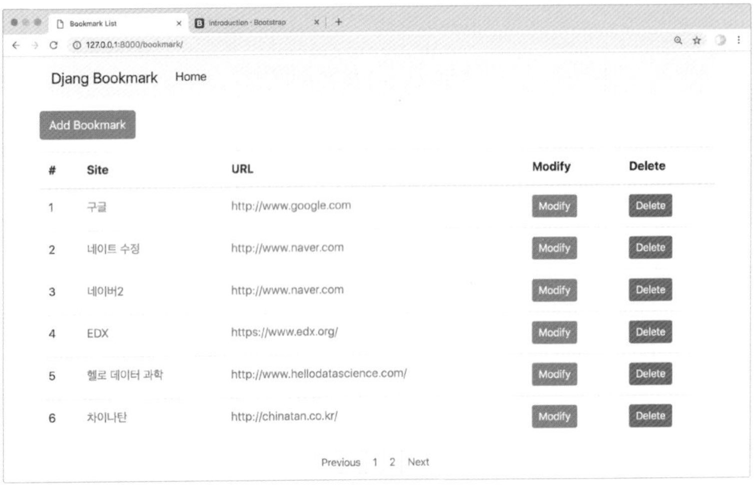

> [그림 04-38] 페이징 기능

---

2 https://docs.djangoproject.com/en/2.1/topics/pagination/#django.core.paginator.Paginator

페이지 목록에서 2를 클릭해 두 번째 페이지로 이동해 봅시다. 페이지 이동이 가능하고 목록이 6개 단위로 출력되는 것을 확인할 수 있습니다. 또 이전 혹은 이후 페이지가 있는 경우에만 해당 버튼이 활성화되고, 현재 페이지 번호는 비활성화 되어 있는 것도 알 수 있습니다.

> [그림 04-39] 두 번째 페이지

이렇게 클래스형 뷰를 사용하면 다양한 기능들을 손쉽게 사용할 수 있고, 템플릿 파일만 조금 신경 쓰면 디자인도 입힐 수 있었습니다. 하지만 디자인을 입힐 때 알고 있어야할 기능이 하나 더 있습니다. 부트스트랩을 온라인을 통해 css 파일과 js 파일을 불러와서 사용했는데 로컬 서버에 있는 파일도 사용하는 방법은 아직 배우지 못했습니다.

4.3.4 정적(Static) 파일 사용하기

정적 파일이란 것은 로컬 서버에 있는 여러 가지 파일을 의미합니다. css나 js 파일일 수도 있고 이미지 파일일 수도 있습니다. 이런 정적 파일을 사용하는 방법을 알아 보겠습니다.

정적 파일도 템플릿 파일처럼 정해진 위치가 있습니다. 각 앱 폴더 밑에 static 폴더를 보통 사용하고 별도 폴더를 사용하려면 settings.py 파일에 설정을 해야합니다. 각 앱 폴더 아래에 static 폴더를 두는 방법은 튜토리얼에서 살펴봤기 때문에 다른 방법을 살펴보겠습니다.

프로젝트 루트에 static 폴더를 만듭니다. 그리고 settings.py 파일을 열고 맨 아래쪽에 STATIC-FILES_DIRS 라는 변수를 추가합니다.

코드 04-36   config/settings.py

```
STATICFILES_DIRS = [os.path.join(BASE_DIR,'static')]
```

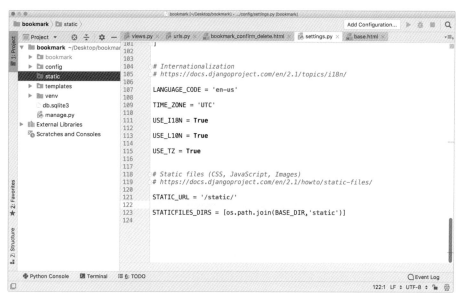

> [그림 04-40] static 폴더와 STATICFILES_DIRS 설정 추가

그리고 static 폴더에 style.css 파일을 추가하겠습니다. static 폴더를 마우스 오른쪽 버튼으로 클릭하고 [New -> File] 메뉴를 선택합니다.

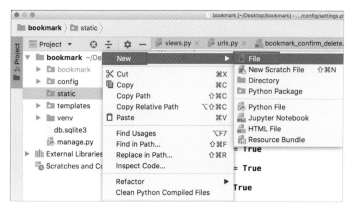

> [그림 04-41] 새 파일 만들기

그리고 파일 이름을 style.css로 입력하고 [OK] 버튼을 클릭합니다.

> [그림 04-42] style.css 파일 이름 입력

파일을 생성하고 난 후 다음의 코드를 입력합니다.

코드 04-37   static/style.css

```
body {
    width:100%;
}
```

사용할 정적 파일 style.css를 만들었으니 base.html에서 이 파일을 불러서 사용할 수 있도록 코드를 입력하겠습니다. base.html을 열고 head 태그 안쪽에 다음 코드를 입력합니다.

코드 04-38   templates/base.html

```
{% load static %}
<link rel="stylesheet" href="{% static 'style.css' %}">
```

해당 코드를 입력하고 페이지를 새로고침 합니다. 정적 파일이 잘 불러졌는지 확인하기 위해서 페이지를 마우스 오른쪽 버튼으로 클릭합니다. 이 때 나타나는 메뉴에서 [검사] 메뉴를 클릭합니다. 그럼 개발자 도구가 나타납니다.

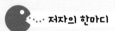 저자의 한마디

저는 크롬을 사용합니다. 여러분도 웹 프로그래밍을 하실 때는 크롬이나 파이어 폭스를 사용하는 것을 추천 드립니다. 하지만 대부분의 웹 브라우저가 개발자 도구를 가지고 있으므로 꼭 크롬이나 파이어 폭스가 있어야만 하는 것은 아닙니다. 또 웹 브라우저마다 도구를 부르는 방법이나 메뉴 이름이 다를 수 있습니다.

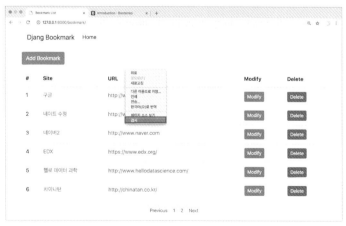

❯ [그림 04-43] 웹 페이지 검사하기

개발자 도구에서 [Sources] 탭을 클릭합니다. Page 부분에서는 불러와진 파일들을 하나 하나 확인할 수 있습니다. static 폴더 아래쪽에 style.css를 클릭해서 내용이 나타난다면 잘 불러와진 상태입니다.

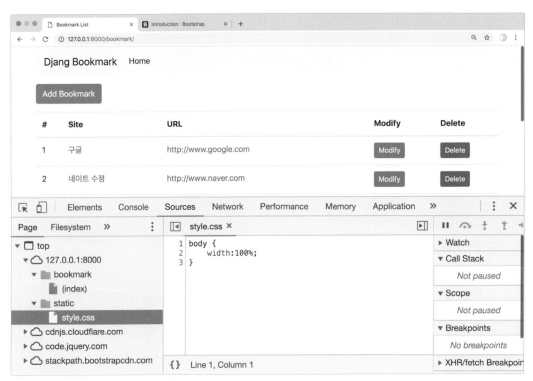

> [그림 04-44] Sources 탭을 통해 파일 확인

자 이렇게 북마크 웹 서비스를 완성했습니다. 간단할 거라고 생각했는데 신경써야할 부분이 많다고 느껴지실 겁니다. 하지만 장고를 사용하지 않고 똑같은 서비스를 만들려면 몇 배의 노력과 훨씬 더 많은 양의 코드를 필요로 합니다. 이번 장을 천천히 복습하시면서 완전히 숙지하시고 본인이 만들고자 하는 서비스에 꼭 반영 해보시기 바랍니다.

4.4 배포하기 - Pythonanywhere

서비스를 완성했지만 그것이 끝이 아닙니다. 나만 쓸 것이라면 상관없지만 여러 사람이 함께 사용하기 위해 만드는 것이 웹 서비스입니다. 웹 서비스를 여러 사람이 같이 사용하려면 인터넷 어딘가에 있는 서버에 업로드 해야만 합니다. 이렇게 업로드 하고 사용할 수 있게 하는 과정을 [배포]라고 합니다. 각 실전 예제들마다 다양한 방법을 사용해 배포를 진행할 것입니다.

북마크 예제는 수많은 장고 튜토리얼에서 사용하고 있는 무료 서비스인 파이썬 애니웨어라는 서비스를 사용해 배포를 할 것입니다. 물론 유료로도 이용할 수 있습니다. 유료로 이용하면 더 좋은 사양을 가지고 서비스할 수 있겠지만 우리는 연습 중이기 때문에 무료 서비스로 진행하도록 하겠습니다.

4.4.1 깃허브 가입하기

파이썬 애니웨어에 배포하는 절차는 이렇습니다. 소스코드를 깃허브에 업로드하고 파이썬 애니웨어에서 이 소스코드를 깃 명령을 이용해 다운로드 받습니다. 그리고 몇 가지 세팅을 하고 나면 배포가 끝이 납니다.

그래서 첫 단계로 소스코드를 깃허브 가입하고 업로드 하는 과정을 살펴보겠습니다.

깃허브 가입을 위해 깃허브 사이트(https://github.com/)에 접속합니다. 접속하면 바로 회원 가입 창이 나타납니다. 사용자 이름, 이메일, 비밀번호를 입력하고 [Sign up for Github] 버튼을 클릭합니다.

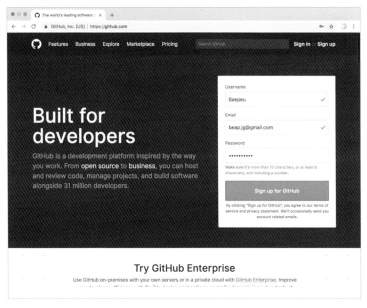

> [그림 04-45] 깃허브 접속 및 가입

다음 페이지에서는 계정 검증을 진행합니다. 특별한 문제가 없다면 [Create an account] 버튼이
활성화 됩니다. 이 버튼을 클릭합니다.

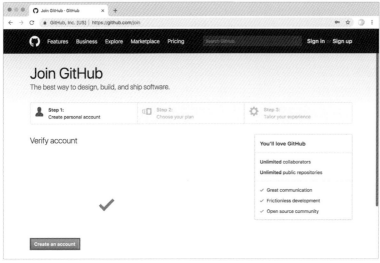

> [그림 04-46] 계정 검증

깃허브는 유료와 무료 서비스가 있습니다. 무료를 사용해도 진행하는데 무리가 없으니 무료 요금
제를 선택하고 [Continue] 버튼을 클릭합니다.

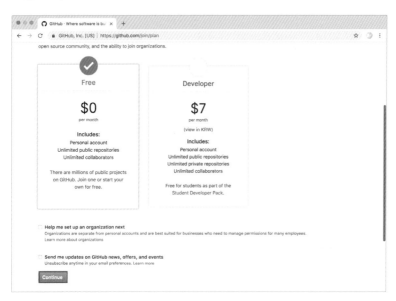

> [그림 04-47] 요금제 선택

그 다음은 추가 정보 입력 단계입니다. 건너뛰기를 해도 무방합니다. 입력을 했다면 [Submit] 버튼을 클릭합니다.

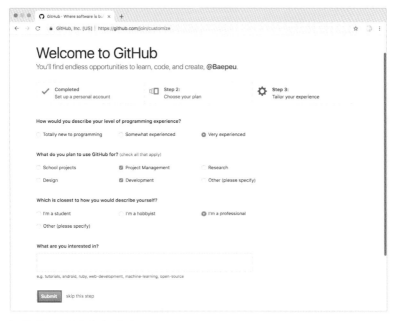

> [그림 04-48] 추가 정보 입력

가입 절차를 모두 진행하면 [그림 04-49]처럼 대시보드 화면을 만날 수 있습니다. 여기서 각각의 프로젝트를 깃허브를 통해 관리하려면 리포지터리(Repository)라는 것을 만들어야 합니다. 화면 왼쪽에 있는 [New repository]버튼을 클릭합니다.

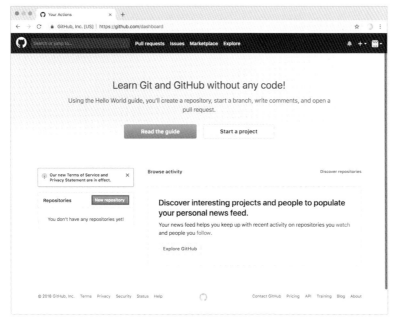

> [그림 04-49] 계정 생성 완료

그럼 이메일이 인증되지 않았다는 메시지가 나타납니다. 이메일 인증을 해야 깃허브 서비스를 정상적으로 사용할 수 있습니다. 본인이 가입할 때 사용할 메일 서비스에 로그인에 인증 메일이 도착했는지 확인 합시다.

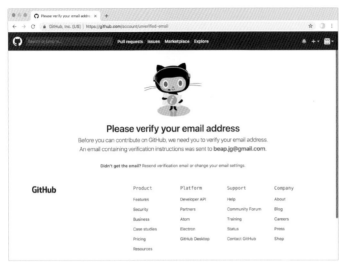

> [그림 04-50] 이메일 인증 요청 화면

깃허브에서 인증 이메일이 도착했습니다. 메일을 열어보면 [Verify email address] 버튼이 있습니다. 이 버튼을 클릭해 인증을 완료 합니다.

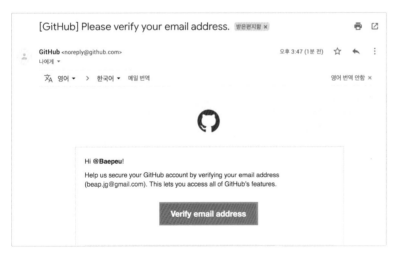

> [그림 04-51] 인증 이메일

인증을 완료하면 대시보드로 돌아와 있습니다. 다시 [New repository] 버튼을 클릭합니다.

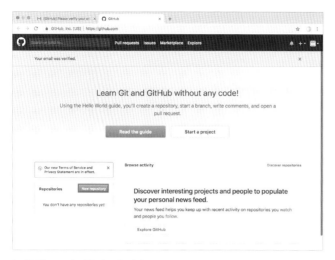

> [그림 04-52] 인증 완료 후 대시보드

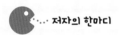 **저자의 한마디**

깃 허브 리포지터리는 공개(Public)와 비공개(Private) 두 종류가 있습니다. 보통 중요한 내용이 담겨 있는 소스코드를 관리할 때나 일부 사람들끼리만 공유하는 경우에는 비공개를 사용합니다. 하지만 비공개 리포지터리는 유료로 사용해야 합니다. 우리는 이번에도 무료인 공개 리포지터리를 사용합니다.

생성 화면에서 리포지터리 이름은 [bookmark]라고 입력하고 [Create repository] 버튼을 클릭합니다.

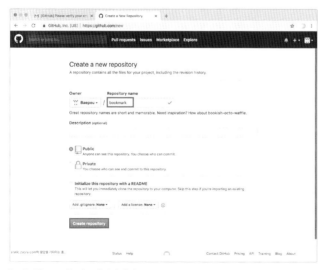

> [그림 04-53] 리포지터리 생성

리포지터리 생성을 완료하면 리포지터리 화면을 볼 수 있습니다. 아직 업로드한 파일이 없는 경우 깃 관련 명령에 대한 설명이 나타납니다. 이 설명을 보고 파이참에서 깃허브에 소스코드를 업로드 해보겠습니다.

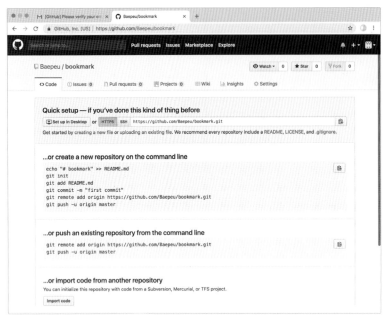

> [그림 04-54] 리포지터리 생성 완료

4.4.2 깃 설치 및 소스코드

깃 허브 등 깃을 사용하는 서비스를 통해 소스코드를 관리하려면 깃 명령 관련 프로그램을 설치해야 합니다. 리눅스나 맥 같은 경우에 보통은 설치가 되어 있지만 없다고 가정하고 깃 프로그램을 설치 하겠습니다.

4.4.2.1 맥(Mac OS)에 깃 설치

깃 프로그램을 다운로드 받을 수 있는 GIT SCM(https://git-scm.com)에 접속합니다. 화면 오른쪽에는 각 OS에 맞는 다운로드 링크가 나타납니다. [Download 2.19.0 for Mac] 링크를 클릭합니다.

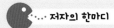 ···· 저자의 한마디

이 책을 보는 시점에 따라 깃 버전이 다를 수 있습니다. 깃 버전이 다르다고 해서 실습을 못 하는 것은 아닙니다. 최신 버전으로 설치하세요.

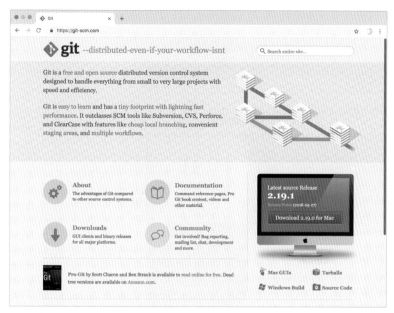

> [그림 04-55] GIT SCM 사이트 접속

깃 프로그램이 자동으로 다운로드 됩니다. 만약 다운로드가 안될 경우 [click here to download manually] 링크를 클릭합니다.

> [그림 04-56] 깃 다운로드 페이지

다운로드를 위해 소스포지 서비스로 이동합니다. 이 곳에서는 다운로드가 자동으로 시작됩니다.

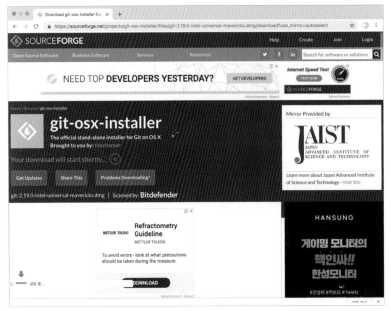

> [그림 04-57] 깃 다운로드를 위한 소스포지(Source Forge) 사이트

설치 프로그램은 dmg 파일 형태입니다. 이 파일을 실행합니다.

> [그림 04-58] 다운로드한 dmg 파일

dmg 파일을 마운트하면 깃 인스톨 패키지 파일이 있습니다. [git-2.19.0-intel-universal-maver-icks.pkg] 파일을 실행합니다.

> [그림 04-59] dmg 파일의 내용

깃 설치 프로그램을 실행하면 제일 먼저 소개 메시지를 볼 수 있습니다. [계속] 버튼을 클릭힙
니다.

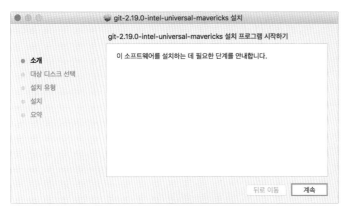

> [그림 04-60] 깃 설치 실행 후

설치 위치를 선택할 수 있습니다. 기본 디스크에 설치하려면 변경 없이 [설치] 버튼을 클릭합니다.

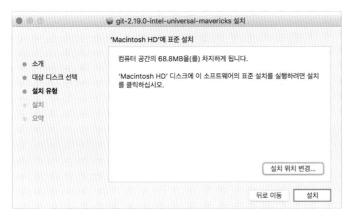

> [그림 04-61] 설치 유형

맥 사용자 암호를 입력하고 [소프트웨어 설치] 버튼을 클릭합니다.

> [그림 04-62] 사용자 암호 입력

바로 파일 복사를 하면서 설치가 진행됩니다. 완료될 때까지 잠시 기다립니다.

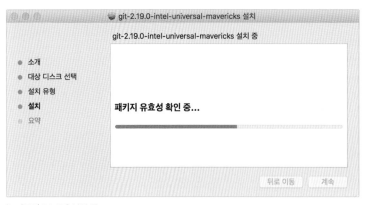

> [그림 04-63] 설치 중

설치를 완료하면 [닫기] 버튼을 누르고 프로그램을 종료 합니다.

> [그림 04-64] 설치 완료

닫기 버튼을 누르고 나면 설치 파일 삭제 메시지가 나타납니다. [휴지통으로 이동] 버튼을 클릭하면 모든 단계를 마칠 수 있습니다.

> [그림 04-65] 설치 파일 제거

깃 설치를 확인 하려면 터미널을 실행하고 다음 명령을 입력해봅니다.

```
$ git -version
```

명령을 입력하고 깃 버전명이 2.19.0 이라고 나타난다면 정상적으로 설치한 것입니다.

> [그림 04-66] 깃 버전 확인

4.4.2.2 윈도우(Windows)에 깃 설치

웹 브라우저를 열고 GIT SCM(https://git-scm.com)에 접속 합니다. 오른쪽에 있는 [Download 2.19.1 for Windows] 링크를 클릭합니다.

> [그림 04-67] GIT SCM 사이트 접속

다운로드 페이지로 이동하면 바로 프로그램이 다운로드 됩니다. 만약 자동으로 시작하지 않는 다면 [click here to download manually] 버튼을 클릭하면 됩니다.

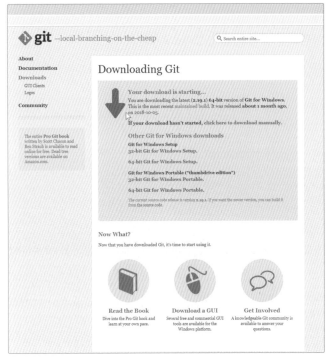

> [그림 04-68] 깃 다운로드 페이지

다운로드 한 설치 파일을 실행합니다.

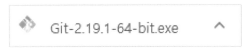

> [그림 04-69] 깃 설치 파일

윈도우 사용자 계정 컨트롤 창이 나타나면 [예] 버튼을 누릅니다.

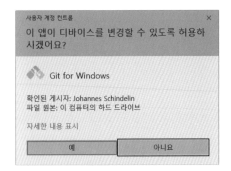

> [그림 04-70] 사용자 계정 컨트롤 창

설치 프로그램을 실행하면 제일 처음 정보 화면을 만날 수 있습니다. 라이센스 관련 부분을 확인하고 [Next 〉] 버튼을 클릭합니다.

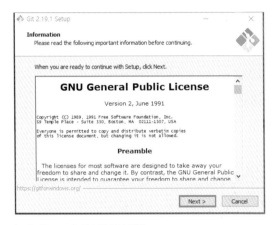

> [그림 04-71] 깃 설치 정보 화면

설치 경로 지정 부분입니다. 원하는 폴더를 선택하고 [Next 〉] 버튼을 클릭합니다.

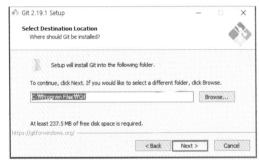

> [그림 04-72] 설치 경로 지정

설치 옵션 부분에서는 기본 설정을 유지하고 [Next 〉] 버튼을 누릅니다.

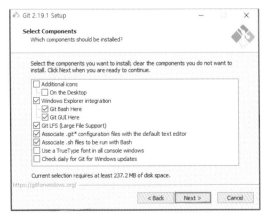

> [그림 04-73] 설치 옵션

다음은 시작 메뉴 폴더 옵션입니다. 그대로 두고 [Next >] 버튼을 클릭합니다.

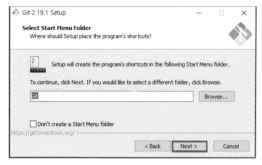

> [그림 04-74] 시작 메뉴 폴더

깃용 에디터를 지정합니다. 리눅스 같은 시스템에 익숙한 개발자들은 Vim을 선택하면 되고 아닌 경우 다른 에디터를 선택해도 무방합니다.

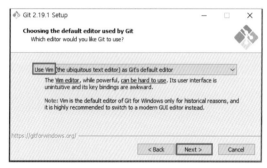

> [그림 04-75] 에디터 지정

환경 변수 설정입니다. 깃 전용 쉘에서만 깃 명령을 사용할지 아니면 윈도우 명령 프롬프트에서 도 사용할지 결정 합니다. 윈도우 프롬프트에서도 깃 명령을 사용하도록 두 번째 옵션을 선택하 고 [Next >] 버튼을 클릭합니다.

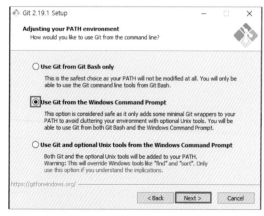

> [그림 04-76] 환경 변수 설정

어떤 SSH 프로그램을 사용할지 결정합니다. 기본으로 선택하고 [Next 〉] 버튼을 클릭합니다.

> [그림 04-77] SSH 선택

HTTPS 통신을 위한 라이브러리 종류를 선택하는 부분입니다. OpenSSL을 선택하고 [Next 〉] 버튼을 클릭합니다.

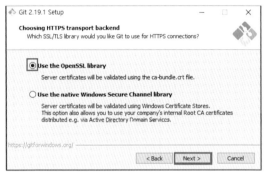

> [그림 04-78] 라이브러리 종류 선택

줄 바꿈 관리 설정입니다. 윈도우 스타일로 고정해도 무방합니다. [Next 〉] 버튼을 클릭합니다.

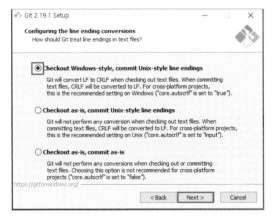

> [그림 04-79] 줄 바꿈 처리 관련 설정

터미널 애뮬레이터 설정입니다. 기본으로 두고 [Next >] 버튼을 클릭합니다.

> [그림 04-80] 터미널 애뮬레이터 설정

깃 관련 추가 옵션입니다. 캐시와 계정 관리자 옵션만 선택하고 [Next >] 버튼을 클릭합니다.

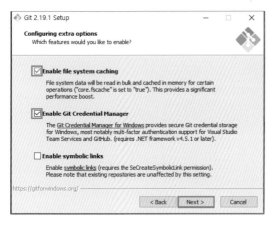

> [그림 04-81] 추가 옵션

깃의 기본 기능 중 두 가지를 시험 중인 버전으로 사용할지 결정 합니다. 안정성이 우선이므로 둘 다 체크하지 않습니다. [Install] 버튼을 클릭합니다.

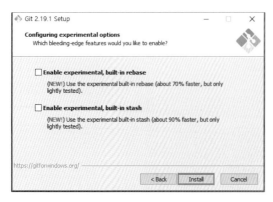

> [그림 04-82] 시험 중인 옵션

수 많은 옵션을 선택하고 나서야 파일 복사를 시작합니다. 잠시 기다리면 설치가 끝납니다.

> [그림 04-83] 파일 복사

깃 설치를 완료 했습니다. 설치 완료 화면에 있는 체크 박스는 둘 다 하지 않아도 됩니다. 많은 릴리즈 노트를 확인하고 싶다면 아래쪽 체크 박스만 체크 합니다. [Finish] 버튼을 클릭합니다.

> [그림 04-84] 설치 완료

파이참에서 터미널을 열거나 윈도우의 명령 프롬프트 프로그램을 실행합니다. 깃 설치를 확인하기 위해 다음 명령을 입력합니다.

```
$ git -version
```

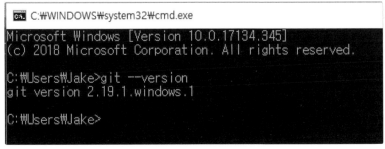

> [그림 04-85] 터미널에서 깃 확인

깃 버전이 출력된다면 설치가 잘 된 것입니다. 이제 설치한 깃으로 소스코드를 업로드 해보겠습니다.

4.4.2.3 소스 코드 업로드

깃 리포지터리에 소스코드를 업로드 하겠습니다. 파이참을 켜 놓은채로 깃을 설치했다면 깃 명령이 정상 동작하도록 하려면 파이참을 종료 했다가 다시 실행합니다.

깃에 소스코드를 업로드 하기에 앞서 .gitignore 파일을 만들겠습니다. 이 파일은 깃에 업로드 하지 않을 파일 목록을 설정하는 파일입니다. 보통 데이터베이스 파일이나 비밀번호가 들어있는 파일 혹은 캐시 파일 등 업로드 하면 안되거나 굳이 필요 없는 파일들의 목록을 작성합니다.

프로젝트 루트에 .gitignore 파일을 만듭니다. 그리고 다음 코드를 참조하여 코드를 입력합니다.

코드 04-39   .gitignore

```
*.pyc
*~
/venv
__pycache__
db.sqlite3
.DS_Store
```

파일을 작성하면 다음 그림과 같은 형태여야 합니다. 파일의 위치와 내용을 확인합니다.

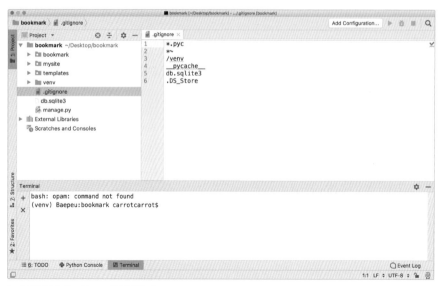

> [그림 04-86] .gitignore 파일 작성 후

마지막으로 배포를 위해서는 settings.py에 있는 옵션을 변경해야 합니다.

코드 04-40　.config/settings.py

```
DEBUG = False

ALLOWED_HOSTS = ['*']
```

이제 파이참에서 터미널을 열고 명령어를 입력해 소스코드를 업로드 하겠습니다. 현재 폴더를 깃을 이용해 관리하겠다는 의미로 다음 명령을 입력합니다.

```
$ git init
```

> [그림 04-87] 깃 초기화

깃을 통해 관리할 파일 목록을 등록해야 합니다.

```
$ git add -A
```

> [그림 04-88] 파일 추가

깃에서 변경 사항을 확정하는 것을 커밋(commit)이라고 합니다. 변경 사항을 확정하기 위해 다음 명령을 입력합니다.

```
$ git commit -m "Bookmark Service"
```

```
Terminal
+   create mode 100755 manage.py
×   create mode 100755 mysite/__init__.py
    create mode 100755 mysite/settings.py
    create mode 100755 mysite/urls.py
    create mode 100755 mysite/wsgi.py
    create mode 100755 templates/base.html
    (venv) Baepeu:bookmark carrotcarrot$

≡ 6: TODO    🐍 Python Console    Terminal
```

> [그림 04-89] 커밋 실행

소스코드를 업로드할 리포지터리를 origin으로 등록합니다.

```
$ git remote add origin https://github.com/Baepeu/bookmark.git
```

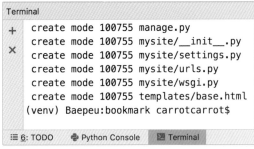

> [그림 04-90] 리포지터리 설정

이제 마지막 명령을 입력하면 코드를 업로드할 수 있습니다.

```
$ git push -u origin master
```

코드를 입력하면 로그인 메시지가 나타납니다. 그럼 가입해둔 깃허브 아이디와 비밀번호를 입력
하면 됩니다.

```
Terminal
+   (venv) Baepeu:bookmark carrotcarrot$ git push -u origin master
×   Username for 'https://github.com': baepeu
    Password for 'https://baepeu@github.com':
    Enumerating objects: 33, done.
    Counting objects: 100% (33/33), done.
    Delta compression using up to 8 threads
    Compressing objects: 100% (29/29), done.

≡ 6: TODO    🐍 Python Console    Terminal
```

> [그림 04-91] 깃 허브 로그인

로그인이 잘 된다면 바로 소스코드가 업로드 됩니다.

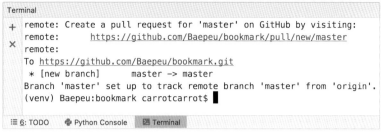

> [그림 04-92] 소스코드 푸시 완료

소스코드 업로드를 끝냈으니 파이썬 애니웨어에서 할 일들만 남았습니다.

4.4.3 파이썬 애니웨어 가입 및 배포

파이썬 애니웨어는 파이썬 및 장고를 이용해서 웹 서비스를 만들었을 때 가장 편하게 사용할 수 있는 클라우드 서비스입니다. 이 서비스를 이용해서 북마크 서비스를 배포해 봅시다.

4.4.3.1 파이썬 애니웨어 가입하기

파이썬 애니웨어(https://www.pythonanywhere.com/) 홈페이지에 접속합니다. 상단 바에 있는 [Pricing & signup] 버튼을 클릭합니다.

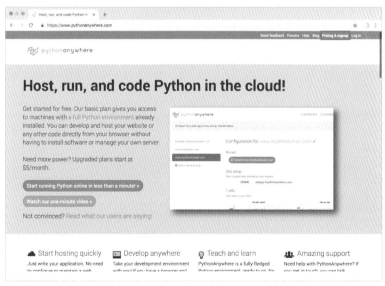

> [그림 04-93] 파이썬 애니웨어 홈페이지

요금제 선택 화면이 나타납니다. 우리는 무료를 사용할 것이기 때문에 [Create a Beginner account] 버튼을 클릭합니다.

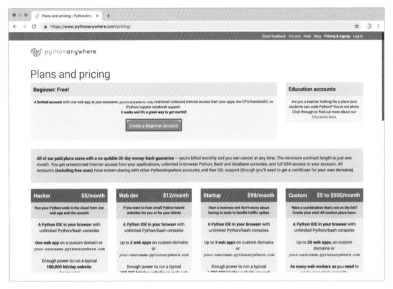

> [그림 04-94] 요금제 선택

계정 정보 입력 화면입니다. 사용자명과 이메일 비밀번호를 입력하고 이용약관 동의에 체크한 후 [Register] 버튼을 클릭합니다.

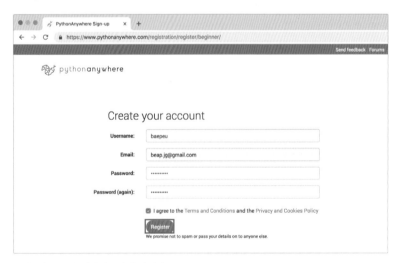

> [그림 04-95] 계정 정보 입력 및 가입

회원 가입이 끝났습니다. 대시보드로 이동하는데 둘러보기를 할 것이냐는 물음창이 나타납니다.
[End tour] 버튼을 클릭합니다.

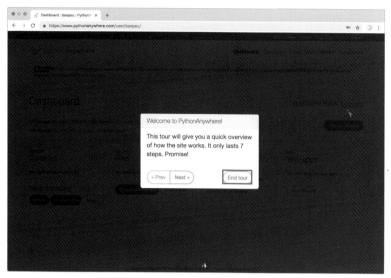

> [그림 04-96] 가입 완료 후 둘러보기 확인 창

이제 파이썬 애니웨어의 대시보드 화면을 볼 수 있습니다. 여기서 배포에 관한 설정들을 할 수 있습니다.

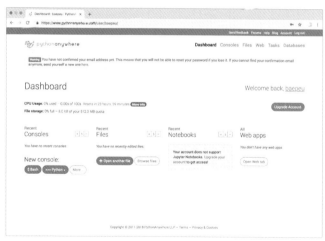

> [그림 04-97] 대시보드

4.4.3.2 콘솔에서 배포 설정

배포를 하려면 깃 허브에서 소스코드를 다운로드 받고 데이터베이스 관련 설정을 해야 합니다.

대시보드에서 New Console 부분에 있는 [$ Bash] 버튼을 누릅니다. 그럼 온라인 콘솔이 나타납니다. 여기서 코드를 입력하면서 소스코드를 다운로드 받아 설치하겠습니다.

```
$ pwd
```

명령은 현재 경로를 확인하는 명령입니다. 현재 경로가 /home/본인_아이디이면 정상입니다.

> [그림 04-98] 현재 경로 확인

```
$ git clone https://github.com/Baepeu/bookmark.git
```

이 명령은 깃 허브에서 소스코드를 다운로드 하라는 명령입니다. 리포지터리 주소는 꼭 본인의 것을 이용하세요. 소스코드를 다운로드 받으면 bookmark라는 폴더가 생기고 그 안에 우리가 만들었던 코드 파일들이 다운로드 되어 있습니다.

> [그림 04-99] 소스코드 다운로드

다음은 가상 환경을 만들어야 합니다. 다운로드 받은 소스코드 폴더 안에 가상 환경을 만들기 위해서 폴더를 이동하도록 하겠습니다.

```
$ cd bookmark
```

cd 명령은 change directory의 약어입니다. 이 명령을 사용하면 bookmark 폴더 안으로 이동할 수 있습니다.

> [그림 04-100] 폴더 이동

bookmark 폴더 안에 가상 환경을 만들기 위해서 virtualenv 명령을 사용하겠습니다.

```
$ virtualenv venv --python=python3.7
```

venv는 가상환경 폴더 이름이고 그 뒤에 나오는 python은 어떤 파이썬 버전을 사용할 것인지에 대한 옵션입니다.

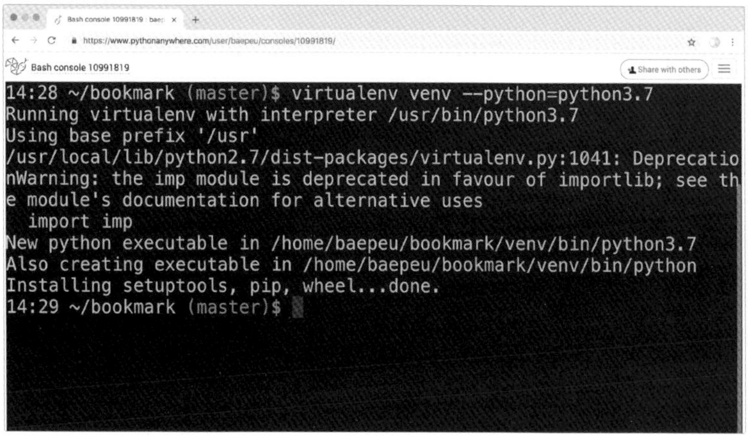

> [그림 04-101] 가상 환경 만들기

만든 가상 환경을 활성화 하고 장고를 설치하겠습니다.

```
$ source venv/bin/activate
```

현재 폴더에 있는 가상 환경을 활성화하겠다는 의미입니다.

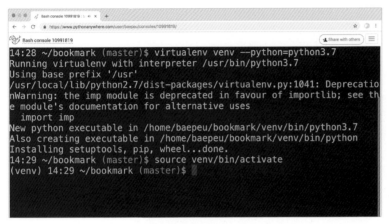

> [그림 04-102] 가상 환경 활성화

이제 pip을 이용해 장고를 설치합니다.

```
$ pip install django
```

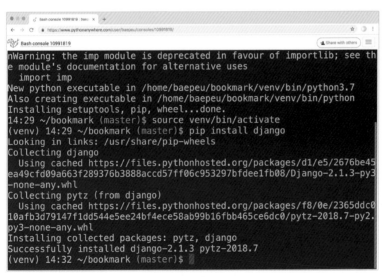

> [그림 04-103] 장고 설치

장고를 설치했으니 데이터베이스도 초기화하겠습니다. 만약 기존 데이터베이스를 그대로 사용하고 싶다면 파일을 업로드 해서 사용해도 괜찮습니다.

```
$ python manage.py migrate
```

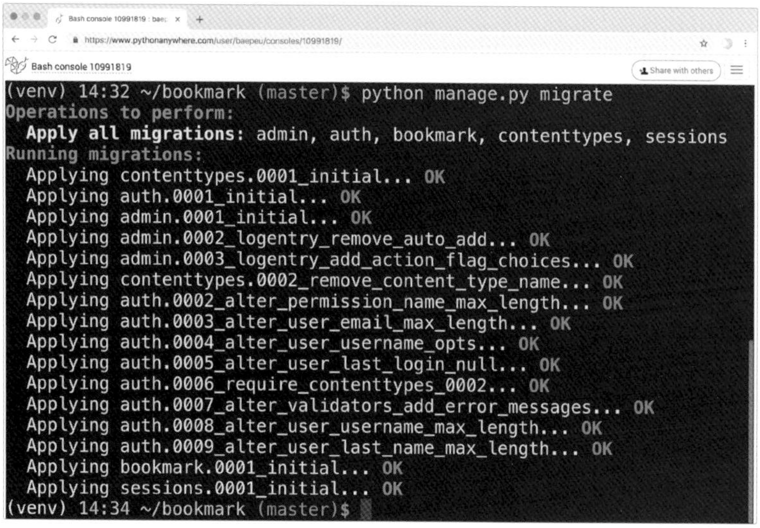

> [그림 04-104] 데이터베이스 초기화

관리자 계정도 만들겠습니다.

```
$ python manage.py createsuperuser
```

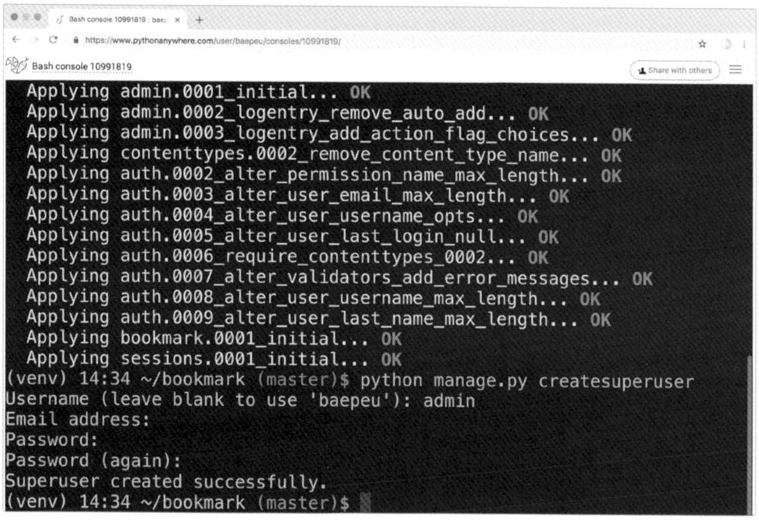

> [그림 04-105] 관리자 계정 생성

관리자 계정까지 만들었다면 이제 콘솔에서 할 일은 끝났습니다. 다시 대시보드로 돌아가서 나머지 설정을 진행하겠습니다.

4.4.3.3 웹 앱 설정

콘솔에서 대시보드로 돌아오기 위해서는 콘솔 오른쪽 위에 있는 햄버거 메뉴 버튼을 눌러 선택하면 됩니다. 이 메뉴에서 [Web]을 선택해 이동합니다.

> [그림 04-106] 웹 메뉴로 이동

웹 앱 설정 페이지로 이동하면 [Add a new web app] 버튼을 클릭합니다.

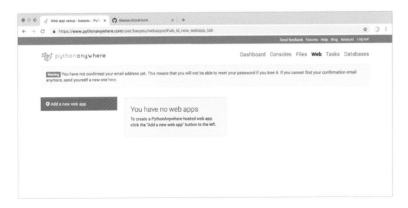

> [그림 04-107] 웹 앱 설정 페이지

나타나는 웹 앱 생성 창을 통해 웹 앱을 만들겠습니다. 무료 요금제를 사용하면 커스텀 도메인을
사용할 수 없고 파이썬 애니웨어에서 제공하는 무료 도메인을 사용해야 한다는 메시지입니다. 확
인하고 [Next] 버튼을 클릭합니다.

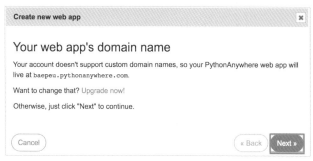

> [그림 04-108] 도메인 확인

프레임워크 선택 단계에서는 장고를 선택하는 것이 아니라 [Manual configuration]을 클릭합
니다.

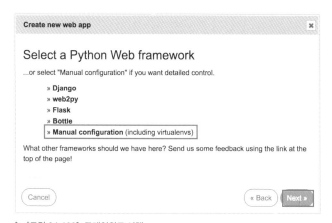

> [그림 04-109] 프레임워크 선택

파이썬 버전은 3.7을 선택합니다.

> [그림 04-110] 파이썬 버전 선택

최종 단계입니다. WSGI 파일을 생성한다고 합니다. 메시지를 잘 읽고 [Next] 버튼을 클릭합니다.

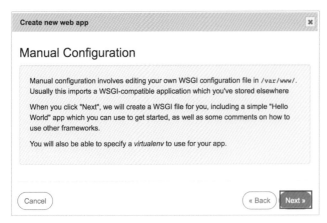

> [그림 04-111] WSGI 메시지 확인

웹 앱을 생성했습니다. 이제 이 웹 앱이 우리가 업로드한 장고 어플리케이션을 기준으로 동작하도록 설정을 하겠습니다.

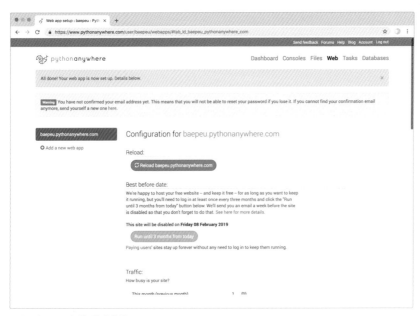

> [그림 04-112] 웹 앱 생성 완료

우선 WSGI 설정을 위해서 Code 부분에 있는 WSGI configuration file 부분의 링크를 클릭합니다.

> [그림 04-113] Code 설정

파일 편집 창이 나타나면 다음의 코드를 입력합니다.

───────
코드 04-41   WSGI 파일

```python
import os
import sys
path = "/home/baepeu/bookmark"
if path not in sys.path:
    sys.path.append(path)

from django.contrib.staticfiles.handlers import StaticFilesHandler
from django.core.wsgi import get_wsgi_application

os.environ.setdefault("DJANGO_SETTINGS_MODULE", "config.settings")
application = StaticFilesHandler(get_wsgi_application())
```

path 부분에 경로를 본인의 계정과 똑같이 설정해야 합니다. 주의하세요. 코드를 다 입력했다면 페이지 오른쪽 위에 있는 [SAVE] 버튼을 누릅니다.

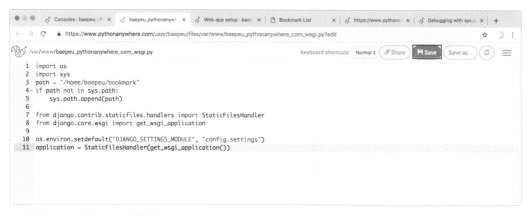

> [그림 04-114] 코드 수정 후 저장하기

다음은 가상 환경을 연결합니다. 웹 앱 설정 페이지에서 [Virtualenv]를 찾습니다. [Enter path to a virtualenv, if desired] 버튼을 클릭해 경로를 입력합니다.

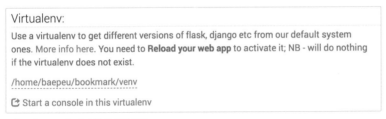

> [그림 04-115] 가상 환경 설정 전

/home/baepeu/bookmark/venv 라고 입력을 하고 체크 모양의 확인 버튼을 누르면 저장이 됩니다. 여기도 마찬가지로 본인의 계정이름으로 잘 작성하시기 바랍니다.

> [그림 04-116] 가상 환경 설정 완료

모든 설정을 마쳤다면 설정이 반영된 상태로 웹 서비스가 동작하도록 페이지 상단에 있는 [Reload] 버튼을 클릭합니다.

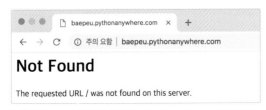

> [그림 04-117] 새로고침(Reload) 버튼과 웹 서비스 링크

새로고침이 끝나면 그 위에 있는 웹 서비스 주소를 클릭해 지금까지 설정한 사이트가 정상적으로 동작하는지 확인 합니다.

접속해보면 메인 페이지에서는 Not Found라는 메시지가 나타납니다. 우리가 메인 페이지에는 아무런 뷰도 연결하지 않았기 때문입니다. 주소 뒤에 bookmark/를 추가하고 접속해 봅시다.

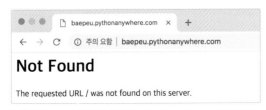

> [그림 04-118] 웹 서비스 메인 페이지

북마크 앱의 목록 화면으로 이동합니다. 페이지가 정상적으로 나타났다면 성공입니다. 북마크 추가, 확인, 수정, 삭제 기능들도 테스트 합니다.

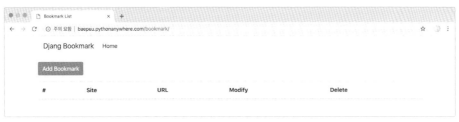

> [그림 04-119] bookmark 앱 동작 확인

4.4.4 마무리 하며

배포까지 이렇게 완료했지만 아직 배울 것이 조금 더 있습니다. 바로 정적파일 관리 부분입니다. 파이썬 애니웨어에서 WSGI 파일을 설정할 때 StaticFilesHandler를 사용했습니다. 이 것은 보통 서비스를 배포할 때 잘 사용하지 않는 방법입니다. 일반적인 상태에서 이 핸들러를 사용하지 않았다면 우리가 만든 style.css 파일은 사용할 수 없는 상태였을 것입니다. 장고는 배포 상태일 때는 정적 파일을 정적 파일 핸들러를 사용하지 않기 때문입니다.

배포 상태일 때는 정적 파일은 STATIC_ROOT라는 변수로 설정해둔 경로에 모아두고 웹 서버에서 이 파일을 찾아보도록 설정하는게 일반적입니다. 바로 이 방법을 설정해 보도록 하겠습니다.

파이썬 애니웨어의 콘솔을 이용해서 settings.py 파일을 편집하거나 파이참에서 편집하고 깃 허브를 통해 다시 배포해도 좋습니다. 원하는 방법으로 settings.py를 편집해보세요. 여기서는 파이참을 이용해 편집하고 깃 허브를 통해 다시 배포 하겠습니다.

settings.py 파일을 열고 다음 코드를 STATIC_URL 밑에 추가 합니다.

코드 04-42   .config/settings.py

```
STATIC_ROOT = os.path.join(BASE_DIR, 'static_files')
```

터미널을 열고 변경 사항을 반영하겠습니다.

```
$ git add -A
$ git commit -m "add static_root"
$ git push -u
```

세 가지의 명령어를 입력하면 깃 허브에 수정된 코드가 업로드 됩니다. 이제 파이썬 애니웨어에서 변경된 소스코드를 내려받겠습니다.

파이썬 애니웨어에서 콘솔을 열고 bookmark 폴더로 이동합니다. 그리고 수정된 소스코드를 다운로드 받기 위해 다음 명령을 입력합니다.

```
$ git pull
```

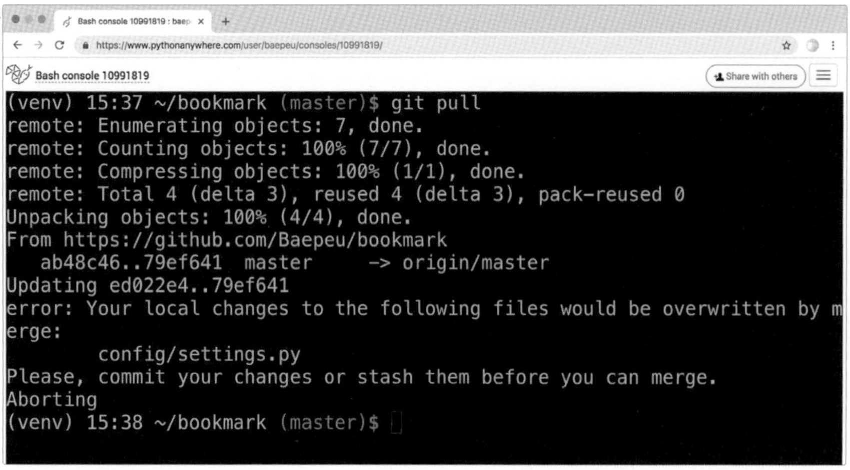

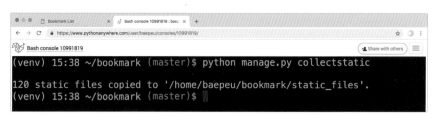

> [그림 04-120] 수정된 소스코드 적용

깃 허브에서 수정된 소스코드를 다운로드 받아 적용합니다. 이제 해당 설정을 사용하기 위해서 정적 파일들을 한곳으로 모으는 명령을 실행하겠습니다.

```
$ python manage.py collectstatic
```

> [그림 04-121] 정적 파일 모으기

collectstatic 명령을 실행하면 settings.py에 설정한 STATIC_ROOT 경로에 정적 파일들이 모아집니다. 그럼 이 설정을 적용하고 웹 서버에서 찾을 수 있도록 하면 WSGI에서 정적 파일 핸들러를 사용하지 않아도 됩니다.

다시 웹 앱 설정 페이지로 가서 나머지 설정을 끝내겠습니다. Static files 부분을 찾아서 URL과

Directory를 입력합니다. 꼭 본인 사용자 이름을 사용해서 알맞게 입력해주세요.

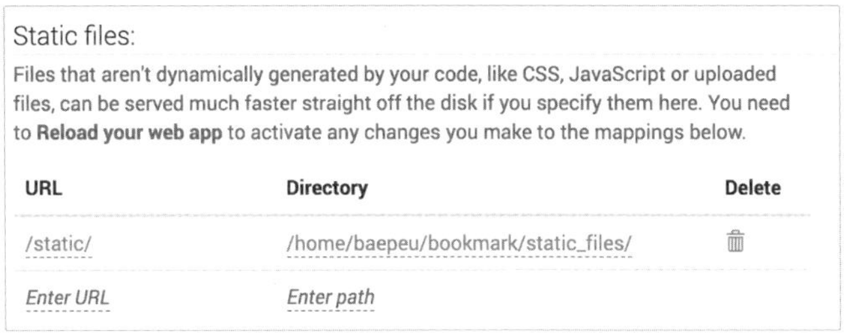

> [그림 04-122] 정적 파일 설정

이렇게 설정을 했다면 WSGI 파일도 수정합니다. WSGI 파일을 열고 StaticFilesHandler 임포트 구문을 삭제하고 10번째 줄에 있는 StaticFileHandler 구문도 삭제 합니다.

> [그림 04-123] WSGI 파일 편집

모든 수정이 끝났으니 웹 앱 새로고침 버튼을 클릭해서 바꾼 설정들이 적용되도록 합니다.

이번 장의 모든 과정이 끝났습니다. 하지만 끝났다고 해도 웹 서비스를 운영하면서 바꿔나갈 것들이 하나둘씩 생길 것입니다. 웹 서비스를 배포했다는 것은 끝을 의미하는 것이 아니라 또 다른 시작이라고 할 수 있습니다.

이번 장에서 하나의 앱을 가진 서비스를 만들면서도 많은 기능을 배웠습니다. 웹 서비스를 만든다는 것은 생각보다 많은 부분을 신경 써야 합니다. 웹 서비스 개발은 얕게라도 프론트 개발, 백엔드 개발, 서버 등 넓은 부분에 대해서 알고 있어야 온전한 서비스를 완성할 수 있습니다. 물론 더 좋은 성능을 갖도록 만들기 위해서는 각 부분을 깊게 알아가야 하겠지만 입문 단계부터 넓은 부분을 알아야 한다는 것이 진입장벽이 됩니다.

간단하게나마 배포도 해봤으니 여러분은 이제부터 웹 프로그래머라고 할 수 있습니다. 다음 장에서 배우는 내용들도 빼놓지 않고 활용해서 여러분만의 서비스를 꼭 만들어 보시기 바랍니다.

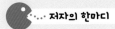 **저자의 한마디**

웹 서비스 메인 페이지에서 북마크 목록이 보이도록 urls.py를 수정해봅니다. 배운 내용을 떠올리면서 해보시면 충분히 하실 수 있습니다.

#5 실전 프로젝트 - Dstagram

이번 프로젝트를 인스타그램 카피 서비스입니다. 인스타그램의 모든 기능을 구현하지 않지만 구현할 수 있는 범위 내에서 비슷하게 구현을 해보면서 이미지 파일에 관한 설정, 서버 세팅, 파일 다루기에 대해서 중점적으로 배워보겠습니다.

5.1 기능 살펴보기

웹 서비스의 기능과 디자인을 살펴보겠습니다. 이번 장에서도 부트스트랩을 사용해서 디자인을 입히겠습니다. 상단 메뉴바에는 홈 링크, 환영 메시지, 업로드 링크, 로그인(로그아웃), 회원가입 링크를 출력합니다. 메인 페이지는 사진 목록을 출력하며 댓글 시스템도 사용하겠습니다. 뷰 단위로 기능을 살펴봅시다.

❶ photo_list : 사진 목록입니다. 각 사진별로 작성자, 텍스트 설명, 댓글달기 버튼이 함께 출력됩니다.

> [그림 05-01] photo_list

❷ Photo Create View, Photo Update View : 사진을 추가 할 때는 사진과 텍스트 설명을 입력 할 수 있습니다. 수정 할 때는 기존의 정보를 그대로 출력하고 수정할 수 있습니다.

> [그림 05-02] Phot o Create View

❸ Detail View : 사진의 상세 정보를 확인할 수 있습니다. 목록과 동일한 내용만 볼 수 있지만 수정, 삭제 버튼과 댓글 기능을 함께 사용할 수 있습니다.

> [그림 05-03] Detail View

❹ Photo Delete View : 사진을 삭제할 수 있습니다. 삭제 확인 메시지를 출력하고, 확인 버튼을 누르면 사진을 삭제 합니다.

> [그림 05-04] Photo Delete View

❺ Login View, Logout View : 웹 서비스에서 흔히 볼 수 있는 로그인, 로그아웃 기능입니다. 로그아웃을 할 경우 성공 메시지와 함께 로그인 페이지로 이동하기 버튼을 함께 출력합니다.

> [그림 05-05] Login View

❻ register : 회원가입을 위한 뷰입니다. 회원 가입을 할 수 있도록 폼을 출력하는데 기존 방식과 는 다르게 모델폼(ModelForm)을 사용하겠습니다.

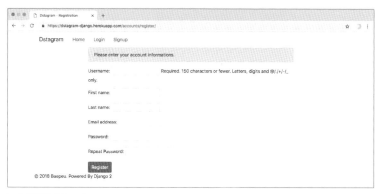

> [그림 05-06] register

이 외에도 이번 프로젝트에서는 관리자 페이지를 커스터마이징 하는 몇 가지 옵션들을 살펴볼 것 입니다. 지난 프로젝트보다 더 그럴듯하게 관리자 페이지를 만들어서 서비스를 관리하는데 도움 이 되도록 해봅시다.

파이참을 실행하고 환영 화면에서 [Create New Proejct] 버튼을 클릭해 새로운 프로젝트를 만듭니다.

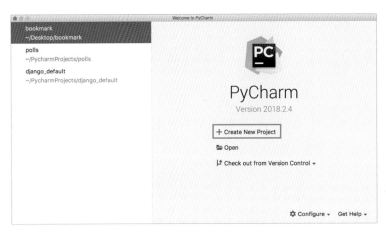

> [그림 05-07] 파이참 환영 화면

프로젝트 이름은 dstagram으로 설정하고 가상 환경 설정도 확인합니다. [Create] 버튼을 클릭해
프로젝트 생성을 마무리 합니다.

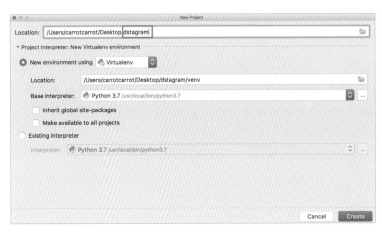

> [그림 05-08] 프로젝트 생성하기

다음 명령어를 입력해 가상 환경 내에 장고를 설치 합니다.

```
$ pip install django
```

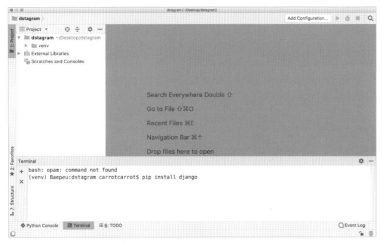

> [그림 05-09] 장고 설치하기

장고 설치를 마치면 다음 명령어를 입력해 장고 프로젝트를 만듭니다.

```
$ django-admin startproject config .
```

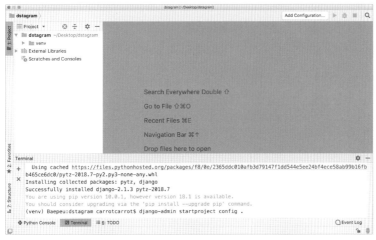

> [그림 05-10] 장고 프로젝트 만들기

데이터베이스를 초기화 하기 위해 migrate 명령을 실행합니다.

```
$ python manage.py migrate
```

> [그림 05-11] 데이터베이스 초기화

데이터베이스를 초기화 했으니 관리자 계정을 생성합니다.

```
$ python manage.py createsuperuser
```

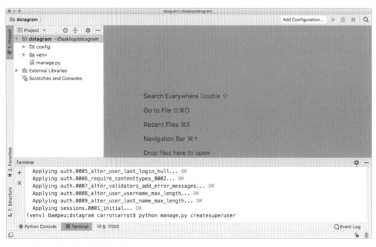

> [그림 05-12] 관리자 계정 생성하기

5.3 Photo 앱 만들기

Dstagram 앱의 중심인 기능은 바로 사진 관리입니다. 사진 관리를 위해서 photo 앱을 만들어보겠습니다.

5.3.1 앱 만들기

앱을 만들기 위해서는 startapp 명령을 사용합니다.

```
$ python manage.py startapp photo
```

앱을 만들고 나면 바로 settings.py 파일 안에 INSTALLED_APPS에 추가합니다.

코드 05-01   config/settings.py

```
INSTALLED_APPS = [
    'django.contrib.admin',
    'django.contrib.auth',
    'django.contrib.contenttypes',
    'django.contrib.sessions',
    'django.contrib.messages',
    'django.contrib.staticfiles',
    'photo',
]
```

5.3.2 모델 만들기

models.py에 Photo 모델을 만들도록 하겠습니다.

코드 05-02   photo/models.py

```
from django.db import models
from django.contrib.auth.models import User
```

```python
class Photo(models.Model):
    author = models.ForeignKey(User,on_delete=models.CASCADE, related_name=
'user_photos')
    photo = models.ImageField(upload_to='photos/%Y/%m/%d', default='photos/
no_image.png')
    text = models.TextField()
    created = models.DateTimeField(auto_now_add=True)
    updated = models.DateTimeField(auto_now=True)
```

모델은 항상 클래스 형태로 만들고 models.Model을 상속받습니다. Photo 모델에는 총 5개의 필드를 만듭니다.

❶ author : ForeignKey를 사용하여 User 테이블과 관계를 만듭니다. 여기서 User 모델은 장고에서 기본적으로 사용하는 사용자 모델입니다. on_delete 인수는 연결된 모델이 삭제될 경우 현재 모델의 값은 어떻게 할 것이냐 입니다. 삭제 될 때의 동작은 다음과 같은 옵션을 선택할 수 있습니다.

종류	동작
CASCADE	연결된 객체가 지워지면 해당 하위 객체도 같이 삭제
PROTECT	하위 객체가 남아 있다면 연결된 객체가 지워지지 않음
SET_NULL	연결된 객체만 삭제하고 필드 값을 null 로 설정
SET_DEFAULT	연결된 객체만 삭제하고 필드 값을 설정된 기본 값으로 변경
SET()	연결된 객체만 삭제하고 지정한 값으로 변경
DO_NOTHING	아무일도 하지 않음

세 번째 인수인 related_name은 연결된 객체에서 하위 객체의 목록을 부를 때 사용할 이름입니다. Photo 모델을 예로 들면 어떤 유저가 작성한 글을 불러 올 때는 유저 객체에 user_photos 속성을 참조하면 됩니다.

❷ photo : 사진 필드입니다. upload_to는 사진이 업로드 될 경로를 설정합니다. 만약 업로드가 되지 않을 경우 default 값으로 대체 합니다.

❸ text : 사진에 대한 설명을 저장할 텍스트 필드입니다. 문자열 길이에 제한이 없습니다.

❹ created : 글 작성 일을 저장하기 위한 날짜/시간 필드입니다. auto_now_add 옵션을 설정하면 객체가 추가될 때 자동으로 값을 설정 합니다.

❺ updated : 글 수정 일을 저장하기 위한 날짜/시간 필드입니다. auto_now 옵션을 설정하면 객체가 수정될 때마다 자동으로 값을 설정합니다.

필드는 나중에 더 추가할 것입니다. 우선 필요한 필드는 모두 작성했으니 옵션 클래스인 Meta 클래스를 추가하겠습니다. Photo 모델에 Meta 클래스를 추가하고 ordering 값을 설정합니다.

코드 05-03 photo/models.py

```python
class Photo(models.Model):
    # ... 중략
    class Meta:
        ordering = ['-updated']
```

ordering 클래스 변수는 해당 모델의 객체들을 어떤 기준으로 정렬할 것인지 설정하는 옵션입니다. -updated로 설정했으니 글 수정 시간의 내림차순으로 정렬할 것입니다.

Meta 클래스 다음으로는 지난장에서 배운 __str__ 메서드를 추가하겠습니다.

코드 05-04 photo/models.py

```python
class Photo(models.Model):
    # ... 중략
    def __str__(self):
        return self.author.username + " " + self.created.strftime("%Y-%m-%d
%H:%M:%S")
```

__str__ 메서드는 작성자의 이름과 글 작성일을 합친 문자열을 반환합니다.

마지막으로 get_absolute_url 메서드를 추가합니다.

코드 05-05 photo/models.py

```python
from django.urls import reverse
class Photo(models.Model):
    # ... 중략
    def get_absolute_url(self):
        return reverse('photo:photo_detail', args=[str(self.id)])
```

get_absolute_url은 객체의 상세 페이지의 주소를 반환하는 메서드입니다. 객체를 추가하거나 수

정했을 때 이동할 주소를 위해 호출되기도 하고 템플릿에서 상세 화면으로 이동하는 링크를 만들
때 호출하기도 합니다. 이런 주소를 만들기 위해서는 reverse 메서드를 사용하는데, reverse 메
서드는 URL 패턴 이름을 가지고 해당 패턴을 찾아 주소를 만들어주는 함수입니다. 여기서는 상
세 화면의 패턴 이름을 photo:photo_detail로 설정했는데 아직 만들지 않은 뷰이지만 get_abso지
lute_url을 호출하기 전까지는 오류가 발생하지 않기 때문에 미리 만들어도 상관없습니다. 마지
막 인수인 args는 여러값들을 리스트로 전달하는데 사용되는데 여기서는 URL을 만드는데 필요
한 pk 값을 전달하는데 사용되었습니다.

모델을 완성했으니 데이터베이스에 적용하겠습니다. makemigrations 명령어를 이용해 모델의
변경사항을 기록합니다.

```
$ python manage.py makemigrations photo
```

이 명령을 실행하면 이전과 다르게 오류 메시지가 출력됩니다. 메시지를 읽어보면 ImageField를
사용하려면 Pillow라는 모듈이 필요하다고 합니다. Pillow 모듈은 파이썬에서 이미지를 다룰 때
필요한 필수 모듈입니다. 해당 모듈을 설치하겠습니다.

```
$ pip install pillow
```

Pillow를 설치하고 다시 makemigrations 명령을 실행합니다.

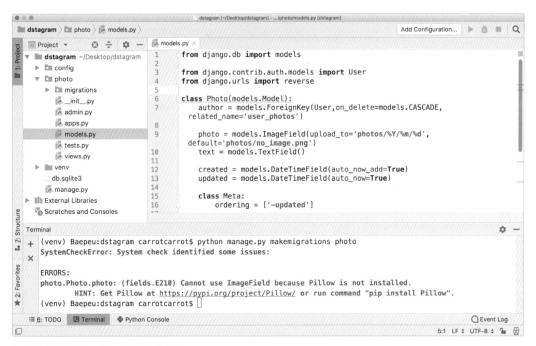

> [그림 05-13] Pillow 추가 설치 안내 메시지

makemigrations를 이용해 기록한 변경사항을 데이터베이스에 적용하려면 migrate 명령을 사용합니다.

```
$ python manage.py migrate photo 0001
```

모델을 만들었으니 관리자 페이지에 등록하고 업로드를 해봅시다.

5.3.3 관리자 사이트에 모델 등록

관리자 사이트에 모델을 등록하면 모델을 관리하는 뷰를 만들기 전에도 모델을 테스트해볼 수 있습니다. admin.py 파일을 수정해 Photo 모델을 등록합니다.

코드 05-06   photo/admin.py

```
from django.contrib import admin
from .models import Photo

admin.site.register(Photo)
```

모델을 등록했으니 사진을 업로드 해보겠습니다. 서버를 실행하고 관리자 페이지에 접속합니다.

```
$ python manage.py runserver
```

관리자 페이지에는 이미 Photo 모델이 등록되어 있습니다. [Add] 버튼을 클릭해 추가 화면으로 이동해 원하는 사진을 업로드 합니다. Author는 작성자인데 현 시점에는 관리자 계정만 있으므로 관리자 계정을 선택합니다.

❯ [그림 05-14] 사진 업로드

필드 값들을 다 채우고 [SAVE] 버튼을 누르면 업로드가 됩니다. 파이참으로 돌아와서 업로드 된 파일을 확인 해 봅시다.

업로드된 파일은 photos 폴더 밑에 업로드 년/월/일 순으로 폴더를 만들고 그 안에 저장되어 있습니다. 업로드는 잘 된 것 같지만 생각해 볼 내용이 있습니다. 만약 사진을 업로드 하는 앱이 하나가 아니라 여러 개라고 생각해 봅시다. 블로그, 게시판, 사진 등등 여러 앱이 각각의 폴더를 만들어서 사진이나 파일을 업로드 할텐데, 그러면 프로젝트 루트에 수 많은 폴더가 생기게 됩니다. 그러면 지저분해집니다. 그래서 이를 해결하기 위해 파일들이 모이는 폴더를 따로 하나 만들어 관리하도록 하겠습니다.

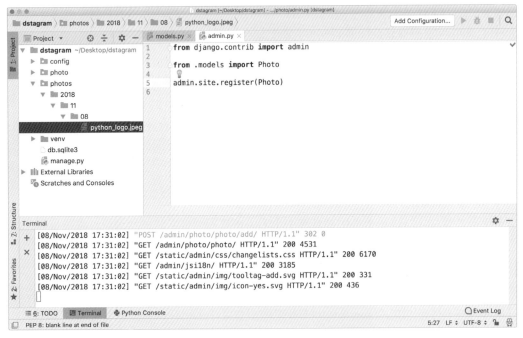

> [그림 05-15] 업로드된 파일 확인

5.3.4 업로드 폴더 관리

각 앱에서 업로드 하는 파일들을 한 폴더를 중심으로 모으려면 settings.py에 MEDIA_ROOT라는 옵션을 설정해야 합니다.

코드 05-07　config/settings.py

```
MEDIA_URL = '/media/'


MEDIA_ROOT = os.path.join(BASE_DIR, 'media')
```

MEDIA_ROOT의 값을 프로젝트 루트 밑에 media 폴더로 설정합니다. 그러면 어떤 앱에서 업로드를 하더라도 media 폴더 밑에 각 앱별로 폴더를 만들고 파일을 업로드 하게 됩니다. ME-DIA_URL은 STATIC_URL처럼 파일을 브라우저로 서빙할 때 보여줄 가상의 URL입니다. 가상 URL은 여러 가지 편의도 있지만 보안을 위해 필요한 기능입니다. 이 가상 URL을 사용하면 서버 내부의 폴더 구조를 숨길 수 있기 때문에 해커에게 정보를 적게 노출할 수 있습니다.

MEDIA_ROOT를 설정했으니 파일을 한 번 더 올려보도록 하겠습니다. 관리자 페이지로 가서 기존에 업로드한 사진을 수정합니다. 똑같은 파일을 다시 선택하고 [SAVE] 버튼을 누릅니다. 그리고 파이참에 와서 폴더 경로를 확인해보면 media 폴더 아래에 다시 photos 폴더가 생긴 것을 확인할 수 있습니다.

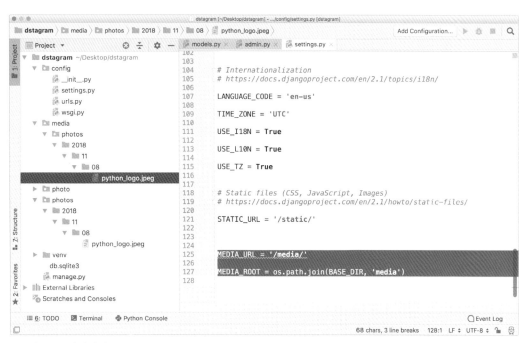

> [그림 05-16] 사진 재 업로드

기존에 있던 프로젝트 루트의 photos 폴더는 제거합니다.

5.3.5 관리자 페이지 커스터마이징

업로드 후에 관리자 사이트에서 사진 목록을 확인해 봅시다. 보기 편한 형태는 아닙니다. admin. py 파일을 수정해서 목록을 보기 좋게 바꾸도록 하겠습니다.

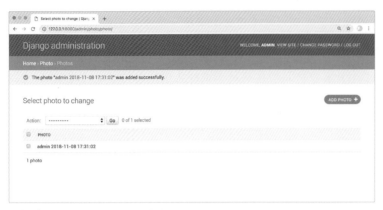

> [그림 05-17] 관리자 사이트 목록 화면

admin.py에 PhotoAdmin이라는 옵션 클래스를 만듭니다. 이 클래스는 admin.ModelAdmin 클래스를 상속 받습니다.

코드 05-08 photo/admin.py

```
class PhotoAdmin(admin.ModelAdmin):
    list_display = ['id','author','created','updated']
    raw_id_fields = ['author']
    list_filter = ['created','updated','author']
    search_fields = ['text','created']
    ordering = ['-updated','-created']


admin.site.register(Photo, PhotoAdmin)
```

PhotoAdmin 클래스에는 관리자 사이트에서 보이는 목록 화면을 커스터마이징할 수 있는 옵션을 설정합니다.

❶ list_display : 목록에 보일 필드를 설정합니다. 모델의 필드를 선택하거나 별도 함수를 만들어 필드처럼 등록할 수 있습니다.

❷ raw_id_fields : ForeignKey 필드의 경우 연결된 모델의 객체 목록을 출력하고 선택해야 하는데 목록이 너무 길 경우 불편해집니다. 이런 경우 raw_id_fields로 설정하면 값을 써넣는 형태

로 바뀌고 검색 기능을 사용해 선택할 수 있게 됩니다.

❸ list_filter : 필터 기능을 사용할 필드를 선택합니다. 장고가 적절하게 필터 범위를 출력해줍니다.

❹ search_fields : 검색 기능을 통해 검색할 필드를 선택합니다. ForeignKey 필드는 설정할 수 없습니다.

❺ ordering : 모델의 기본 정렬값이 아닌 관리자 사이트에서 기본으로 사용할 정렬값을 설정합니다.

해당 코드 입력이 끝나면 관리자 페이지가 보기 좋게 변합니다.

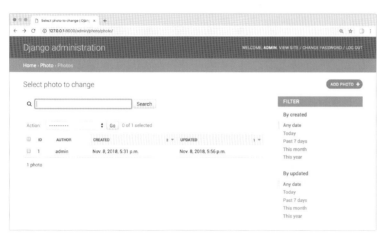

❯ [그림 05-18] 관리자 사이트 커스터마이징 후

5.3.6 뷰 만들기

사진 목록, 업로드, 확인, 수정, 삭제 기능을 위한 뷰를 만들어 보겠습니다.

첫 번째는 목록입니다. 함수 형뷰로 만들기 위해 photo_list라는 함수를 만듭니다.

───────
코드 05-09   photo/views.py

```python
from django.shortcuts import render
from .models import Photo


def photo_list(request):
    photos = Photo.objects.all()
    return render(request,'photo/list.html', {'photos':photos})
```

함수형 뷰는 기본 매개변수로 request를 설정합니다. 클래스형 뷰와는 달리 모든 기능을 직접 처리해야 합니다. 목록으로 출력할 사진 객체를 불러오기 위해 Photo모델의 기본 매니저인 objects를 이용해 all 메서드를 호출합니다. 그럼 데이터베이스에 저장된 모든 사진을 불러옵니다. 그리고 render 함수를 사용해서 list.html 템플릿을 렌더링합니다. 이 때 photos라는 템플릿 변수를 같이 전달합니다.

다음은 사진 업로드 뷰를 만들겠습니다. 제네릭 뷰를 사용할텐데 다른 뷰에 사용할 제네릭 뷰들을 미리 임포트 하겠습니다. CreateView, DeleteView, UpdateView를 임포트하고 CreateView를 상속받는 Photo Upload View를 만듭니다.

코드 05-10   photo/views.py

```
from django.views.generic.edit import CreateView, DeleteView, UpdateView
from django.shortcuts import redirect
class PhotoUploadView(CreateView):
    model = Photo
    fields = ['photo','text']
    template_name = 'photo/upload.html'

    def form_valid(self, form):
        form.instance.author_id = self.request.user.id
        if form.is_valid():
            form.instance.save()
            return redirect('/')
        else:
            return self.render_to_response({'form':form})
```

PhotoUploadView에는 template_name이라는 클래스 변수를 만들었습니다. 이 변수에는 실제 사용할 템플릿을 설정합니다. 그리고 form_valid 메서드는 업로드를 끝낸 후 이동할 페이지를 호출하기 위해 사용하는 메서드입니다. 이 메서드를 오버라이드해서 작성자를 설정하는 기능을 추가했습니다.

작성자는 현재 로그인 한 사용자로 설정합니다. 작성자를 설정하고 나면 is_valid 메서드를 이용해 입력된 값들을 검증합니다. 이상이 없다면 데이터베이스에 저장하고 redirect 메서드를 이용해 메인 페이지로 이동합니다. 만약 이상이 있다면 작성된 내용을 그대로 작성 페이지에 표시합니다.

```python
class PhotoDeleteView(DeleteView):
    model = Photo
    success_url = '/'
    template_name = 'photo/delete.html'

class PhotoUpdateView(UpdateView):
    model = Photo
    fields = ['photo','text']
    template_name = 'photo/update.html'
```

나머지 뷰들도 제네릭 뷰를 사용해서 적절히 만들어 줍니다. PhotoDeleteView에 있는 success_url의 값 '/'는 사이트 메인을 뜻합니다.

뷰를 다 만들었습니다. 그런데 뭔가 빠지지 않았나요? 바로 Detail 뷰가 없습니다. 제네릭 뷰를 이용하면 쉽게 뷰를 만들 수 있는데 views.py에 작성하는 방법 말고 다른 방법이 있습니다. Detail 뷰는 그 방법을 이용해 만들 것이기 때문에 여기서는 만들지 않겠습니다.

5.3.7 URL 연결

뷰를 동작 시키기 위해서는 URL 연결을 해야 합니다. photo 앱 폴더에 urls.py 파일을 만들고 뷰에 URL 연결해 봅시다.

```python
from django.urls import path
from django.views.generic.detail import DetailView
from .views import *
from .models import Photo

app_name = 'photo'

urlpatterns = [
    path('', photo_list,name='photo_list'),
    path('detail/<int:pk>/',DetailView.as_view(model=Photo,template_name=
'photo/detail.html'), name='photo_detail'),
    path('upload/', PhotoUploadView.as_view(), name='photo_upload'),
```

```
        path('delete/<int:pk>/', PhotoDeleteView.as_view(), name='photo_delete'),
        path('update/<int:pk>/', PhotoUpdateView.as_view(), name='photo_update'),
    ]
```

다른 뷰를 연결하는 방법은 지난 장에서 다른 뷰를 연결하는 방법은 지난 장에서 배운 방법을 사용했습니다. 함수형 뷰는 뷰 이름만 써주고 클래스형 뷰는 뒤에 .as_view() 붙입니다. 이번 장에서 작성한 urls.py에서는 챙겨봐야 할 부분이 두가지입니다. 바로 app_name 이라는 변수와 제네릭 뷰를 그대로 사용하는 인라인 뷰입니다.

우선 app_name은 네임스페이스(namespace)로 사용되는 값입니다. 템플릿에서 URL 템플릿 태그를 사용할 때 app_name 값이 설정되어 있다면 [app_name:URL패턴 이름] 형태로 사용합니다.

제네릭 뷰인 DetailView는 views.py가 아닌 urls.py에서 인라인 코드로 작성할 수 있습니다. path 함수에 인수로 전달할 때는 as_view안에 클래스 변수들을 설정해 사용합니다.

뷰의 URL들은 다 설정했으니 이제 루트 urls.py에 앱의 urls.py를 연결 해주겠습니다.

코드 05-13   config/urls.py

```
from django.contrib import admin
from django.urls import path, include

urlpatterns = [
    path('admin/', admin.site.urls),
    path('', include('photo.urls')),
]
```

include를 임포트하고 path를 하나 추가해 photo.urls를 연결해줍니다. 이 때 URL 패턴을 ''로 설정하면 photo 앱이 메인 페이지로 동작합니다.

5.3.8 템플릿 분리와 확장

뷰를 만들었으니 뷰에 사용할 템플릿을 만들겠습니다. 각 템플릿을 만들기에 앞서 템플릿 확장을 사용하기 위해 기본이 되는 base.html 템플릿부터 만들겠습니다.

```html
<!DOCTYPE html>
<html lang="en">
<head>
    <meta charset="UTF-8">
    <meta name="viewport" content="width=device-width, initial-scale=1,
shrink-to-fit=no">

    <link rel="stylesheet" href="https://stackpath.bootstrapcdn.com/bootstrap/
4.1.3/css/bootstrap.min.css"      integrity="sha384-MCw98/SFnGE8fJT3GXwEOngsV7Z
t27NXFoaoApmYm81iuXoPkFOJwJ8ERdknLPMO" crossorigin="anonymous">
    <script src="https://code.jquery.com/jquery-3.3.1.slim.min.js" integrity
="sha384-q8i/X+965Dz00rT7abK41JStQIAqVgRVzpbzo5smXKp4YfRvH+8abtTE1Pi6jizo"
crossorigin="anonymous"></script>
    <script src="https://cdnjs.cloudflare.com/ajax/libs/popper.js/1.14.3/umd/
popper.min.js" integrity="sha384-ZMP7rVo3mIykV+2+9J3UJ46jBk0WLaUAdn689aCwoqbBJiSnjAK
/l8WvCWPIPm49" crossorigin="anonymous"></script>
    <script src="https://stackpath.bootstrapcdn.com/bootstrap/4.1.3/js/
bootstrap.min.js" integrity="sha384-ChfqqxuZUCnJSK3+MXmPNIyE6ZbWh2IMqE241rYiq
JxyMiZ6OW/JmZQ5stwEULTy" crossorigin="anonymous"></script>
    <title>Dstagram {% block title %}{% endblock %}</title>
</head>
<body>

<div class="container">
    <header class="header clearfix">
        <nav class="navbar navbar-expand-lg navbar-light bg-light">
            <a class="navbar-brand" href="/">Dstagram</a>
            <ul class="nav">
                <li class="nav-item">
                <a href="/" class="active nav-link ">Home</a>
                </li>
                {% if user.is_authenticated %}
                <li class="nav-item">
                <a href="#" class="nav-link">Welcome, {{user.get_username}}</a>
                </li>
                <li class="nav-item">
                <a href="{% url 'photo:photo_upload' %}" class="nav-link">Upload</a>
                </li>
                <li class="nav-item"><a href="#" class="nav-link">Logout</a></li>
                {% else %}
                <li class="nav-item"><a href="#" class="nav-link">Login</a></li>
                <li class="nav-item"><a href="#" class="nav-link">Signup</a></li>
                {% endif %}
            </ul>
```

```
        </nav>
    </header>

    {% block content %}
    {% endblock %}

    <footer class="footer">
        <p>&copy; 2018 Baepeu. Powered By Django 2</p>
    </footer>
</div>
</body>
</html>
```

base.html에는 부트스트랩을 적용했습니다. 그리고 부트스트랩을 적용한 메뉴바를 만들어서 상단에 배치하였고 중간에는 내용을 출력하도록 content 블록을 만들어뒀습니다. 최하단에는 푸터를 만들어뒀습니다.

메뉴바는 로그인 한 상태와 로그아웃 한 상태에 따라 다르게 보이도록 만들었습니다. 모든 페이지에서 user 객체를 사용할 수 있습니다. 이 때 is_authenticated 값을 이용해 로그인 여부를 판단할 수 있습니다.

base.html을 추가했으니 템플릿이 검색되도록 settings.py에 경로를 추가하겠습니다. TEMPLATES 변수에 있는 DIRS 키의 값에 추가합니다.

코드 05-15　config/settings.py

```
TEMPLATES = [
    {
        'BACKEND': 'django.template.backends.django.DjangoTemplates',
        'DIRS': [os.path.join(BASE_DIR, "templates")],
        'APP_DIRS': True,
        'OPTIONS': {
            'context_processors': [
                'django.template.context_processors.debug',
                'django.template.context_processors.request',
                'django.contrib.auth.context_processors.auth',
                'django.contrib.messages.context_processors.messages',
            ],
        },
    },
]
```

base.html이 검색될테니 나머지 템플릿들도 만들겠습니다. list.html 만들고 코드를 입력합니다.

코드 05-16   photo/templates/photo/list.html

```
{% extends 'base.html' %}

{% block title %}- List{% endblock %}

{% block content %}
    {% for post in photos %}
        <div class="row">
          <div class="col-md-2"></div>
          <div class="col-md-8 panel panel-default">
                <p><img src="{{post.photo.url}}" style="width:100%;"></p>
                <button type="button" class="btn btn-xs btn-info">
                    {{post.author.username}}</button>
                <p>{{post.text|linebreaksbr}}</p>
                <p class="text-right">
                 <a href="{% url 'photo:photo_detail' pk=post.id %}" class="btn
btn-xs btn-success">댓글달기</a>
                </p>
          </div>
          <div class="col-md-2"></div>
        </div>

    {% endfor %}
{% endblock %}
```

템플릿으로 전달되는 사진 오브젝트 목록을 photos라는 변수명으로 설정해뒀습니다. 그래서 for
문을 이용해 photos 변수에서 하나씩 꺼내 post라는 변수명으로 사용합니다. 각 값을 출력하는
부분을 잘 살펴보세요. 이미지의 주소를 출력할 때는 photo.url을 사용하고 사용자명은 author.
username을 사용합니다. 댓글달기 버튼은 상세 페이지로 이동하는 링크입니다.

화면을 확인해 보겠습니다. 각 화면을 확인할 때는 runserver 명령을 이용해 서버를 실행하고 확
인합니다. 파일을 새로 만들었을 때는 항상 서버를 종료했다가 다시 실행해야 합니다.

```
$ python manage.py runserver
```

목록 화면에서는 사진과 작성자 이름, 설명 문구, 댓글 달기 버튼을 볼 수 있습니다. 이상한 점은
업로드한 이미지가 제대로 보이지 않는다는 것입니다. 이 문제는 템플릿을 모두 만든 후에 조치

하도록 하겠습니다.

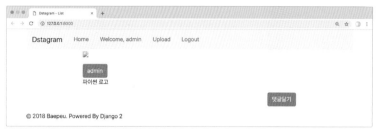

> [그림 05-19] 사진 목록

코드 05-17   photo/templates/photo/upload.html

```html
{% extends 'base.html' %}
{% block title %}- Upload{% endblock %}


{% block content %}
<div class="row">
    <div class="col-md-2"></div>
    <div class="col-md-8 panel panel-default">
        <form action="" method="post" enctype="multipart/form-data">
            {{form.as_p}}
            {% csrf_token %}
            <input type="submit" class="btn btn-primary" value="Upload">
        </form>
    </div>
    <div class="col-md-2"></div>
</div>
{% endblock %}
```

업로드 뷰는 form 태그를 사용해 구성합니다. 이전 장과 다른 부분은 거의 없지만 form 태그에 있는 enctype을 눈여겨 보세요. enctype은 form 태그로 작성한 정보를 어떤 형태로 인코딩 해서 서버로 전달할 것인지 결정하는 옵션입니다. method가 post일 때만 사용할 수 있습니다. 사용할 수 있는 옵션은 다음과 같습니다.

❶ application/x-www-form-urlencoded : 기본 옵션입니다. 모든 문자열을 인코딩해 전달하며 특수문자는 ASCII HEX 값으로 변환하고 띄어쓰기는 +로 변환하여 전달합니다.

❷ multipart/form-data : 파일 업로드 때 사용하는 옵션이며 데이터를 문자열로 인코딩 하지 않고 전달합니다.

❸ text/plain : 띄어쓰기만 +로 변환하고 특별한 인코딩 없이 전달합니다.

템플릿을 작성했으면 상단 메뉴바에 있는 [Upload] 버튼을 클릭해 화면을 확인하고 이미지를 업로드 해봅시다.

> [그림 05-20] 업로드 화면

업로드 하고 나면 목록 페이지에 방금 업로드한 정보도 나타나는지 확인해 봅시다. 아직까지도 사진은 정상적으로 표시되지 않습니다.

코드 05-18   photo/templates/photo/detail.html

```
{% extends 'base.html' %}
{% block title %}
    {{object.text|truncatechars:10}}
{% endblock %}

{% block content %}
    <div class="row">
            <div class="col-md-2"></div>
            <div class="col-md-8 panel panel-default">
                <p><img src="{{object.photo.url}}" style="width:100%;"></p>
                <button type="button" class="btn btn-outline-primary btn-sm">
                    {{object.author.username}}</button>
                <p>{{object.text|linebreaksbr}}</p>

                <a href="{% url 'photo:photo_delete' pk=object.id %}" class="btn
btn-outline-danger btn-sm float-right">
                    Delete</a>
                <a href="{% url 'photo:photo_update' pk=object.id %}" class="btn
btn-outline-success btn-sm float-right">
                    Update</a>
            </div>
```

```
                <div class="col-md-2"></div>
        </div>
    {% endblock %}
```

디테일 뷰에서는 사진의 정보를 출력합니다. 목록 화면과 거의 동일합니다. 대신 댓글달기 버튼을 없애고 수정과 삭제버튼을 추가했습니다.

> [그림 05-21] 상세 화면

상세 화면도 마찬가지로 사진은 정상적으로 표시되지 않습니다. 아마도 뷰에서 발생한 문제는 아니라는 유추를 해볼 수 있습니다.

코드 05-19   photo/templates/photo/update.html

```
{% extends 'base.html' %}
{% block title %} - Update {% endblock %}

{% block content %}
<div class="row">
    <div class="col-md-2"></div>
    <div class="col-md-8 panel panel-default">
        <form action="" method="post" enctype="multipart/form-data">
            {{form.as_p}}
            {% csrf_token %}
            <input type="submit" class="btn btn-primary" value="Update">
        </form>
    </div>
    <div class="col-md-2"></div>
</div>
{% endblock %}
```

수정 뷰에서도 form을 사용하고 enctype 옵션을 사용하고 있습니다. 업로드 뷰와 다른점은 일부 문자열 뿐입니다.

> [그림 05-22] 수정 화면

수정 기능을 이용해 수정을 해보고 상세 화면으로 바로 이동하는지 그리고 내용은 잘 수정되는
지 확인해봅니다.

코드 05-20   photo/templates/photo/delete.html

```
{% extends 'base.html' %}
{% block title %}- Delete{% endblock %}

{% block content %}
<div class="row">
    <div class="col-md-2"></div>
    <div class="col-md-8 panel panel-default">
        <div class="alert alert-info">
            Do you want to delete {{object}}?
        </div>
        <form action="" method="post">
            {{form.as_p}}
            {% csrf_token %}
            <input type="submit" class="btn btn-danger" value="Confirm">
        </form>
    </div>
    <div class="col-md-2"></div>
</div>
{% endblock %}
```

마지막으로 삭제 뷰입니다. 삭제 확인 메시지를 출력하기 위해서 객체를 그대로 출력했고 form
태그를 사용해 삭제 확인을 진행합니다. 여기서는 파일을 전송하는 것은 아니기 때문에 enctype
은 사용하지 않습니다.

> [그림 05-23] 삭제 화면

삭제 화면도 마찬가지로 잘 동작하는지 확인해봅니다.

5.3.9 사진 표시하기

기본 뷰는 다 완성했습니다. 하지만 사진이 제대로 출력되지 않습니다. 사진을 출력하기 위해서는
몇 줄의 코드를 더 입력해야 합니다. config 폴더에 있는 루트 urls.py를 수정하겠습니다.

코드 05-21   config/urls.py

```
from django.conf.urls.static import static
from django.conf import settings

urlpatterns += static(settings.MEDIA_URL, document_root=settings.MEDIA_ROOT)
```

static을 사용해서 MEDIA_URL에 해당하는 주소를 가진 요청에 대해서는 MEDIA_ROOT에서
찾아서 응답하도록 urlpatterns에 추가하는 구문입니다. 이 구문은 디버그 모드가 True일 때만 동
작합니다.

코드가 정상적으로 동작하면 목록이나 상세 페이지에도 이미지가 잘 나오는 것을 확인할 수 있
습니다.

> [그림 05-24] 정상적으로 나타나는 이미지

5.4 Account 앱 만들기

사진 관련 기능을 완성했으니 서비스의 완성도를 높이기 위해 회원 가입, 로그인, 로그아웃 기능을 만들어 보겠습니다.

5.4.1 accounts 앱 만들기

파이참 터미널에서 다음 명령어를 실행해 accounts 앱을 생성합니다.

```
$ python manage.py startapp accounts
```

그리고 settings.py에 앱을 추가합니다.

코드 05-22   config/settings.py

```
INSTALLED_APPS = [
    'django.contrib.admin',
    'django.contrib.auth',
    'django.contrib.contenttypes',
    'django.contrib.sessions',
    'django.contrib.messages',
    'django.contrib.staticfiles',
    'photo',
    'accounts',
]
```

5.4.2 로그인, 로그아웃 기능 추가

로그인, 로그아웃 기능은 장고에 이미 만들어져있는 기능입니다. 이 기능을 그대로 불러다 쓰기 위해서 accounts 앱 폴더에 urls.py를 만들고 기존에 있는 뷰를 불러다가 사용하겠습니다.

코드 05-23   accounts/urls.py

```
from django.urls import path
from django.contrib.auth import views as auth_view
```

```python
urlpatterns = [
    path('login/', auth_view.LoginView.as_view(), name='login'),
    path('logout/', auth_view.LogoutView.as_view(template_name='registration/
logout.html'), name='logout'),
]
```

그리고 이 urls.py를 사용하기 위해 루트 urls.py에 연결 합니다.

코드 05-24   config/urls.py

```python
urlpatterns = [
    path('admin/', admin.site.urls),
    path('', include('photo.urls')),
    path('accounts/', include('accounts.urls')),
]
```

이제 로그인 로그아웃 기능은 동작할 것입니다. 템플릿을 만들고 마무리 하겠습니다.

코드 05-25   accounts/templates/registration/login.html

```html
{% extends 'base.html' %}
{% block title %}- Login{% endblock %}

{% block content %}
<div class="row">
        <div class="col-md-2"></div>
        <div class="col-md-8 panel panel-default">
                <div class="alert alert-info">Please enter your login
informations.</div>
            <form action="" method="post">
                {{form.as_p}}
                {% csrf_token %}
                <input class="btn btn-primary" type="submit" value="Login">
            </form>
        </div>
    <div class="col-md-2"></div>
</div>
{% endblock %}
```

코드 05-26   accounts/templates/registration/logout.html

```
{% extends 'base.html' %}
{% block title %}- Logout{% endblock %}

{% block content %}
<div class="row">
        <div class="col-md-2"></div>
        <div class="col-md-8 panel panel-default">
            <div class="alert alert-info">
            You have been successfully logged out. </div>
            <a class="btn btn-primary" href="{% url 'login' %}">Click to Login</a>
        </div>
        <div class="col-md-2"></div>
</div>
{% endblock %}
```

두 개의 템플릿을 완성하면 메인 메뉴에 있는 링크도 연결을 해줘야 합니다. base.html에서 login, logout 링크를 찾아서 href 속성을 수정합니다.

코드 05-27   templates/base.html

```
<li class="nav-item"><a href="{% url 'logout' %}" class="nav-link">Logout</a></
li>

<li class="nav-item"><a href="{% url 'login' %}" class="nav-link">Login</a></
li>
```

기능이 잘 동작하는지 확인해보겠습니다. 메인 메뉴에 있는 [Logout] 버튼을 클릭하세요.

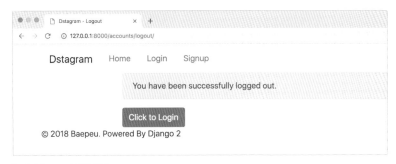

> [그림 05-25] 로그아웃

로그아웃이 되었다는 메시지를 확인할 수 있습니다. 이제 다시 [Login] 버튼을 눌러봅시다.

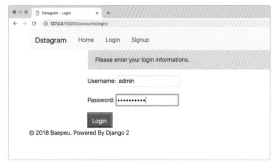

> [그림 05-26] 로그인

로그인 창이 나타나면 아이디와 비밀번호를 입력하고 입력창 아래쪽에 있는 [Login] 버튼을 눌러 로그인 합니다.

> [그림 05-27] profile 페이지

로그인은 잘 됐으나 profile이라는 페이지로 이동합니다. 하지만 우리는 만들어두지 않았기 때문에 Page not found 오류만 나타납니다. 로그인 후 이동할 페이지 설정의 기본 값이 profile이기 때문입니다. 로그인 후에 바로 메인 페이지로 이동하도록 변경해 봅시다.

settings.py에 LOGIN_REDIRECT_URL 변수를 추가합니다.

코드 05-28   config/settings.py

```
LOGIN_REDIRECT_URL = '/'
```

LOGIN_REDIRECT_URL은 로그인 후 이동할 페이지 옵션입니다. 이 변수의 값을 '/'로 설정하면 로그인 후에 메인 페이지로 이동합니다.

5.4.3 회원 가입 기능 만들기

로그인 로그아웃 기능은 회원 가입 기능이 없다면 쓸모 없는 기능입니다. 회원 가입 기능을 만들기 위해서는 뷰를 만들어야 하고 폼도 만들어야 합니다. 회원 가입 양식인 폼을 만들기 위해서 forms.py 파일에 코드를 입력하겠습니다.

코드 05-29 accounts/forms.py

```
from django.contrib.auth.models import User
from django import forms

class RegisterForm(forms.ModelForm):
    password = forms.CharField(label='Password', widget=forms.PasswordInput)
    password2 = forms.CharField(label='Repeat Password', widget=forms.
PasswordInput)

    class Meta:
        model = User
        fields = ['username', 'first_name','last_name', 'email']

    def clean_password2(self):
        cd = self.cleaned_data
        if cd['password'] != cd['password2']:
            raise forms.ValidationError('Passwords not matched!')
        return cd['password2']
```

회원 가입 양식을 출력하기 위해 RegisterForm이라는 클래스를 만들었습니다. 이 클래스는 forms.ModelForm을 상속받는데 모델이 있고 그에 대한 자료를 입력받고 싶을 때 사용합니다. 폼 클래스 내부에 있는 Meta 클래스를 이용하면 기존에 있는 모델의 입력 폼을 쉽게 만들 수 있습니다. model을 설정하고 fields를 이용해서 입력받을 필드들을 지정하면 됩니다. password의 경우에는 fields에 설정할 수 있지만 종류가 CharField이기 때문에 별도의 widget 옵션을 사용해 password 속성의 input 태그를 사용하려고 클래스 변수로 지정했습니다. 또 password2 필드도 만들어서 회원 가입시 비밀번호 재입력 기능을 구현하도록 하겠습니다.

clean_password2는 clean_필드명 형태의 메서드입니다. 이런 형태의 메서드들은 각 필드의 clean 메서드가 호출된 후에 호출되는 메서드들입니다. 특별한 유효성 검사나 조작을 하고 싶을 때 만들어서 사용합니다. 이번 경우에는 password와 password2가 같은지 비교하는 코드를 실행하기 위해서 사용했습니다.

clean_필드명 형태의 메서드에서 해당 필드의 값을 사용할 때는 꼭 cleaned_data에서 필드 값을 찾아서 사용해야 합니다. 이 값이 이전 단계까지 기본 유효성 검사같은 처리를 마친 값이기 때문입니다.

완성한 폼을 사용해서 뷰를 만들어보겠습니다. views.py를 열고 register라는 함수형 뷰를 만듭니다.

코드 05-30   accounts/views.py

```python
from django.shortcuts import render
from .forms import RegisterForm

def register(request):
    if request.method == 'POST':
        user_form = RegisterForm(request.POST)
        if user_form.is_valid():
            new_user = user_form.save(commit=False)
            new_user.set_password(user_form.cleaned_data['password'])
            new_user.save()
                    return render(request, 'registration/register_done.html',
{'new_user':new_user})
    else:
        user_form = RegisterForm()

    return render(request, 'registration/register.html',{'form':user_form})
```

이 뷰에서는 기존의 제네릭 뷰에서 어떤 식으로 처리를 하는지 알아볼 수 있는 힌트가 있습니다. if request.method == 'POST' 라는 부분은 회원 가입 정보가 서버로 전달됐다는 의미입니다. 입력을 받는 템플릿들을 보면 form 태그에 method가 post로 설정되어 있는 것을 자주 보았습니다. Post는 HTTP 메서드들 중 하나로 서버로 자료를 전달할 때 사용하는 메서드입니다. 따라서 Post 방식으로 뷰를 호출했다는 것은 서버로 자료를 전달하는 상태라는 것을 알 수 있습니다. 그래서 정보를 전달 받으면 RegisterForm을 이용해 유효성 검사를 수행하고 이상이 없으면 데이터베이스에 저장합니다.

저장하는 절차는 두 단계를 거칩니다. 우선 user_form.save 메서드를 통해서 폼 객체에 지정된 모델을 확인하고 이 모델의 객체를 만듭니다. 이 때 옵션으로 commit=False를 지정했기 때문에 데이터베이스에 저장하는 것이 아니라 메모리 상에 객체만 만들어집니다. 그리고 set_password 메서드를 사용해 비밀번호를 지정합니다. 이런 과정을 거쳐야 비밀번호가 암호화된 상태로 저장됩니다. 비밀번호까지 지정했다면 new_user의 save 메서드를 호출해 실제로 데이터베이스에 저장 합니다. 회원 가입이 완료되었으므로 register_done이라는 템플릿을 렌더링해 보여줍니다.

반대로 HTTP 메서드가 POST가 아니라면 자료를 전달받은 상태가 아니라 입력을 받는 화면을 보여줘야 합니다. 그래서 이 때는 비어있는 RegisterForm 객체를 만들고 register 템플릿을 렌더링해 보여줍니다.

이 뷰를 사용하기 위해 URL을 연결하겠습니다. urls.py 파일을 열어 수정합니다.

코드 05-31   accounts/urls.py

```python
from .views import register

urlpatterns = [
    path('login/', auth_view.LoginView.as_view(), name='login'),
    path('logout/', auth_view.LogoutView.as_view(template_name='registration/logout.html'), name='logout'),
    path('register/', register, name='register'),
]
```

register 뷰를 임포트하고 path를 새로 추가하여 register 뷰를 연결합니다. 그리고 회원 가입 페이지를 위한 템플릿을 작성합니다.

코드 05-32   accounts/templates/registration/register.html

```html
{% extends 'base.html' %}

{% block title %}- Registration{% endblock %}

{% block content %}
<div class="row">
        <div class="col-md-2"></div>
        <div class="col-md-8 panel panel-default">
            <div class="alert alert-info">Please enter your account informations.</div>
            <form action="" method="post">
                {{form.as_p}}
                {% csrf_token %}
                <input class="btn btn-primary" type="submit" value="Register">
```

```
                </form>
            </div>
            <div class="col-md-2"></div>
    </div>
    {% endblock %}
```

코드 05-33 accounts/templates/registration/register_done.html

```
{% extends 'base.html' %}

{% block title %}- Registration Done{% endblock %}

{% block content %}
<div class="row">
        <div class="col-md-2"></div>
        <div class="col-md-8 panel panel-default">
            <div class="alert alert-info">Registration Success. Welcome, {{new_
user.username}}</div>
            <a class="btn btn-info" href="/">Move to main</a>
        </div>
        <div class="col-md-2"></div>
</div>
{% endblock %}
```

뷰를 위한 템플릿을 만들었습니다. 마지막으로 회원 가입을 진행하기 위해 base.html에 회원 가입 링크를 연결하겠습니다.

코드 05-34 templates/base.html

```
<a href="{% url 'register' %}" class="nav-link">Signup</a>
```

필요한 코드를 다 입력했습니다. 기능 테스트를 위해 메인 메뉴에 있는 [Signup] 링크를 클릭해 회원 가입 페이지로 이동합니다.

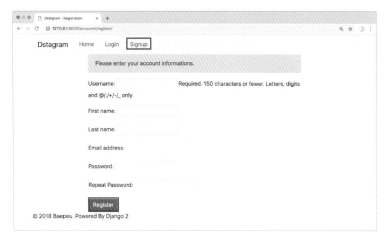

> [그림 05-28] 회원 가입 화면

회원 가입에 필요한 정보들을 입력하고 [Register] 버튼을 클릭합니다.

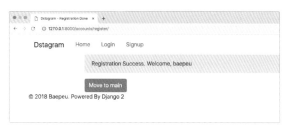

> [그림 05-29] 회원 가입 완료

회원 가입을 성공했습니다. 회원 가입 성공 메시지를 확인하고 가입한 계정으로 로그인합니다. 이것으로 기본 기능을 다 완성했습니다. 이제 부가 기능들을 만들어서 서비스를 더 쓸모 있게 만들어보겠습니다.

5.5 댓글 기능 구현하기

댓글은 웹 서비스에서 기본으로 갖추어야 하는 기능 중에 하나가 되었습니다. 이번 절에서는 디스타그램 서비스에 댓글 기능을 구현해보겠습니다. 하지만 장고에 코드를 만들어서 댓글을 구현하는 것은 JavaScript를 많이 다뤄야 하는 부분입니다. 이 책의 범위를 넘어서는 부분이기 때문에 기존에 구현되어 있는 댓글 앱을 다운로드 받아서 적용해 보도록 하겠습니다.

5.5.1 DISQUS 가입하기

댓글 시스템을 직접 만들지 않고 DISQUS라는 온라인 소셜 댓글 시스템을 빌려서 사용할 것입니다. 이 시스템을 사용하려면 사이트에 가입 해야 합니다. 사이트(https://disqus.com/)에 접속합니다.

사이트에 접속하면 화면 중앙에 있는 [GET STARTED] 버튼을 클릭합니다.

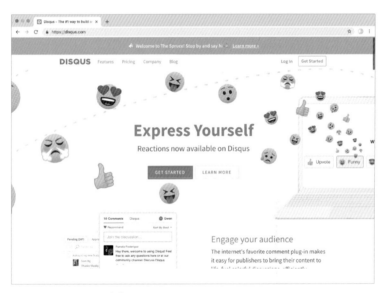

> [그림 05-30] DISQUS 사이트

회원 가입을 위한 정보를 다 입력하고 [Signup] 버튼을 누릅니다.

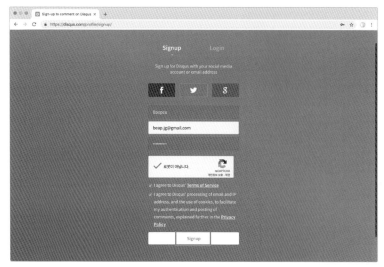

❯ [그림 05-31] 회원 가입

회원 가입 후 나타나는 화면에서 아래쪽에 있는 [I want to install Disqus on my site] 링크를 클릭합니다.

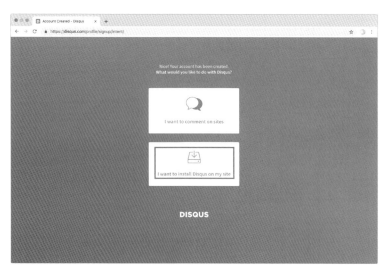

❯ [그림 05-32] 회원 가입 후

사이트 생성 창이 나타나면 Website Name을 설정합니다. 이 값은 다른 사람과 겹치면 안됩니다. 적절하게 입력하고 [Create Site] 버튼을 클릭합니다.

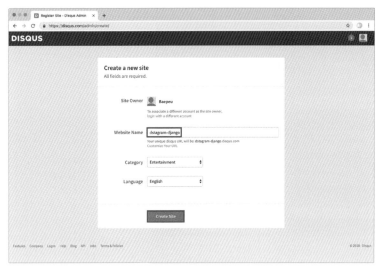

> [그림 05-33] 사이트 생성

요금제는 역시 무료 요금제를 선택하겠습니다. Basic 요금제의 [Subscribe Now] 버튼을 클릭합니다.

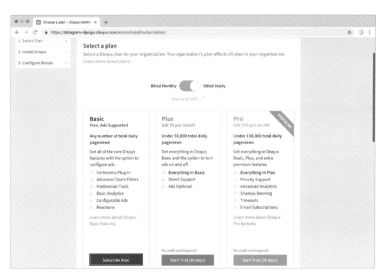

> [그림 05-34] 요금제 선택

Disqus를 설치할 플랫폼을 선택합니다. 목록에는 우리가 원하는 플랫폼이 없기 때문에 목록 제일 아래에 있는 [I don't ~] 버튼을 클릭합니다.

> [그림 05-35] 플랫폼 선택

설치 스크립트 화면이 나오는데 우리에겐 필요 없습니다. [Configure] 버튼을 클릭합니다.

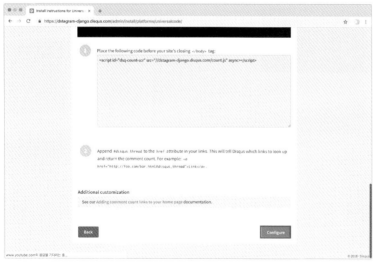

> [그림 05-36] 설치 스크립트

변경할 설정은 없으므로 그대로 두고 [Complete Setup] 버튼을 클릭합니다.

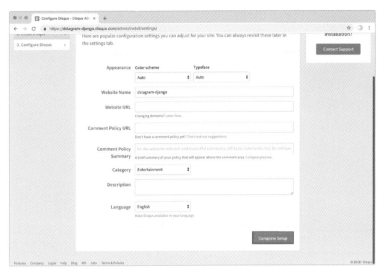

> [그림 05-37] 설정 화면

완료 화면에서는 바로 [Dismiss Setup] 버튼을 클릭합니다.

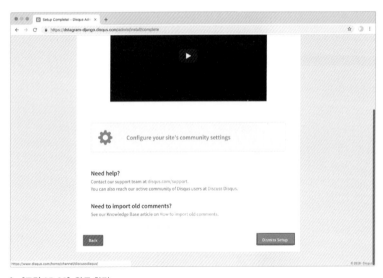

> [그림 05-38] 완료 화면

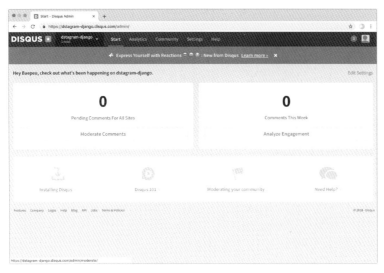

> [그림 05-39] 관리자 화면

관리자 화면까지 이동했다면 이 사이트에서 할 일은 끝났습니다. 파이참으로 이동해 기능을 추가하겠습니다.

5.5.2 Disqus 앱 설치

Disqus 기능을 사용하려면 앱을 다운로드해 설치하기만 하면 됩니다. pip명령을 이용해 앱을 설치합시다.

```
$ pip install django-disqus
```

설치한 앱도 우리가 만든 앱과 마찬가지로 settings.py에 등록해줘야 합니다.

코드 05-35   config/settings.py

```
INSTALLED_APPS = [
    'django.contrib.admin',
    'django.contrib.auth',
    'django.contrib.contenttypes',
    'django.contrib.sessions',
    'django.contrib.messages',
    'django.contrib.staticfiles',
    'photo',
    'accounts',
```

```
        'disqus',
        'django.contrib.sites',
    ]
```

disqus와 django.contrib.sites 두 개를 추가합니다. sites는 장고에서 사용하는 사이트 관리 프레임워크입니다. 멀티사이트 구성이나 개별 사이트의 도메인 관리 등을 담당합니다. disqus 앱을 사용하려면 필요하기 때문에 같이 등록해줬습니다.

```
$ python manage.py migrate
```

위의 명령을 실행해 sites 앱을 위한 데이터베이스를 설정합니다.

이제 disqus 사용을 위한 설정값을 추가하겠습니다. settings.py에 두 개의 변수를 추가합니다.

코드 05-36   config/settings.py

```
DISQUS_WEBSITE_SHORTNAME = 'dstagram-django'
SITE_ID = 1
```

첫 번째 변수는 disqus에 설정해둔 이름을 써야 합니다. 혹시 생각이 안나신다면 disqus 사이트로 가서 확인해보세요. 두 번째 변수는 sites 앱에 등록된 현재 사이트의 번호입니다. 기본적으로 1번이기 때문에 1로 설정합니다.

설정은 끝났습니다. 이제 템플릿에 댓글 시스템이 출력되도록 수정만 하면 됩니다. 댓글 시스템은 각 사진의 상세 페이지에서 보여주도록 하겠습니다.

코드 05-37   photo/templates/photo/detail.html

```
<div class="row">
        <div class="col-md-2"></div>
        <div class="col-md-8 panel panel-default">
            {% load disqus_tags %}
            {% disqus_show_comments %}
        </div>
        <div class="col-md-2"></div>
</div>
```

load disqus_tags는 disqus 앱의 커스텀 태그들을 사용하겠다라는 의미입니다. 아랫줄에서 그 커

스텀 태그 중에 하나인 disqus_show_comments 라는 태그를 사용해 댓글 시스템을 출력하도록
했습니다. detail.html 파일을 수정했다면 서버를 실행하고 확인해보겠습니다.

> [그림 05-40] 댓글 시스템 출력

목록 화면에서 댓글달기 버튼을 클릭하면 사진의 상세 화면으로 이동합니다. 상세 화면으로 이동
하고 잠시 가다리면 댓글 시스템이 출력되는 것을 확인할 수 있습니다. 그런데 아직 이메일 인증
을 하지 않았다는 메시지가 나타납니다. 이메일을 확인해 봅시다.

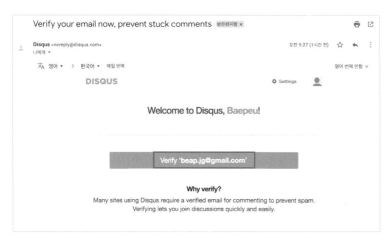

> [그림 05-41] 인증 이메일 확인

인증 이메일을 열어 [Verify] 버튼을 클릭합니다. 그리고 다시 상세 화면을 확인해 봅시다.

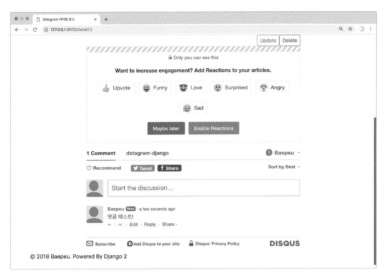

> [그림 05-42] 댓글 달기

이메일 인증을 하고 나면 댓글을 입력하고 확인할 수 있습니다.

5.5.3 권한 제한하기

댓글도 사용할 수 있게 됐으니 인스타그램처럼 로그인한 사용자만 이 서비스를 사용할 수 있도록 변경해 봅시다. photo 앱의 views.py 파일을 수정하겠습니다. 권한 제한을 하는 방법은 다양하게 있지만 가장 쉽게 하는 방법은 두가지입니다. 데코레이터(decorator)와 믹스인(mixin)을 사용하는 방법입니다.

코드 05-38　photo/views.py

```
from django.contrib.auth.decorators import login_required
from django.contrib.auth.mixins import LoginRequiredMixin

@login_required
def photo_list(request):

class PhotoUploadView(LoginRequiredMixin, CreateView):

class PhotoDeleteView(LoginRequiredMixin, DeleteView):

class PhotoUpdateView(LoginRequiredMixin, UpdateView):
```

데코레이터는 함수형 뷰에서 사용하고 믹스인은 클래스형 뷰에서 사용합니다. 데코레이터는 뷰의 바로 윗줄에 써주고 믹스인은 첫 번째로 상속하도록 합니다. 이렇게 뷰를 수정한 뒤에 로그아웃하고 메인 페이지에 접속하면 바로 로그인 화면으로 이동하는 것을 확인할 수 있습니다.

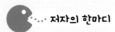 **저자의 한마디**

Detail 뷰는 views.py에 없기 때문에 상속을 할 수가 없어 권한 제한을 추가하지 못했습니다. 여러분이 직접 views.py에 PhotoDetailView를 구현하고 권한 제한도 추가해보세요.

5.6 아마존 S3 연동하기

기능을 다 완성했으니 배포를 해야합니다. 하지만 배포를 하기에 앞서 아마존 S3(Simple Storage Service)를 사용해서 이미지 서버를 추가하도록 하겠습니다. 이미지 서버는 웹 서버 인프라에서 중요한 역할을 차지합니다. 폭발적인 사용자 증가를 감당하려면 필히 웹 서버의 댓수를 늘려야 하는데 이럴 경우 사용자가 업로드한 이미지를 동기화하는데 큰 노력이 필요합니다. 동기화하는데 가장 간단한 방법은 이미지 서버를 별도로 두고 모든 웹 서버가 같은 이미지 서버를 이용하도록 하는 방법입니다.

우리도 이런 방법을 사용할 것인데 이미지 서버를 만드는 가장 간단하고 강력한 방법이 아마존 웹서비스의 S3를 이용하는 것입니다. S3는 이미지 서버로 사용하기에 충분한 파일 서빙 속도를 가지고 있습니다. 그리고 무제한의 용량을 사용할 수 있고 안정성 또한 높아 이미지 서버로 사용하기에 적절합니다. 이 S3를 이용해서 이미지 서버를 추가해보겠습니다.

5.6.1 아마존 가입하기

아마존 웹 서비스(https://aws.amazon.com)에 접속합니다. 화면 중앙에 있는 [무료 계정 생성]
버튼을 클릭합니다.

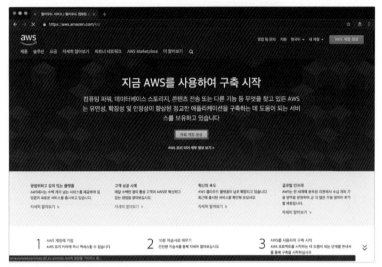

> [그림 05-43] 아마존 웹 서비스

계정 생성 페이지로 이동하면 이메일과 암호 계정 이름을 입력하고 [동의하고 계정 만들기] 버튼
을 클릭합니다.

> [그림 05-44] AWS 계정 생성

연락처 정보를 입력합니다. 주의할 점은 국가를 대한민국으로 선택해도 주소를 영문으로 입력해야 한다는 것입니다. 모두 입력했으면 [계정을 만들고 계속 진행] 버튼을 클릭합니다.

> [그림 05-45] 연락처 정보 입력

결제 정보를 입력해야 합니다. 무료인 프리티어 기간인 1년 동안은 비용 부담없이 사용할 수 있지만 가입할 때는 필수적으로 결제 정보를 입력해야 합니다. 입력을 하고 [보안 전송] 버튼을 클릭합니다.

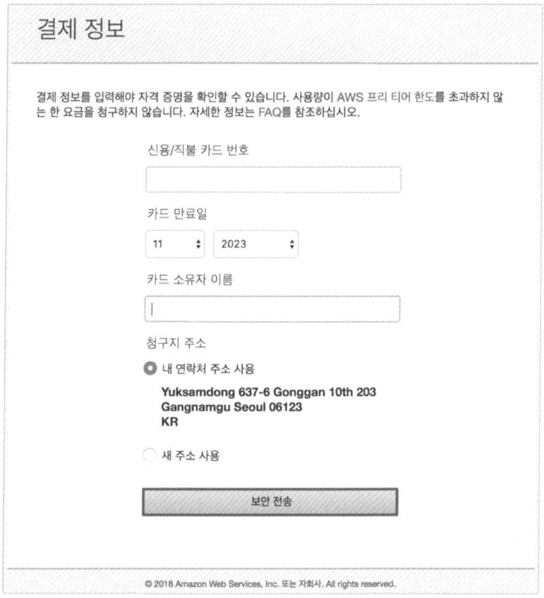

> [그림 05-46] 결제 정보

다음은 전화번호 확인 단계입니다. 전화번호를 입력하고 [지금 전화하기] 버튼을 클릭하면 ARS 전화가 걸려 옵니다. 화면에 나타나는 인증 코드를 입력해 전화번호를 인증합니다.

> [그림 05-47] 전화번호 확인

전화번호 인증을 완료하면 [계속] 버튼을 클릭합니다.

> [그림 05-48] 전화 번호 인증 성공

지원 플랜을 선택합니다. 개발자 플랜이나 비즈니스 플랜을 선택하면 문제가 생겼을 때 빠른 지원을 받을 수 있습니다. 회사에서 사용하신다면 고려해 보시는 것도 좋습니다. 지금은 [무료] 버튼을 클릭합니다.

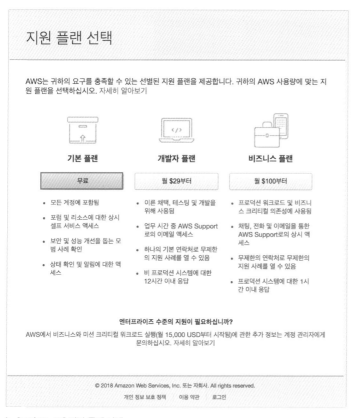

> [그림 05-49] 지원 플랜 선택

모든 절차를 끝냈습니다. [콘솔에 로그인] 버튼을 클릭해 콘솔에 로그인 합시다.

> [그림 05-50] 최종 화면

5.6.2 S3 버킷(Bucket) 생성

S3는 버킷이란 단위로 서비스를 이용할 수 있습니다. S3에서 버킷을 생성해보도록 하겠습니다.
아마존에 로그인해서 위쪽에 있는 서비스 메뉴를 클릭하고 스토리지 -> S3를 클릭합니다.

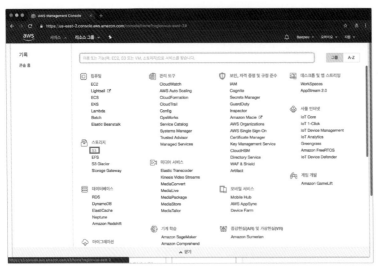

> [그림 05-51] S3 서비스로 이동

S3 메인 화면으로 이동하면 [버킷 만들기] 버튼을 클릭합니다.

> [그림 05-52] S3 메인

버킷 만들기 창이 나타나면 버킷이름을 입력합니다. 필자는 [dstagram]이라고 입력했습니다. 그리고 리전은 꼭 아시아 태평양 서울을 선택하세요. [다음] 버튼을 클릭합니다.

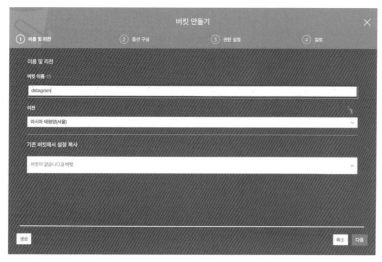

> [그림 05-53] 버킷 만들기

옵션 구성 화면은 변경 없이 [다음] 버튼을 클릭합니다.

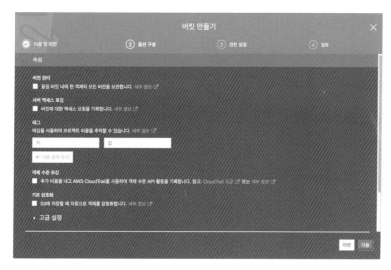

> [그림 05-54] 옵션 구성

권한 설정에서는 이 버킷의 퍼블릭 ACL(액세스 제어 목록) 관리 부분의 체크 두개를 모두 해제하고 [다음] 버튼을 클릭합니다.

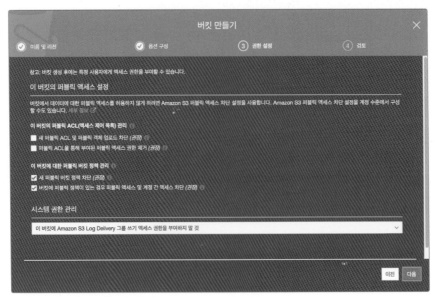

> [그림 05-55] 권한 설정

검토창에서는 전체 내용을 한번 확인하고 [버킷 만들기] 버튼을 클릭합니다.

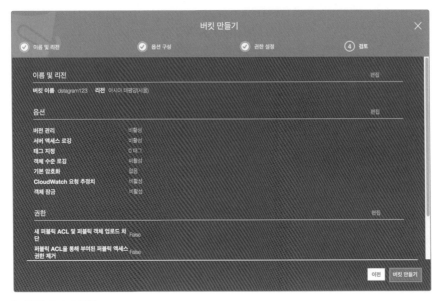

> [그림 05-56] 검토

버킷 목록에 방금 만든 버킷이 나타납니다. 이제 API 권한을 설정하겠습니다.

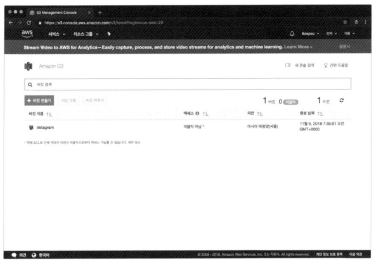

> [그림 05-57] 버킷 목록

5.6.3 IAM 설정하기

아마존은 보안 정책이 강력해서 어떤 기능이던지 개별적으로 권한을 부여해서 사용할 수 있습니다. S3를 이용하기 위한 권한을 만들어 보겠습니다.

상단 메뉴에서 서비스 버튼을 클릭하고 보안, 자격 증명 및 규정 준수 -> IAM을 클릭합니다.

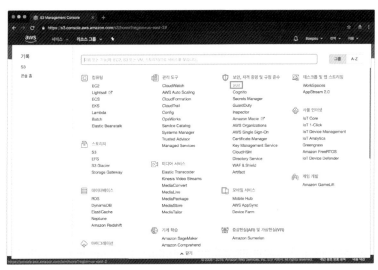

> [그림 05-58] IAM 서비스로 이동

IAM 페이지로 이동하면 왼쪽에 있는 [사용자] 버튼을 클릭합니다.

❯ [그림 05-59] IAM 메인

방금 가입했기 때문에 사용자가 아무도 없습니다. 위쪽에 있는 [사용자 추가] 버튼을 클릭합니다.

❯ [그림 05-60] 사용자 화면

사용자 추가 화면으로 이동하면 사용자 이름을 입력하고 엑세스 유형은 프로그래밍 방식 엑세스에 체크 합니다. [다음: 권한] 버튼을 클릭합니다.

> [그림 05-61] 사용자 추가 화면

사용자에게 권한을 부여하기 위해 그룹을 만들어야 합니다. [그룹 생성] 버튼을 클릭합니다.

> [그림 05-62] 그룹 선택

그룹 이름을 입력하고 정책 필터에 s3라고 입력하면 나오는 목록에서 AmazonS3FullAccess에 체크하고 [그룹 생성] 버튼을 클릭합니다.

> [그림 05-63] 그룹 생성

그룹 생성이 완료되고 자동으로 방금 만든 그룹이 선택되어 있습니다. [다음: 검토] 버튼을 클릭합니다.

> [그림 05-64] 그룹 선택 화면

내용을 확인하고 [사용자 만들기] 버튼을 클릭합니다.

> [그림 05-65] 검토

사용자 생성을 완료했습니다. 마지막 페이지에 나오는 엑세스 키는 다시는 확인할 방법이 없습니다. 위쪽에 있는 csv 다운로드 버튼을 클릭해 파일로 다운로드 해둡니다. 이제 아마존에서 설정할 것들은 다 했습니다. 파이참에서 소스를 수정해 봅시다.

> [그림 05-66] 엑세스 키 확인

5.6.4 S3 연동하기

S3를 프로젝트에 연동하기 위해서는 모듈을 설치해야 합니다.

boto3는 아마존 S3를 사용할 수 있도록 하는 모듈입니다. 다음 명령을 입력해 설치 합니다.

```
$ pip install boto3
```

django-storages는 장고에서 다양한 저장소를 사용할 수 있게 해주는 모듈입니다. 다음 명령을 입력해 설치 합니다.

```
$ pip install django-storages
```

설치한 모듈들을 이용하기 위한 정보를 settings.py에 입력하겠습니다.

코드 05-39   config/settings.py

```
INSTALLED_APPS = [
    'django.contrib.admin',
    'django.contrib.auth',
    'django.contrib.contenttypes',
    'django.contrib.sessions',
    'django.contrib.messages',
    'django.contrib.staticfiles',
    'photo',
    'accounts',
    'disqus',
    'django.contrib.sites',
    'storages',
]
```

INSTALLED_APPS에 storages를 추가합니다.

```
AWS_ACCESS_KEY_ID = 'user key'
AWS_SECRET_ACCESS_KEY = 'user secretkey'
AWS_REGION = 'ap-northeast-2'
AWS_STORAGE_BUCKET_NAME = 'dstagram'
AWS_S3_CUSTOM_DOMAIN = '%s.s3.%s.amazonaws.com' % (AWS_STORAGE_BUCKET_NAME,
AWS_REGION)
AWS_S3_OBJECT_PARAMETERS = {
    'CacheControl': 'max-age=86400',
}


DEFAULT_FILE_STORAGE = 'config.asset_storage.MediaStorage'
```

AWS_ACCESS_KEY_ID와 AWS_SECRET_ACCESS_KEY 두가지는 방금 아마존에서 다운로드 받은 csv 파일에 있는 내용을 입력합니다. AWS_STORAGE_BUCKET_NAME도 각자 설정한 이름으로 입력합니다. 마지막에 있는 DEFAULT_FILE_STORAGE는 '다음에 만들 MediaStorage라는 클래스를 통해 파일 저장소를 사용하겠다'라는 의미입니다.

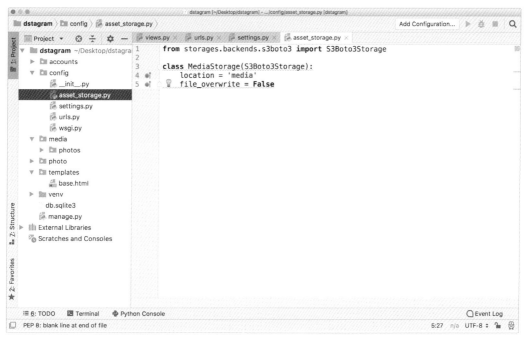

> [그림 05-67] asset_storage.py 파일 만들기

config 폴더에 asset_storage.py라는 파일을 만든 후 다음 코드를 입력합니다.

코드 05-41   config/asset_storage.py

```python
from storages.backends.s3boto3 import S3Boto3Storage

class MediaStorage(S3Boto3Storage):
    location = 'media'
    file_overwrite = False
```

boto3 모듈을 사용해서 아마존 S3 이용할 수 있게 됐습니다. 이제 불필요한 설정을 제거하겠습니다.

코드 05-42   config/urls.py

```python
from django.conf.urls.static import static
from django.conf import settings

urlpatterns += static(settings.MEDIA_URL, document_root=settings.MEDIA_ROOT)
```

urls.py에 있는 미디어 파일 관련 추가 코드를 삭제 합니다. 모든 코드를 수정했으면 새로 사진을 업로드해 잘 동작하는지 확인해 봅시다. 새로 파일을 업로드 하고 잘 나타난다면 성공입니다!

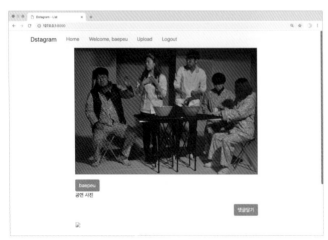

> [그림 05-68] S3에 업로드된 이미지

업로드 한 이미지는 S3 서비스 페이지에서도 확인할 수 있습니다.

> [그림 05-69] S3 서비스 페이지

이제 이미지 서버도 설정했으니 배포를 해보도록 합시다!

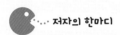 **···· 저자의 한마디**

기존에 업로드했던 이미지들은 S3에 없기 때문에 깨져서 나옵니다. 물론 나중에 실제 웹 서비스를 제작할 때는 미리 S3를
설정할테니 그럴일은 없을 것입니다. 하지만 개발자라면 탐구 정신이 있어야겠지요. 인터넷에 있는 자료들을 검색해 기존
에 있던 이미지들을 S3에 업로드 하는 파이썬 코드를 작성해 보세요.

5.7 **배포하기 - 헤로쿠(Heroku)**

헤로쿠는 다양한 언어와 프레임워크를 지원하는 클라우드 서비스입니다. 이번 웹 서비스는 헤로쿠에 배포 해보겠습니다.

5.7.1 헤로쿠 가입하기

헤로쿠(https://www.heroku.com) 사이트에 접속합니다. 화면 중앙에 있는 [GET STARTED FOR FREE] 버튼을 클릭합니다.

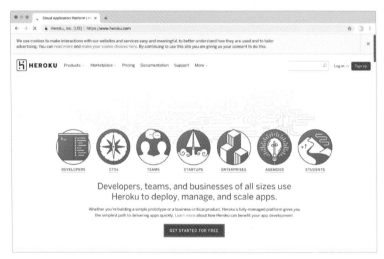

> [그림 05-70] 헤로쿠 메인 화면

계정 정보를 입력하는 화면이 나타나면 적절히 입력하고 [CREATE FREE ACCOUNT] 버튼을 클릭합니다.

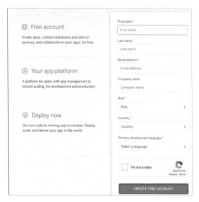

> [그림 05-71] 계정 정보 입력

다음 단계에서는 이메일 인증을 해달라는 메시지가 나타납니다. 이메일 인증을 위해 본인의 메일함을 확인해 봅시다.

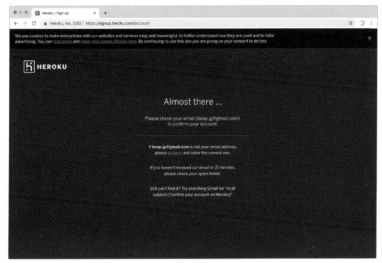

> [그림 05-72] 이메일 인증 요청

헤로쿠에서 인증 이메일이 와있습니다. 인증 링크를 클릭해 인증을 수행합니다.

> [그림 05-73] 인증 이메일

인증 링크를 클릭하면 비밀번호 설정 화면이 나타납니다. 비밀번호를 입력하고 [SET PASS-WORD AND LOG IN] 버튼을 클릭합니다.

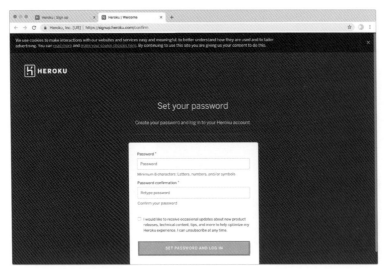

> [그림 05-74] 비밀번호 설정

가입 절차가 끝났습니다. [CLICK HERE TO PROCEED] 버튼을 클릭합니다.

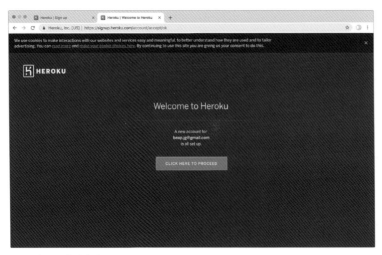

> [그림 05-75] 가입 완료

5.7.2 헤로쿠 툴킷 설치

헤로쿠도 깃처럼 툴을 설치하고 소스코드를 업로드 해야합니다. 툴 킷을 설치해보겠습니다.

5.7.2.1 맥(Mac OS)에 툴 킷 설치

헤로쿠 툴 킷 다운로드 페이지(https://devcenter.heroku.com/articles/heroku-cli#download-and-install)에 접속 합니다. Download and install 부분에서 [Download the installer] 버튼을 클릭합니다.

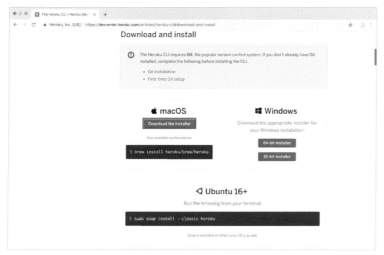

> [그림 05-76] 헤로쿠 툴 킷 다운로드 페이지

다운로드한 패키지를 실행합니다. 안내 메시지를 확인하고 [계속] 버튼을 클릭합니다.

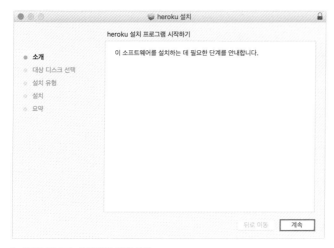

> [그림 05-77] 설치 파일 실행 화면

설치할 디스크를 선택하고 [계속] 버튼을 클릭합니다.

> [그림 05-78] 대상 디스크 선택

설치 유형 부분에서는 별다른 옵션이 없으므로 [설치] 버튼을 클릭합니다.

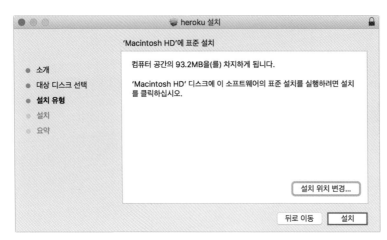

> [그림 05-79] 설치 유형

사용자 암호 입력 창이 나타나면 암호를 입력하고 [소프트웨어 설치] 버튼을 클릭합니다.

> [그림 05-80] 사용자 암호 입력

설치가 진행됩니다. 설치가 완료될 때 까지 기다립니다.

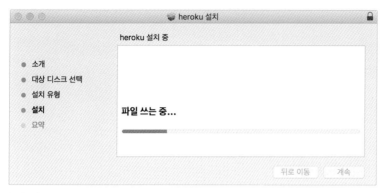

> [그림 05-81] 설치 진행

설치가 완료되면 [닫기] 버튼을 누릅니다.

> [그림 05-82] 설치 완료

설치 프로그램을 휴지통으로 이동하겠느냐는 메시지가 나타납니다. [휴지통으로 이동] 버튼을 클릭합니다.

> [그림 05-83] 설치 프로그램 삭제

설치가 잘 되었는지 확인하기 위해서 터미널을 열고 다음 명령을 입력합니다.

```
$ heroku --version
```

버전명 출력되면 설치가 잘 된 것입니다.

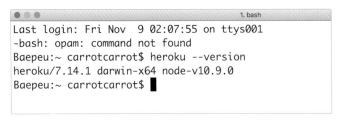

```
Last login: Fri Nov  9 02:07:55 on ttys001
-bash: opam: command not found
Baepeu:~ carrotcarrot$ heroku --version
heroku/7.14.1 darwin-x64 node-v10.9.0
Baepeu:~ carrotcarrot$
```

> [그림 05-84] 헤로쿠 설치 확인

5.7.2.2 윈도우(Windows)에 툴 킷 설치

헤로쿠 툴 킷 다운로드 페이지(https://devcenter.heroku.com/articles/heroku-cli#download-and-install)에 접속 합니다. Download and install 부분에서 [64 bit installer] 버튼을 클릭합니다.

> [그림 05-85] 헤로쿠 툴 킷 다운로드 페이지

다운로드 받은 exe 파일을 실행합니다. 혹시 PC 보호 메시지가 나타난다면 [추가 정보]를 클릭합니다.

> [그림 05-86] PC 보호 알림

추가 정보 화면에서 [실행] 버튼을 클릭합니다.

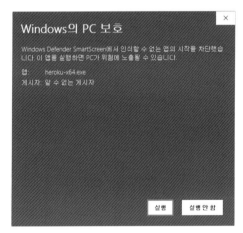

> [그림 05-87] 추가 정보 화면

사용자 계정 컨트롤 창이 나타나면 [예] 버튼을 클릭합니다.

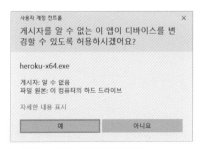

> [그림 05-88] 사용자 계정 컨트롤

설치 프로그램이 실행되면 컴포넌트 옵션이 나타납니다. 기본으로 두고 [Next 〉] 버튼을 클릭합니다.

> [그림 05-89] 컴포넌트 선택

설치 위치 선택 창이 나타납니다. 기본으로 두고 [Install] 버튼을 클릭합니다.

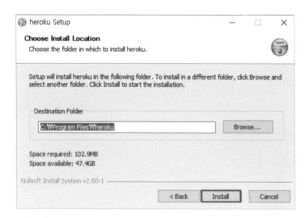

> [그림 05-90] 설치 위지 지정

파일 복사와 함께 설치가 진행됩니다. 잠시만 기다려 주세요.

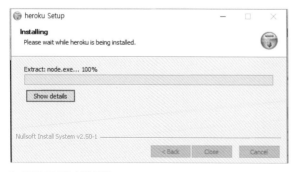

> [그림 05-91] 설치 진행

설치가 완료되었습니다. [Close] 버튼을 클릭합니다.

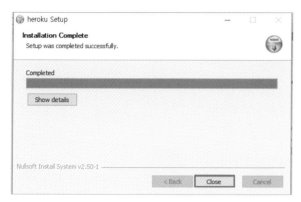

> [그림 05-92] 설치 완료

설치가 제대로 되었는지 확인하기 위해 명령 프롬프트를 실행하고 다음 명령을 입력합니다.

```
$ heroku —version
```

버전명이 출력되면 설치가 잘 된것입니다.

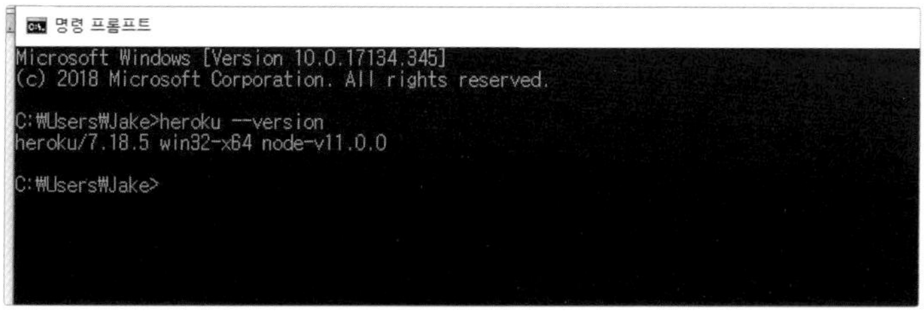

```
Microsoft Windows [Version 10.0.17134.345]
(c) 2018 Microsoft Corporation. All rights reserved.

C:\Users\Jake>heroku --version
heroku/7.18.5 win32-x64 node-v11.0.0

C:\Users\Jake>
```

> [그림 05-93] 툴 킷 설치 확인

5.7.2.3 프로젝트에 추가 모듈 설치

헤로쿠에서 기본으로 사용되는 몇 가지 모듈을 추가로 설치하겠습니다. 설치를 하지 않고 파일
로 목록만 작성해도 되지만 정확히 최신 버전을 적용하기 위해서 설치 후 목록을 만들겠습니다.

```
$ pip install dj-database-url
```

dj-database-url은 데이터베이스 환경 변수를 설정할 수 있게 도와주는 유틸리티입니다.

```
$ pip install gunicorn
```

gunicorn은 WSGI 미들웨어입니다.

```
$ pip install whitenoise
```

whitenoise는 정적 파일의 사용을 돕는 미들웨어입니다.

```
$ pip install psycopg2-binary
```

psycopg2는 PostgreSQL 사용을 위한 모듈입니다.

네 가지의 추가 모듈을 다 설치했다면 프로젝트에 설치된 모든 모듈의 목록을 파일로 만들겠습니다.

```
$ pip freeze > requirements.txt
```

명령을 실행하면 requirements.txt 파일이 생성되고 그 안에는 프로젝트에 사용된 모듈을 목록이 들어있습니다.

dj_database_url 사용을 위해 임포트 합니다.

코드 05-43   config/settings.py

```
import dj_database_url
```

배포를 위해 디버그 모드를 변경하고 호스트도 설정합니다.

코드 05-44   config/settings.py

```
DEBUG = False

ALLOWED_HOSTS = ['*']
```

dj_database_url을 사용해 데이터베이스 옵션을 추가합니다. 옵션은 DATABASES 변수 이후에 추가해야 합니다.

코드 05-45　config/settings.py

```python
DATABASES['default'].update(dj_database_url.config(conn_max_age=500))
```

정적 파일 사용을 위해 미들웨어를 추가하고 STATIC_ROOT 변수를 설정합니다.

코드 05-46　config/settings.py

```python
MIDDLEWARE = [
    'django.middleware.security.SecurityMiddleware',
    'django.contrib.sessions.middleware.SessionMiddleware',
    'django.middleware.common.CommonMiddleware',
    'django.middleware.csrf.CsrfViewMiddleware',
    'django.contrib.auth.middleware.AuthenticationMiddleware',
    'django.contrib.messages.middleware.MessageMiddleware',
    'django.middleware.clickjacking.XFrameOptionsMiddleware',
    'whitenoise.middleware.WhiteNoiseMiddleware',
]
```

whitenoise 미들웨어는 제일 아래에 추가해도 무방합니다.

코드 05-47　config/settings.py

```python
STATIC_ROOT = os.path.join(BASE_DIR,'staticfiles')
```

헤로쿠에 같이 업로드 해야하는 Procfile을 만들고 내용을 입력합니다. Procfile은 헤로쿠가 어떤 명령어로 우리가 업로드한 웹 서비스를 시작할 수 있는 알려주는 파일입니다.

코드 05-48　Procfile

```
web: gunicorn config.wsgi
```

runtime.txt는 어떤 파이썬 버전을 사용할지 지정하는 파일입니다.

코드 05-49　runtime.txt

```
python-3.7.0
```

모든 설정이 끝났습니다. 헤로쿠에 업로드할 일만 남았습니다.

5.7.2.4 헤로쿠에 업로드

헤로쿠에 업로드하는 작업은 헤로쿠 명령어와 깃 명령어를 사용해 진행합니다. 우선 헤로쿠에 로그인부터 하겠습니다.

```
$ heroku login
```

가입한 이메일과 비밀번호를 입력하면 로그인이 됩니다.

이제 깃 명령을 이용해 소스코드를 업로드 합니다. 우선 .gitignore 파일을 만들어 업로드 하지 않을 파일 목록을 만들겠습니다.

코드 05-50 .gitignore

```
*.pyc
*~
/venv
__pycache__
db.sqlite3
.DS_Store
```

깃으로 프로젝트 소스코드를 관리하기 위한 명령을 입력합니다.

```
$ git init
$ git add -A
$ git commit -m "heroku upload"
```

지난 장에서는 깃 허브에 리포지터리를 만들고 거기에 소스코드를 업로드 했었습니다. 헤로쿠도 비슷하게 진행하는데 다음 명령어를 입력해서 업로드할 공간을 만듭니다.

```
$ heroku create dstagram-django
```

저장소가 만들어졌다면 업로드 할 수 있습니다. push 명령어를 이용해 소스코드를 헤로쿠로 업로드 합시다.

```
$ git push heroku master
```

설정을 제대로 했다면 중간 오류 없이 업로드가 끝납니다. 헤로쿠는 업로드 함과 동시에 require-ments.txt를 참고로 모듈들을 설치하고 각종 설정을 자동으로 진행합니다.

5.7.2.5 헤로쿠 초기화

헤로쿠에 소스코드를 업로드 하면 데이터베이스를 초기화 해야 합니다. 다음 명령을 입력합니다.

```
$ heroku run python manage.py migrate
```

run 명령은 헤로쿠 환경에서 원하는 명령을 실행할 때 사용합니다. migrate를 실행하면 진행 상황이 터미널에 출력됩니다.

> [그림 05-94] migrate 실행

데이터베이스를 초기화 했으니 관리자 계정도 생성해보겠습니다.

```
$ heroku run python manage.py createsuperuser
```

createsuperuser 명령을 실행해 관리자 계정을 생성합니다. 관리자 계정을 생성했다면 사이트가 정상 동작하는지 확인해 봅시다.

```
$ heroku open
```

헤로쿠에 배포한 사이트가 열립니다. 그럼 모든 기능이 정상적으로 동작하는지 확인해 봅시다. 최종적으로 이미지도 업로드를 해보고 목록 화면에 잘 나타나는지 확인합니다.

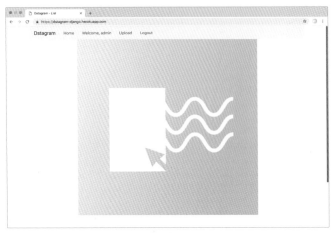

> [그림 05-95] 헤로쿠에 배포 후 이미지 업로드

5.8 마무리 하며 ────────────────

헤로쿠는 특별한 서버 작업이 필요 없는 편리한 서비스입니다. 파이참에서 몇 가지 설치하고 파일만 작성해 주면 업로드 하면서 자동으로 처리해 주는 것을 확인했습니다. 또 유료 서비스도 크게 비싸지 않고 무료 서비스도 사양이 많이 나쁘지는 않습니다. 헤로쿠와 비슷한 다른 서비스를 찾는다면 어떻게 배포할 수 있을지 자료를 찾아보면서 연습해 봅니다. 다양한 환경에 배포를 경험해 보는 것이 실무에서도 큰 도움이 되기 때문에 꾸준히 익혀두시는 것이 좋습니다.

───────────────────────────────

이번 장에서 서비스를 만들면서 부족한 점이 무엇이 있다고 느끼셨나요? 부족한 기능을 찾으셨다면 하나씩 추가해 가면서 업그레이드 해보세요. 오프라인 수강생 중에 한분은 이 웹 서비스를 거의 인스타그램과 비슷한 수준까지 기능을 추가해서 포트폴리오로 활용하고 계십니다. 여러분도 충분히 하실 수 있습니다. 장고에 어떤 기능이 있는가를 배워 가는 것보다 만들고 싶은 기능이 있을 때 장고로 어떻게 구현할지 고민하는 것이 여러분이 더 빠르게 장고를 습득하는 지름길입니다.

#6 실전 프로젝트 - 쇼핑몰

마지막 실전 프로젝트는 쇼핑몰입니다. 쇼핑몰은 오프라인 수업에도 필수로 다루는 내용입니다. 왜냐하면 현존하는 대부분의 서비스들은 쇼핑몰 형태를 갖고 있기 때문입니다. 어떤 서비스를 이용할 때는 꼭 결제가 필요합니다. 이 결제 서비스를 사용해야 하는 서비스들이라면 쇼핑몰 형태로부터 크게 벗어나지 않습니다. 이번 장에서 쇼핑몰 만드는 법을 배우고 결제 붙이는 방법까지 배우고나면 여러분은 만들고자 하는 어떤 서비스든지 만드실 수 있게 되실겁니다.

6.1 기능 살펴보기

이번 장에서 만들 쇼핑몰 화면을 하나씩 살펴보겠습니다.

❶ product_in_category : 제품 목록입니다. 카테고리를 선택하지 않으면 전체 제품 목록이 나타나고, 카테고리를 선택하면 해당 카테고리 제품만 출력됩니다.

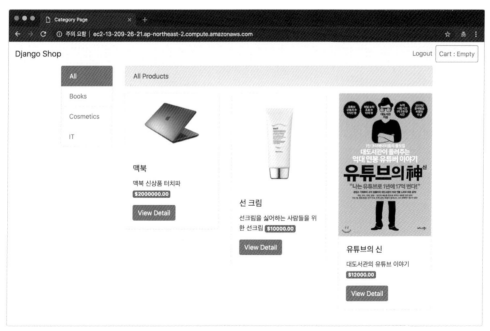

› [그림 06-01] 전체 제품 목록

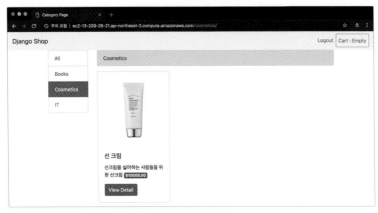

> [그림 06-02] 카테고리 선택시 목록

❷ product_detail : 제품 상세 화면입니다. 제품에 관련된 정보를 보여주고 수량을 결정해 장바구니에 담을 수 있습니다.

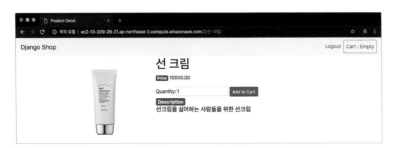

> [그림 06-03] 제품 상세

❸ detail : 장바구니 페이지입니다. 장바구니에 담겨있는 제품을 보여주고 수량을 조절할 수 있습니다. 또 쿠폰 기능을 사용하면 할인을 적용할 수도 있습니다.

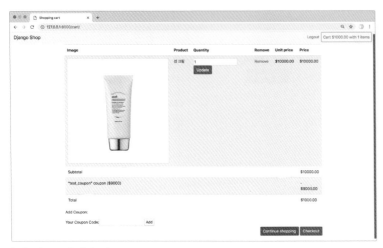

> [그림 06-04] 장바구니

❹ order_create : 주문하기 페이지입니다. 주문자와 주소 등을 입력하고 [Place Order] 버튼을 클릭하면 실제 결제 창이 나타납니다.

> [그림 06-05] 주문

❺ 결제 : 아임포트를 이용한 결제입니다. 자바스크립트를 이용해 페이지 이동없이 결제를 진행하도록 만들어 봅니다.

> [그림 06-06] 아임포트 결제

❻ order_complete : 결제 완료 페이지입니다. 실제 결제를 마치고나면 이동하는 페이지로 결제가 잘 되었음을 알려주고 주문 번호를 출력합니다.

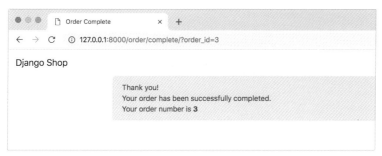

> [그림 06-07] 결제 완료

❼ 주문 목록 : 관리자 페이지에 있는 주문 목록입니다. 다양한 커스터마이징을 통해 쇼핑몰에 필요한 관리자 페이지로 만들어 보겠습니다.

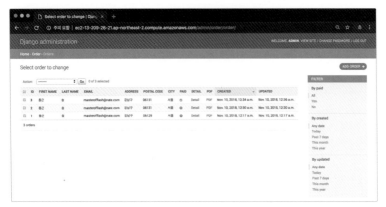

> [그림 06-08] 주문 목록

❽ export_to_csv : 관리자 페이지 기능 중 하나로 선택한 주문의 목록을 csv로 만들어 다운로드할 수 있는 기능입니다. 이 기능을 만들어 보면서 코드를 통해 생성한 파일을 자동으로 다운로드 되게 하는 방법을 알아봅니다.

> [그림 06-09] csv 파일

❾ admin_order_detail : 관리자 페이지의 주문 상세 화면입니다. 목록만 커스터마이징하는 것이 아니라 새로운 뷰도 작성해서 사용해 보겠습니다.

> [그림 06-10] 주문 상세

❿ admin_order_pdf : PDF 주문서 생성 기능입니다. 해외 쇼핑몰에서는 많이 활용하는 기능으로 택배 발송시 제품과 함께 넣어주는 용도나 사용자가 주문 상세를 확인할 수 있도록 메일로 발송해주기도 합니다.

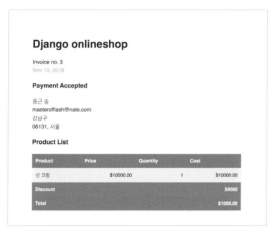

> [그림 06-11] PDF 주문서 생성

⓫ 소셜 로그인 기능 : 지난 장에서는 기본 로그인 기능을 사용했습니다. 이번 장에서는 기본 로그인 대신 소셜 로그인 기능을 어떻게 구현할 수 있는지 살펴보겠습니다.

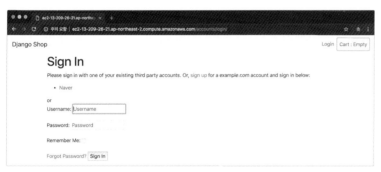

> [그림 06-12] 로그인

지난 어떤 장들에 비해서도 월등히 많은 기능을 구현해야 합니다. 쇼핑몰의 모든 기능을 다 구현해 보는 것은 아니지만 꼭 필요하다고 생각하는 중요한 기능들을 추려서 예제를 만들어 보았습니다. 이번 장의 내용을 잘 습득하시면 어떤 서비스를 만들더라도 두렵지 않으실 겁니다.

프로젝트 만들기 ───────────────

프로젝트 이름 설정, 가상 환경 설정을 하고 프로젝트를 만들어 보겠습니다.

───

파이참을 실행하고 환영 화면에서 [Create New Proejct] 버튼을 클릭해 새로운 프로젝트를 만
듭니다.

> [그림 06-13] 파이참 환영 화면

프로젝트 이름은 onlineshop으로 설정하고 가상 환경 설정도 확인합니다. [Create] 버튼을 클릭
해 프로젝트 생성을 마무리 합니다.

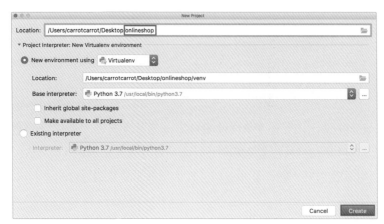

> [그림 06-14] 프로젝트 생성하기

다음 명령어를 입력해 가상 환경 내에 장고를 설치 합니다.

```
$ pip install django
```

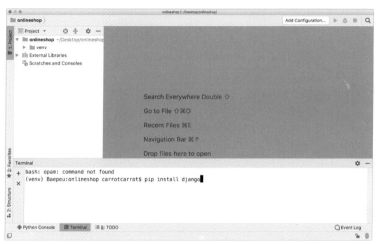

> [그림 06-15] 장고 설치하기

장고 설치를 마치면 다음 명령어를 입력해 장고 프로젝트를 만듭니다.

```
$ django-admin startproject config .
```

> [그림 06-16] 장고 프로젝트 만들기

프로젝트까지 만들고 데이터베이스는 초기화 하지 않습니다. 다음 장에서 데이터베이스 설정을 마친 후에 나머지를 진행하도록 합시다.

6.3 데이터베이스 설정하기

이번 장에서는 기존의 SQLite 대신 MySQL을 사용할 것입니다. 지난 장에서 가입했었던 아마존 웹 서비스의 RDS 서비스를 사용해 데이터베이스 서버를 만들고 연결해 보겠습니다.

데이터베이스를 만들기에 앞서 AWS는 세계 각 리전이라고 부르는 지역마다 서버센터를 별도로 두고 있습니다. 본인이 살고 있는 지역과 가까울수록 서버의 응답 속도가 높기 때문에 리전을 아시아 태평양(서울)로 설정하고 시작하겠습니다.

상단 메뉴에 있는 사용자명 옆에 리전 이름을 누르면 목록이 나타납니다. 이 목록에서 [아시아 태평양(서울)]을 클릭합니다.

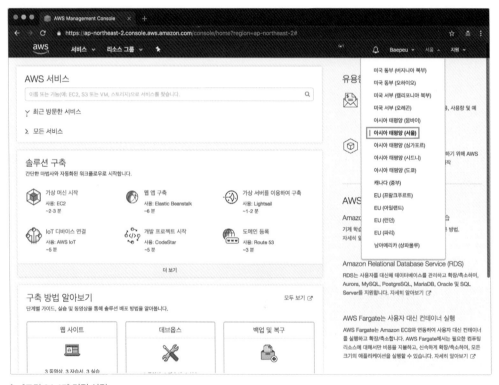

> [그림 06-17] 리전 설정

그러면 지역이 변경됩니다. 이제 RDS 서비스로 이동하겠습니다. 상단의 서비스 메뉴를 클릭하고 [데이터베이스 -> RDS]를 클릭합니다.

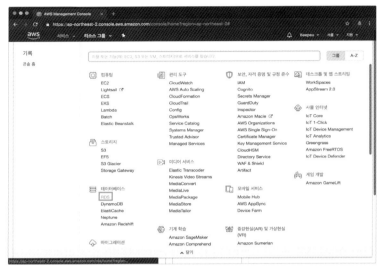

> [그림 06-18] RDS 서비스로 이동

6.3.1 AWS에서 RDS 파라미터 그룹 만들기

RDS는 AWS의 관계형 디비 서비스입니다. 각 가상 서버 단위를 인스턴스라고 부르는데 MySQL을 사용하기 위해서는 인스턴스를 하나 만들어야 합니다. 이 때 MySQL 옵션을 사전에 설정해둔 것을 파라미터 그룹이라고 하는데 데이터베이스에서 한글을 지원하도록 설정하기 위해 파라미터 그룹을 생성하도록 하겠습니다.

RDS 서비스로 이동한 후 왼쪽 메뉴에서 [파라미터 그룹]을 클릭합니다.

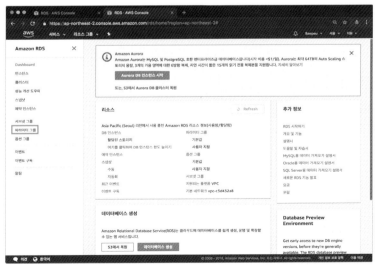

> [그림 06-19] RDS 메인 페이지

파라미터 그룹 목록 페이지가 열리면 오른쪽 위에 있는 [파라미터 그룹 생성] 버튼을 클릭합니다.

> [그림 06-20] 파라미터 그룹 목록

파라미터 그룹 생성 화면으로 이동하면 파라미터 그룹 패밀리를 [mysql5.7]로 선택하고 그룹 이름은 [onlineshop]으로 입력합니다. 입력을 마치고 [생성] 버튼을 클릭합니다.

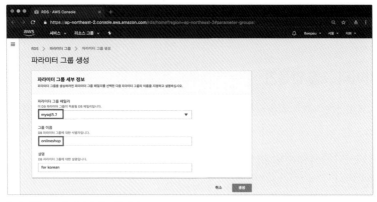

> [그림 06-21] 파라미터 그룹 생성

파라미터 그룹을 생성했으면 옵션 값들을 변경해야 합니다. 파라미터 그룹 목록에서 방금 생성한 onlineshop을 클릭합니다.

> [그림 06-22] 파라미터 그룹 생성 완료

그럼 파라미터 목록을 볼 수 있습니다. 위쪽에 있는 검색창에 [character]라고 입력하면 문자열 관련 설정만 골라볼 수 있습니다. 이 상태에서 [파라미터 편집] 버튼을 클릭합니다.

> [그림 06-23] 파라미터 목록

편집 상태로 바뀌면 파라미터 값들을 바꿀 수 있습니다. 값이 숫자인 파라미터를 제외하고 utf8을 선택할 수 있는 파라미터들은 모두 utf8을 선택해 변경합니다. 변경을 다 했다면 [변경 사항 저장] 버튼을 클릭해 저장합니다.

> [그림 06-24] 파라미터 편집

6.3.2 RDS 인스턴스 생성

이제 만들어둔 파라미터 그룹을 적용한 RDS 인스턴스를 만들어 보겠습니다. 왼쪽 메뉴에서 [인스턴스]를 클릭합니다.

> [그림 06-25] RDS 인스턴스 목록

인스턴스 목록 화면이 나타나면 오른쪽 위에 있는 [데이터베이스 생성] 버튼을 클릭합니다.

엔진 종류는 MySQL을 선택하고, 아래쪽에 있는 프리티어 옵션만 사용에 체크합니다. [다음 단계]를 클릭합니다.

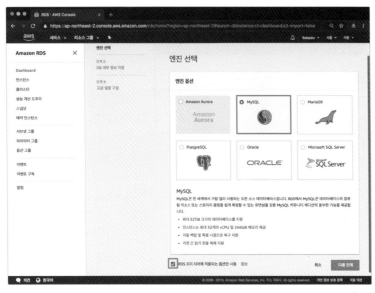

> [그림 06-26] 엔진 종류

DB 세부 정보 지정 화면에서는 DB 엔진 버전을 MySQL 5.7.x 대로 선택합니다. 기존에 만들어 둔 파라미터 그룹이 MySQL 5.7 버전용이기 때문입니다.

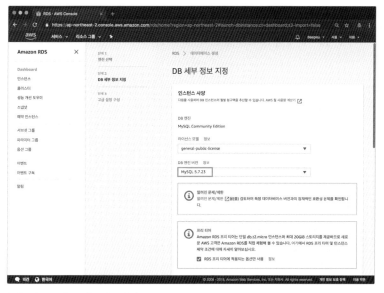

> [그림 06-27] DB 세부 정보 지정

아래쪽으로 내려와 설정 부분에서는 DB 인스턴스 이름과 관리자 계정을 설정할 수 있습니다. 적절히 입력합니다. 여기서 입력한 관리자 이름과 비밀번호는 기억해 두셔야 장고 프로젝트에 설정할 수 있습니다. [다음 단계]를 클릭합니다.

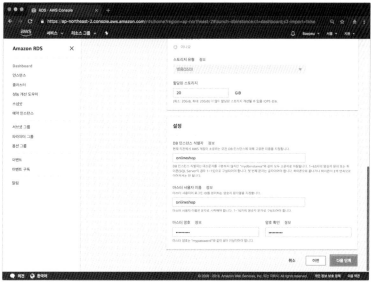

> [그림 06-28] 설정

고급 설정 구성에서는 퍼블릭 엑세스 가능성을 [예]로 설정합니다. AWS 외부 네트워크에서 데이
터베이스에 접근할 수 있게 하는 옵션입니다. 현재는 로컬 컴퓨터에서 작업하기 때문에 이 옵션
이 필요합니다. 배포 이후에는 필요 없는 옵션입니다.

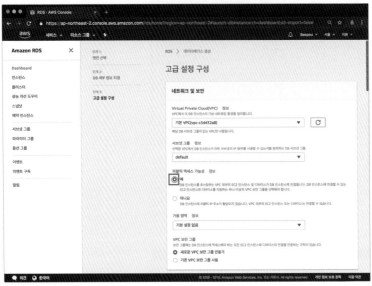

> [그림 06-29] 고급 설정 구성

아래쪽에 데이터베이스 옵션 부분에서는 데이터베이스 이름을 설정합니다. 이 값도 기억해 두셔
야 합니다. 그리고 파라미터 그룹은 미리 만들어 둔 onlineshop으로 선택합니다.

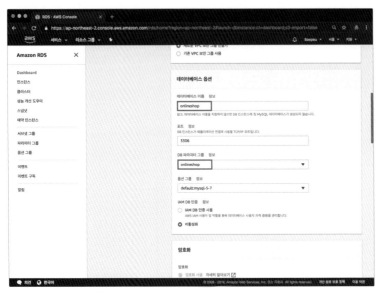

> [그림 06-30] 데이터베이스 옵션

백업 옵션은 백업 보존 기간을 0일로 설정합니다. 이렇게 하면 백업을 하지 않습니다. 데이터베이스에서는 백업이 중요하기 때문에 상용서비스에서는 7일 이상으로 설정해 두는 것이 좋습니다. 백업 보존 기간이 길어지면 요금이 발생하기 때문에 우리는 0으로 설정해 요금이 발생하지 않도록 합시다.

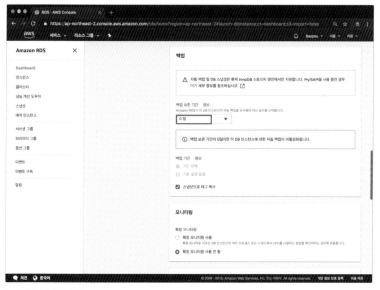

> [그림 06-31] 백업

유지 관리 옵션을 보면 데이터베이스 버전을 자동으로 업데이트 하도록 할 수 있는 것을 알 수 있습니다. 그만큼 RDS를 사용하면 데이터베이스 관리 하는데 드는 노력이 줄어듭니다. 왜 클라우드 서비스를 사용하는지 알 수 있는 부분입니다. [데이터베이스 생성]을 클릭합니다.

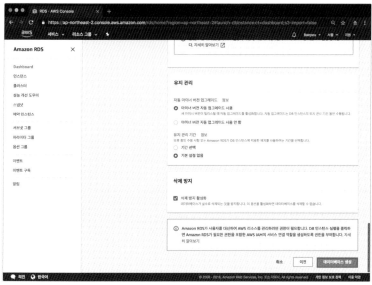

> [그림 06-32] 유지 관리

데이터베이스 인스턴스 생성을 마쳤습니다. 제대로 동작하려면 몇 분이 걸립니다. 그 사이에 보안 그룹 설정을 하도록 하겠습니다. [DB 인스턴스 세부 정보 보기]를 클릭합니다.

> [그림 06-33] 생성 완료

6.3.3 보안 그룹 설정하기

방금 생성한 인스턴스의 세부 정보 창으로 이동하면 다양한 정보를 볼 수 있습니다.

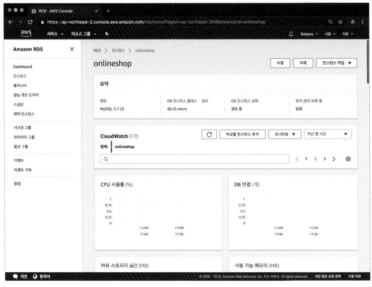

> [그림 06-34] 인스턴스 세부 정보

이 창에서 인스턴스의 리소스 사용률 등을 모니터링 할 수 있기 때문에 상용 서비스를 할 때는 수시로 확인하거나 모니터링 서비스를 이용합니다.

여기서 우리가 지금 살펴볼 부분은 보안 그룹입니다. 보안 그룹이란 해당 인스턴스에 접근할 수 있는 네트워크에 관한 설정입니다. 페이지를 스크롤해서 보안 그룹 이름을 확인합시다.

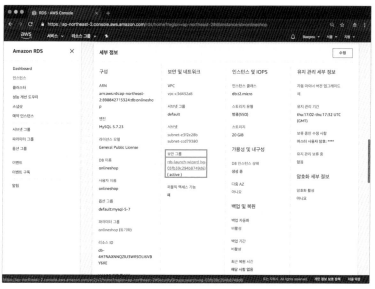

> [그림 06-35] 인스턴스 세부 정보 - 보안 및 네트워크

보안 및 네트워크에서 있는 보안 그룹 이름을 클릭할 수 있습니다. 이름을 클릭하면 보안 그룹 관련 설정 창으로 이동합니다.

보안 그룹 목록 페이지로 오면 필터가 걸려있는 상태입니다. 우리가 클릭한 데이터베이스 인스턴스가 속한 보안 그룹만 보입니다. 이 그룹을 선택하면 아래쪽에 인바운드와 아웃바운드를 설정할 수 있습니다.

인바운드는 어떤 IP 대역에서 인스턴스에 접근하도록 허용할 것인지 결정하는 부분입니다. 데이터베이스 인스턴스를 만들 때 새로 보안 그룹을 만드는 옵션이 기본입니다. 그래서 새로 만들어진 보안 그룹에는 현재 독자들의 IP에서만 데이터베이스에 접근하도록 등록되어 있습니다. 개발 단계에서는 이것이 좀 불편하기 때문에 전체 네트워크에서 접근할 수 있도록 편집하겠습니다.

인바운드 탭을 선택하고 [편집] 버튼을 클릭합니다.

> [그림 06-36] 보안 그룹 목록

인바운드 규칙 편집 창이 나타나면 [규칙 추가] 버튼을 누르고 유형은 MYSQL/Aurora 선택, 소
스는 위치 무관으로 선택합니다. 그러면 어디서나 데이터베이스에 접속할 수 있습니다. [저장] 버
튼을 클릭합니다.

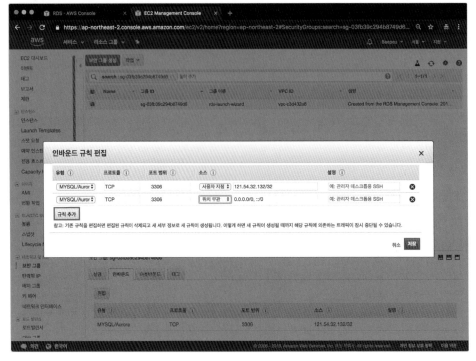

> [그림 06-37] 인바운드 규칙 편집

설정을 완료하면 인바운드 목록에 0.0.0.0과 ::0이 추가된 것을 확인할 수 있습니다. 여기서 주의할 점은 실제 웹 서비스를 배포할 때는 절대 이렇게 해서는 안된다는 점입니다. 꼭 접속이 필요한 서버 컴퓨터의 IP 대역만 추가하거나 같은 AWS 보안 그룹 내에서만 접근하도록 설정합니다.

> [그림 06-38] 보안 그룹 설정 완료

보안 그룹을 설정하는 동안 데이터베이스 인스턴스가 사용 가능한 상태가 되었습니다. 데이터베이스를 설정해 보겠습니다.

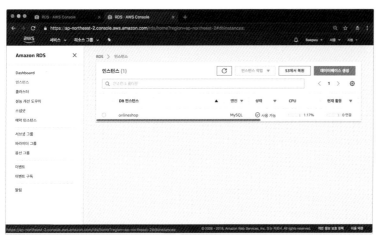

> [그림 06-39] 인스턴스 사용 가능

6.3.4 프로젝트에 데이터베이스 설정하기

우선 MySQL을 사용하기 위해 추가 모듈을 설치하겠습니다. 파이참을 열고 터미널에 다음 명령어를 입력합니다.

```
$ pip install pymysql
```

settings.py에 pymysql을 임포트 합니다. 그리고 MySQLdb 와의 호환을 위해 install_as_MySQLdb 함수를 호출합니다.

───
코드 06-01   config/settings.py

```python
import pymysql
pymysql.version_info = (1, 4, 2, "final", 0)
pymysql.install_as_MySQLdb()
```

MySQL을 사용하기 위한 몇 가지 커넥터가 있습니다. 그 중에 순수 파이썬으로 작성되어 편리하게 사용할 수 있는 것이 pymysql입니다. MySQL을 사용할 수 있게 모듈 설정을 했으니 프로젝트의 데이터베이스 설정을 변경합시다.

settings.py에 있는 DATABASES 변수의 값을 다음 코드를 참조하여 변경합니다. NAME, USER, PASSWORD는 데이터베이스 인스턴스를 만들 때 여러분이 설정한 값들입니다. 그대로 입력합니다.

───
코드 06-02   config/settings.py

```python
DATABASES = {
    'default': {
        'ENGINE': 'django.db.backends.mysql',
        'NAME': 'DB이름',
        'USER':'DB관리자 계정',
        'PASSWORD':'DB관리자 비밀번호',
        'HOST':'데이터베이스 엔드포인트',
        'PORT':'3306',
    }
}
```

HOST는 인스턴스의 엔드포인트를 입력해야 합니다. 엔드포인트를 확인하려면 데이터베이스 인스턴스의 상세 정보 페이지로 이동합니다.

> [그림 06-40] 데이터베이스 인스턴스 상세 - 연결

보이는 정보들 중 연결 부분으로 가면 엔드포인트 값을 확인할 수 있습니다. 이 값을 HOST에 붙여넣습니다.

데이터베이스 연결은 끝났습니다. migrate 명령을 이용해 데이터베이스를 초기화 합시다.

```
$ python manage.py migrate
```

그리고 createsuperuser 명령을 이용해 관리자 계정도 생성합니다.

```
$ python manage.py createsuperuser
```

아마존 인프라를 사용해서 데이터베이스 서버를 만들고 연결했습니다. 이제 지난 장에서 배웠던 내용을 활용하여 미디어 서버도 연결하겠습니다.

6.4 S3 미디어 서버 설정하기

데이터베이스 서버를 중앙화 하는 이유는 여러 웹 서버 인스턴스들간에 데이터를 공유해야 하기 때문입니다. 마찬가지로 공유해야 하는 파일들이 있기 때문에 별도의 파일 서버를 사용합니다. 지난 장에서는 미디어 파일들을 공유해 사용할 수 있도록 아마존 S3를 사용했습니다.

이번 절에서는 미디어 파일 뿐만 아니라 정적 파일들도 함께 공유해서 사용하도록 S3를 설정해 보도록 하겠습니다.

6.4.1 S3 설정

S3는 데이터베이스나 웹 서버처럼 인스턴스 단위로 사용하지 않고 버킷(Bucket) 단위로 사용합니다. 버킷을 새로 만들겠습니다.

AWS 상단 서비스 메뉴를 클릭하고 스토리지 -> S3를 클릭합니다.

> [그림 06-41] S3 메뉴 선택

S3 페이지 버킷 목록에서 [버킷 만들기] 버튼을 클릭합니다.

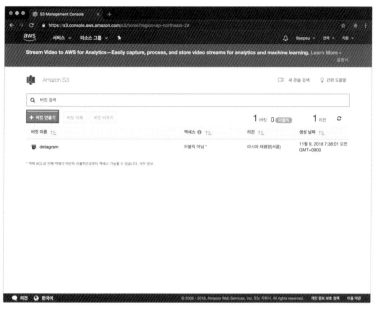

> [그림 06-42] S3 버킷 목록

버킷 만들기 창이 나타나면 버킷 이름을 적절히 설정합니다. 이것은 ID같아서 다른 사람과 겹치게 만들 수 없습니다. 리전은 서울로 선택하고 [다음] 버튼을 클릭합니다.

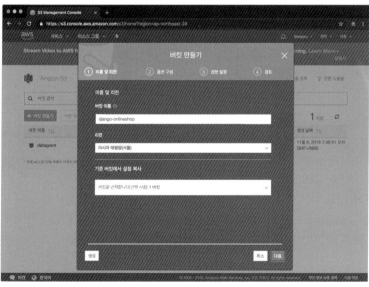

> [그림 06-43] 버킷 만들기

버킷 속성은 변경할 것이 없습니다. [다음] 버튼을 클릭합니다.

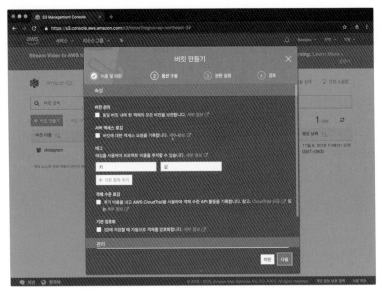

> [그림 06-44] 버킷 속성

권한 창에서도 변경없이 [다음] 버튼을 클릭합니다.

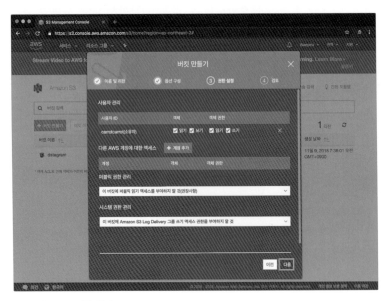

> [그림 06-45] 권한 설정

마지막 단계인 검토에서는 관련 내용을 살펴 보는 정도로 하고 [버킷 만들기] 버튼을 클릭합니다.

> [그림 06-46] 검토

버킷 생성이 완료되면 목록에 나타나는 것을 확인할 수 있습니다.

방금 만든 버킷을 장고에서 사용하기 위해서는 IAM에서 사용자 추가와 권한 설정이 필요합니다.

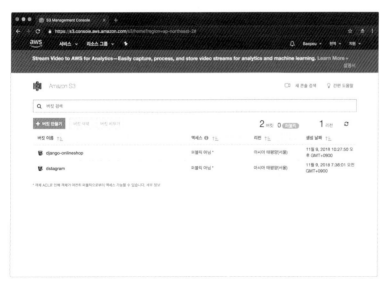

> [그림 06-47] 버킷 생성 완료

AWS 위쪽 메뉴에 있는 서비스를 클릭합니다. [보안, 자격 증명 및 규정 준수 -〉 IAM]을 클릭해
IAM 서비스로 이동합니다.

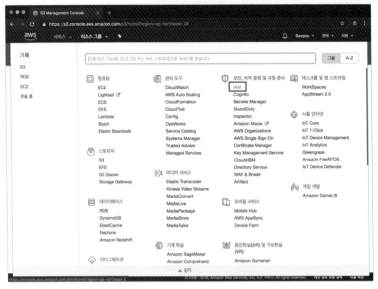

> [그림 06-48] IAM 메뉴 선택

IAM 서비스에서 [사용자]를 클릭합니다.

> [그림 06-49] IAM 대시보드

사용자 목록에서 [사용자 추가] 버튼을 클릭합니다.

> [그림 06-50] 사용자 목록

사용자 추가 화면에서 사용자 이름은 onlineshop으로 하고 액세스 유형은 [프로그래밍 방식 액세스]에 체크하고 [다음: 권한] 버튼을 클릭합니다.

> [그림 06-51] 사용자 추가

권한 부분에서는 이미 dstagram이 있지만 분리를 위해 새 그룹은 생성하겠습니다. [그룹 생성]
버튼을 클릭합니다.

> [그림 06-52] 권한 설정

그룹 이름은 onlineshop_s3로 하고 정책 필터에 s3라고 입력해 검색한 AmazonS3FullAccess를
선택하고 [그룹 생성] 버튼을 클릭합니다.

> [그림 06-53] 그룹 생성

생성된 그룹을 선택하고 [다음: 검토] 버튼을 클릭합니다.

> [그림 06-54] 그룹 선택

검토 화면에서 특별한 것이 없다면 [사용자 만들기] 버튼을 클릭해 생성을 마칩니다.

> [그림 06-55] 검토

사용자 추가에 성공했습니다. 액세스 키 파일을 다운로드 합니다. 발급받은 키를 가지고 미디어 파일이나 정적 파일을 위한 세팅을 진행하겠습니다.

> [그림 06-56] 사용자 추가 성공

6.4.2 정적 파일 관련 설정

장고 프로젝트에서 S3를 파일 저장소로 활용할 수 있게 두 개의 모듈을 설치합니다.

boto3는 S3를 사용하기 위한 모듈입니다.

```
$ pip install boto3
```

django-storages는 다양한 저장소를 사용하기 위한 모듈입니다.

```
$ pip install django-storages
```

이 두 개 모듈을 설치하면 django-storages를 통해 boto3를 이용한 저장소를 사용할 수 있고, 이 때 boto3를 이용해 아마존 S3를 저장소로 설정해 미디어 서버로 사용하는 것입니다.

```python
AWS_ACCESS_KEY_ID = 'IAM 액세스 키 ID'
AWS_SECRET_ACCESS_KEY = '비밀 액세스 키'
AWS_REGION = 'ap-northeast-2'
AWS_STORAGE_BUCKET_NAME = 'django-onlineshop'
AWS_S3_CUSTOM_DOMAIN = '%s.s3.%s.amazonaws.com' % (AWS_STORAGE_BUCKET_NAME,
AWS_REGION)
AWS_S3_OBJECT_PARAMETERS = {
    'CacheControl': 'max-age=86400',
}
AWS_DEFAULT_ACL = 'public-read'
AWS_LOCATION = 'static'


STATIC_URL = 'https://%s/%s/' % (AWS_S3_CUSTOM_DOMAIN, AWS_LOCATION)
STATICFILES_STORAGE = 'storages.backends.s3boto3.S3Boto3Storage'
```

AWS_XXX 류의 변수들은 boto3 모듈이 필요한 변수들입니다. 이 변수들을 가지고 AWS의 S3 관련 API를 가지고 파일을 관리합니다.

정적 파일 관련 설정은 끝났습니다. 로컬에 있는 정적 파일들을 S3로 업로드하기 위해서는 col-lectstatic 명령을 실행합니다. 이 명령을 실행하면 정적 파일을 한곳에 모으는 일을 하는데, 지금은 S3에 업로드 하는 방식으로 정적 파일을 모읍니다.

```
$ python manage.py collectstatic
```

정적 파일 모으기 작업이 끝났다면 S3 서비스 페이지에 가서 업로드 된 파일을 확인해 봅시다.

> [그림 06-57] S3 확인

django-onlineshop 버킷 내용을 보면 static 폴더가 있습니다. 그리고 그 안에 있는 파일과 폴더 목록을 확인해 보면 정적 파일 모으기 작업을 잘 수행한 것을 확인할 수 있습니다.

6.4.3 미디어 파일 관련 설정

미디어 파일도 S3에 업로드해 관리하기 위해서는 storages를 INSTALLED_APPS에 추가합니다.

코드 06-04   config/settings.py

```python
INSTALLED_APPS = [
    'django.contrib.admin',
    'django.contrib.auth',
    'django.contrib.contenttypes',
    'django.contrib.sessions',
    'django.contrib.messages',
    'django.contrib.staticfiles',
    'storages',
]
```

미디어 파일을 위한 파일 스토리지 설정을 위해 DEFAULT_FILE_STORAGE 변수에 커스텀 스토리지 클래스를 설정합니다.

코드 06-05   config/settings.py

```python
DEFAULT_FILE_STORAGE = 'config.asset_storage.MediaStorage'
```

커스텀 스토리지 클래스 경로를 config/asset_storage.py로 설정했으니 해당 경로에 파일을 만들고 MediaStorage 클래스를 생성합니다.

코드 06-06   config/asset_storage.py

```python
from storages.backends.s3boto3 import S3Boto3Storage
class MediaStorage(S3Boto3Storage):
    location = 'media'
    file_overwrite = False
```

미디어 파일 관련 설정도 마쳤습니다. 지금부터 업로드되는 이미지 파일들은 모두 S3에 업로드될 것입니다. 이미지 파일 업로드 테스트는 쇼핑몰에 상품을 업로드 하고 확인해 보도록 하겠습니다.

6.5 Shop 앱 만들기

shop 앱은 제품을 관리하기 위한 기능을 담당합니다. 상품과 카테고리를 설정하고 각 상품은 카테고리와 one-to-many 관계를 갖도록 설정할 것입니다

6.5.1 앱 만들기

startapp 명령을 이용해 shop 앱을 생성합니다.

```
$ python manage.py startapp shop
```

생성한 앱을 settings.py에 추가 합니다.

코드 06-07   config/settings.py

```python
INSTALLED_APPS = [
    'django.contrib.admin',
    'django.contrib.auth',
    'django.contrib.contenttypes',
    'django.contrib.sessions',
    'django.contrib.messages',
    'django.contrib.staticfiles',
    'storages',
    'shop',
]
```

6.5.2 모델 만들기

상품과 카테고리 모델을 만들기 위해 models.py에 모델을 추가하겠습니다. 모든 모델은 models. Model을 상속 받습니다.

```python
from django.db import models

from django.urls import reverse

class Category(models.Model):
    name = models.CharField(max_length=200, db_index=True)
    meta_description = models.TextField(blank=True)

    slug = models.SlugField(max_length=200, db_index=True, unique=True,
allow_unicode=True)

    class Meta:
        ordering = ['name']
        verbose_name = 'category'
        verbose_name_plural = 'categories'

    def __str__(self):
        return self.name

    def get_absolute_url(self):
        return reverse('shop:product_in_category', args=[self.slug])
```

우선 카테고리 모델부터 만들겠습니다. name 필드는 카테고리 이름을 결정합니다. 옵션으로 db_index를 True로 설정하면 카테고리 정보가 저장되는 테이블은 이 이름 열을 인덱스 열로 설정합니다. 그 밑에 meta_description 필드가 있는데 이 필드는 SEO(Search Engine Optimization)을 위해 만드는 필드입니다. 구글 등 검색엔진에서 상품이 잘 검색되도록 하려면 여러 가지 정보를 제공해야 합니다. 요즘은 OG(Open Graph) 정보도 넣어주는데 쇼핑몰 SEO를 위해서 구글 매뉴얼[3] 등을 참조해서 연구해보시기 바랍니다.

slug 필드는 카테고리와 상품 모두에 설정되는데 상품명 등을 이용해서 URL을 만드는 방식입니다. 많은 블로그와 쇼핑몰에서 사용하는 방식으로 SEO에 도움이 되는 URL을 만들 수 있습니다. allow_unicode 옵션은 영문을 제외한 다른 언어도 값으로 사용할 수 있게 하는 옵션입니다.

메타 클래스를 보면 verbose_name과 verbose_name_plural 값이 있습니다. 이것은 관리자 페이지에서 보여지는 객체가 단수일 때와 복수일 때 표현하는 값을 결정 합니다.

---

3   https://support.google.com/webmasters/answer/7451184?hl=ko

```python
class Product(models.Model):
    category = models.ForeignKey(Category, on_delete=models.SET_NULL, null=True,
related_name='products')
    name = models.CharField(max_length=200, db_index=True)
    slug = models.SlugField(max_length=200, db_index=True, unique=True,
allow_unicode=True)

    image = models.ImageField(upload_to='products/%Y/%m/%d',blank=True)
    description = models.TextField(blank=True)
    meta_description = models.TextField(blank=True)

    price = models.DecimalField(max_digits=10,decimal_places=2)
    stock = models.PositiveIntegerField()

    available_display = models.BooleanField('Display', default=True)
    available_order = models.BooleanField('Order', default=True)

    created = models.DateTimeField(auto_now_add=True)
    updated = models.DateTimeField(auto_now=True)

    class Meta:
        ordering = ['-created']
        index_together = [['id','slug']]

    def __str__(self):
        return self.name

    def get_absolute_url(self):
        return reverse('shop:product_detail', args=[self.id, self.slug])
```

이번에는 상품 모델입니다. 상품 모델은 ForeignKey 필드를 사용해 카테고리 모델과 관계를 만듭니다. 카테고리를 삭제해도 보통은 상품이 남아있어야 하기 때문에 on_delete를 SET_NULL로 설정했습니다. 당연히 null값이 저장될 수 있어야 하기 때문에 null=True로 설정했습니다.

price와 stock은 제품 가격과 재고입니다. 쇼핑몰에서는 필수 값입니다. price 같은 경우 해외 솔루션의 소스코드를 확인해보면 복잡한 방식을 사용합니다. 기준 가격을 만들고 할인 가격을 결정하거나 다양한 지역의 세금을 자동으로 계산해 보여주는 방식 등을 사용하고 있습니다. 해외 대상 쇼핑몰을 만들 때에는 그런 부분도 참고하시기 바랍니다.

available_display와 available_order는 상품 노출 여부와 상품 주문 가능 여부입니다. 보통은 재고가 없는 경우 혹은 제품 홍보를 위해 주문 불가능 제품이라도 목록에 노출하는 경우가 있기 때문에 두 개 변수를 나눠서 관리합니다.

메타 클래스에 있는 index_together는 멀티 컬럼 색인 기능입니다. id와 slug 필드를 묶어서 색인이 가능하도록 하는 옵션입니다.

이제 모델을 생성했으니 makemigrations와 migrate 명령을 이용해 데이터베이스에 반영해 봅시다.

```
$ python manage.py makemigrations shop
$ python manage.py migrate shop
```

두 명령을 실행하면 데이터베이스에 모델에 관련된 내용이 반영됩니다.

6.5.3 뷰 만들기

두 개의 뷰를 만들겠습니다. 카테고리 페이지와 상품 페이지입니다. 카테고리 페이지에서는 각 카테고리에 속한 상품의 목록과 전체 카테고리를 노출합니다. 상품 페이지에서는 상품의 상세 정보를 출력하고 장바구니 담기 기능 등을 구현하겠습니다.

코드 06-10 shop/views.py

```python
from django.shortcuts import render, get_object_or_404
from .models import *

def product_in_category(request, category_slug=None):
    current_category = None
    categories = Category.objects.all()
    products = Product.objects.filter(available_display=True)

    if category_slug:
        current_category = get_object_or_404(Category, slug=category_slug)
        products = products.filter(category=current_category)

    return render(request, 'shop/list.html', {'current_category': current_
category, 'categories': categories, 'products': products})
```

product_in_category 뷰가 카테고리 페이지입니다. URL로부터 category_slug를 찾아서 현재 어느 카테고리를 보여주는 것인지 판단합니다. 만약 선택한 카테고리가 없을 경우 전체 상품 목록을 노출하면 됩니다.

노출할 제품도 처음에 모든 제품 목록을 준비하고 현재 카테고리가 선택되어 있을 경우 해당 카테고리에 속한 제품들로 필터링을 합니다. 여기서 재미있는 점은 제품을 선택하는 filter 메서드를 여러 번 실행하는데 실제로 데이터베이스에 질의는 딱 한 번만 전달한다는 점입니다. 장고의 QuerySet은 지연평가(Lazy Evaluation) 방식을 사용하기 때문에 실제로 데이터를 질의해야 되는 시점까지는 몇 번의 필터를 걸더라도 부하가 걸리지 않습니다.

───────
코드 06-11   shop/views.py

```python
def product_detail(request, id, product_slug=None):
    product = get_object_or_404(Product, id=id, slug=product_slug)
    return render(request, 'shop/detail.html', {'product': product})
```

제품 상세 뷰는 간단합니다. 카테고리와 마찬가지로 URL로부터 슬러그 값을 읽어와서 해당 제품을 찾습니다. 그리고 그 제품을 노출하는 방식을 취합니다.

카테고리와 제품 모두 get_object_or_404를 사용하는데, 이 함수는 찾는 객체가 없을 경우 자동으로 404 페이지를 보여주기 때문에 편리합니다.

6.5.4 URL 연결

만든 뷰를 동작 시키려면 urls.py에서 URL을 연결해줘야 합니다. shop 앱 폴더에 urls.py를 만들고 내용을 입력합니다.

───────
코드 06-12   shop/urls.py

```python
from django.urls import path
from .views import *

app_name = 'shop'

urlpatterns = [
    path('', product_in_category, name='product_all'),
```

```
        path('<slug:category_slug>/', product_in_category,
    name='product_in_category'),
        path('<int:id>/<product_slug>/', product_detail, name='product_detail'),
    ]
```

총 세 개의 path를 이용해 URL을 연결했습니다. product_all은 카테고리 선택이 없이 전체 제품을 노출하는 경우, product_in_category는 카테고리 선택이 있는 경우, product_detail은 제품 상세입니다. 슬러그를 활용하는 path의 경우 〈slug:category_slug〉와 〈product_slug〉의 형태를 다르게 만들어 뒀습니다. slug 컨버터를 사용해도 되고 사용하지 않아도 같은 방식으로 동작하게 할 수 있습니다. 다만 컨버터를 사용하지 않으면 오작동 할 수 있기 때문에 주의해서 사용하시기 바랍니다.

코드 06-13   config/urls.py

```
from django.contrib import admin
from django.urls import path, include

urlpatterns = [
    path('admin/', admin.site.urls),
    path('', include('shop.urls'))
]
```

루트 urls.py에 shop 앱의 urls.py를 include해 연결합니다.

6.5.5 템플릿 만들기

뷰를 확인하기 위해서 디자인을 입히도록 하겠습니다. 제일 먼저 base.html을 작성해 전체 레이아웃부터 구성해 봅시다.

코드 06-14   templates/base.html

```
<!DOCTYPE html>
<html lang="en">
<head>
    <meta charset="UTF-8">
    <title>{% block title %}{% endblock %}</title>
    <link rel="stylesheet" href="https://stackpath.bootstrapcdn.com/bootstrap/
    4.1.3/css/bootstrap.min.css" integrity="sha384-MCw98/SFnGE8fJT3GXwEOngsV7Zt
    27NXFoaoApmYm81iuXoPkFOJwJ8ERdknLPMO" crossorigin="anonymous">
```

```html
    <!-- jquery slim 지우고 minified 추가 -->
    <script src="https://code.jquery.com/jquery-3.3.1.min.js"
crossorigin="anonymous"></script>
    <script src="https://cdnjs.cloudflare.com/ajax/libs/popper.js/1.14.3/umd/
popper.min.js" integrity="sha384-ZMP7rVo3mIykV+2+9J3UJ46jBk0WLaUAdn689aCwoqbBJiSnjAK/
l8WvCWPIPm49" crossorigin="anonymous"></script>
    <script src="https://stackpath.bootstrapcdn.com/bootstrap/4.1.3/js/bootstrap.
min.js" integrity="sha384-ChfqqxuZUCnJSK3+MXmPNIyE6ZbWh2IMqE241rYiqJxyMiZ6OW/
JmZQ5stwEULTy" crossorigin="anonymous"></script>


    {% block script %}
    {% endblock %}


    {% block style %}
    {% endblock %}
</head>


<body>
<nav class="navbar navbar-expand-lg navbar-light bg-light">
  <a class="navbar-brand" href="/">Django Shop</a>
  <button class="navbar-toggler" type="button" data-toggle="collapse" data-target
="#navbarSupportedContent" aria-controls="navbarSupportedContent" aria-expanded=
"false" aria-label="Toggle navigation">
    <span class="navbar-toggler-icon"></span>
  </button>
    <div class="collapse navbar-collapse justify-content-end" id=
"navbarSupportedContent">
    <ul class="navbar-nav justify-content-end">
        <li class="nav-item active">
        <a class="nav-link btn btn-outline-success" href="">Cart
            {% if cart|length > 0 %}
                ${{ cart.get_product_total }} with {{cart|length}} items
            {% else %}
                : Empty
            {% endif %}
        </a>
      </li>
    </ul>
  </div>
</nav>
```

```
<div class="container">
{% block content %}
{% endblock %}
</div>
</body>
</html>
```

이번 장에서도 부트스트랩을 사용하겠습니다. base.html의 head 태그 안에 관련 내용을 추가 합니다. 하지만 이번에는 jQuery를 slim 버전이 아니라 minified 버전으로 적용했습니다. 기존에 사용하던 slim 버전은 ajax 관련 기능이 빠져있기 때문에 쇼핑몰에는 적합하지 않습니다.

레이아웃을 구성하고 상단 메뉴바에는 카트 기능도 도출되도록 변경 했습니다. 이 후 과정에서 카트 기능을 구현하면 노출이 잘 될 것입니다.

base.html 사용을 위해 settings.py에 templates 폴더를 템플릿 폴더 경로에 등록하겠습니다.

코드 06-15　config/settings.py

```
TEMPLATES = [
    {
        'BACKEND': 'django.template.backends.django.DjangoTemplates',
        'DIRS': [os.path.join(BASE_DIR,'templates')],
        'APP_DIRS': True,
        'OPTIONS': {
            'context_processors': [
                'django.template.context_processors.debug',
                'django.template.context_processors.request',
                'django.contrib.auth.context_processors.auth',
                'django.contrib.messages.context_processors.messages',
            ],
        },
    },
]
```

나머지 템플릿도 완성합시다.

코드 06-16　shop/templates/shop/list.html

```
{% extends 'base.html' %}
{% block title %}Category Page{% endblock %}
{% block content %}

    <div class="row">
        <div class="col-2">
            <div class="list-group">
                <a href="/" class="list-group-item {% if not current_category
%}active{% endif %}">All</a>
                {% for c in categories %}
                    <a href="{{c.get_absolute_url}}" class="list-group-item {%
if current_category.slug == c.slug %}active{% endif %}">{{c.name}}</a>
                {% endfor %}
            </div>
        </div>

        <div class="col">
            <div class="alert alert-info" role="alert">
                {% if current_category %}{{current_category.name}}{% else %}All
Products{% endif %}
            </div>
            <div class="row">

            {% for product in products %}
                <div class="col-4">
                    <div class="card">
                     <img class="card-img-top" src="{{product.image.url}}" alt=
"Product Image">
                        <div class="card-body">
                          <h5 class="card-title">{{product.name}}</h5>
                            <p class="card-text">{{product.description}} <span
class="badge badge-secondary">${{product.price}}</span></p>
                            <a href="{{product.get_absolute_url}}" class="btn btn-primary">
View Detail</a>
                        </div>
                    </div>
```

```
                    </div>
                {% endfor %}
                </div>
            </div>
        </div>

{% endblock %}
```

코드 06-17 shop/templates/shop/detail.html

```
{% extends 'base.html' %}
{% block title %}Product Detail{% endblock %}
{% block content %}


        <div class="container">
            <div class="row">
                <div class="col-4">
                    <img src="{{product.image.url}}" width="100%">
                </div>
                <div class="col">
                    <h1 class="display-6">{{product.name}}</h1>

                    <p><span class="badge badge-secondary">Price</span>
{{product.price}}</p>
                    <form action="" method="post">
                        {% csrf_token %}
                        <input type="submit" class="btn btn-primary btn-sm"
value="Add to Cart">
                    </form>
                    <h5><span class="badge badge-secondary">Description</
span>{{product.description|linebreaks}}</h5>
                </div>
            </div>
        </div>


{% endblock %}
```

runserver 명령을 이용해 서버를 실행하고 결과를 확인해 봅시다.

```
$ python manage.py runserver
```

> [그림 06-58] 메인 화면

큰 문제 없이 동작하고 있습니다. 상품이 없어서 조금 허전하니 관리자 페이지에 모델을 등록하고 새 상품을 업로드 해봅시다.

6.5.6 관리자 페이지 등록하기

admin.py를 열고 코드를 입력합시다. 카테고리와 제품 모두 등록해서 관리하겠습니다.

———
코드 06-18　shop/admin.py

```
from django.contrib import admin
from .models import *

class CategoryAdmin(admin.ModelAdmin):
    list_display = ['name','slug']
    prepopulated_fields = {'slug':('name',)}

admin.site.register(Category, CategoryAdmin)
```

카테고리의 옵션 클래스인 CategoryAdmin 클래스를 만들 때 prepopulated_fields를 사용하면 slug 필드는 name 필드의 값에 따라 자동으로 설정되게 만들 수 있습니다. 슬러그를 자동으로 만들어주기 때문에 편리합니다.

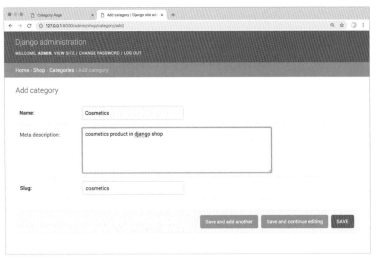

▶ [그림 06-59] prepoplulated_fields 동작 확인

관리자 페이지에서 카테고리를 등록할 때 Name 값을 입력하면 Slug도 자동으로 입력되는 것을 확인할 수 있습니다.

코드 06-19   shop/admin.py

```python
class ProductAdmin(admin.ModelAdmin):
    list_display = ['name','slug','category','price','stock','available_
display','available_order','created','updated']
    list_filter = ['available_display','created','updated','category']
    prepopulated_fields = {'slug': ('name',)}
    list_editable = ['price','stock','available_display','available_order']

admin.site.register(Product, ProductAdmin)
```

ProductAdmin도 CategoryAdmin과 마찬가지로 prepopulated_fields를 사용하였고 list_editable을 사용해서 목록에서도 주요 값들은 바로바로 변경할 수 있게 만들었습니다. 관리자 페이지를 확인해 보겠습니다.

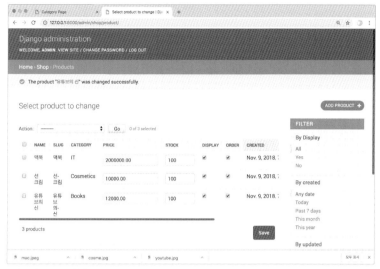

> [그림 06-60] 상품 목록

상품을 몇 개 생성하고 목록을 확인해 보면 여러 가지 값들을 목록에서 바로 편집할 수 있다는 것을 알 수 있습니다.

6.6 소셜 로그인 추가하기

지난 장에서는 일반 로그인을 활용했었습니다. 이번 장에서는 기본 로그인 대신 소셜 로그인 기능을 활용해 보도록 하겠습니다. 직접 코드로 만들 수 있지만 disqus를 사용했던 것과 마찬가지로 기존에 유명한 앱을 다운로드해서 사용하겠습니다.

```
$ pip install django-allauth
```

앱을 사용하기 위해 settings.py에 등록하겠습니다.

코드 06-20   config/settings.py

```
INSTALLED_APPS = [
    'django.contrib.admin',
    'django.contrib.auth',
    'django.contrib.contenttypes',
```

```
        'django.contrib.sessions',
        'django.contrib.messages',
        'django.contrib.staticfiles',
        'storages',
        'shop',
        'django.contrib.sites',
        'allauth',
        'allauth.account',
        'allauth.socialaccount',
        'allauth.socialaccount.providers.naver',
    ]
```

sites는 지난 장과 마찬가지로 사이트 정보를 설정하기 위해 필요합니다. 그리고 나머지 allauth 관련 앱들을 추가합니다. account는 가입한 계정 관리를 위해서, socialaccount는 소셜 계정으로 가입한 계정 관리, 이하 providers는 어떤 소셜 서비스를 사용하는 지에 따라서 여러개를 추가해야 합니다. 지원하는 소셜 서비스 목록은 [4]관련 문서를 참조하시기 바랍니다.

나머지 설정을 추가하겠습니다.

코드 06-21   config/settings.py

```
AUTHENTICATION_BACKENDS = (
    'django.contrib.auth.backends.ModelBackend',
    'allauth.account.auth_backends.AuthenticationBackend',
)
SITE_ID = 1
LOGIN_REDIRECT_URL = '/'
```

AUTHENTICATION_BACKENDS는 어떤 형식의 로그인을 사용할 것인지 결정합니다. 장고의 기본 로그인 방식은 사용자명으로 하는 방식이고 allauth는 이메일을 사용한 방식입니다. 관리자 페이지 등에 사용자명으로 로그인 하기 위해서 장고 기본 ModelBackend를 추가하고 allauth 방식을 추가하기 위해 나머지 한줄을 추가했습니다.

다음은 로그인 페이지 접근을 위해 urls.py를 수정합니다.

---

4   https://django-allauth.readthedocs.io/en/latest/providers.html

```
urlpatterns = [
    path('admin/', admin.site.urls),
    path('accounts/', include('allauth.urls')),
    path('', include('shop.urls'))
]
```

urlspatterns안에 path를 추가하고 allauth.urls를 include 합니다.

추가한 앱들의 데이터베이스 적용을 위해 migrate 명령을 실행합니다.

```
$ python manage.py migrate
```

로그인 관련 기능을 추가했습니다. 아직 소셜 로그인 설정을 더 해야하지만 기본 로그인 로그 아
웃은 동작하는 상태입니다.

```html
<ul class="navbar-nav justify-content-end">
    <li class="nav-item">
        {% if user.is_authenticated %}
        <a class="nav-link" href="{% url 'account_logout' %}">Logout</a>
        {% else %}
        <a class="nav-link" href="{% url 'account_login' %}">Login</a>
        {% endif %}
    </li>
    <li class="nav-item ">
    <a class="nav-link btn btn-outline-success" href="">Cart
        {% if cart|length > 0 %}
            ${{ cart.price_total_after_discount }} with {{cart|length}} items
        {% else %}
            : Empty
        {% endif %}
    </a>
    </li>
</ul>
```

로그인 기능을 사용하기 위해 base.html을 편집해 상단 메뉴에 로그인 로그아웃 링크를 연결하겠습니다. url 필터에 사용하는 account_login, account_logout은 allauth 앱에서 설정해둔 이름입니다.

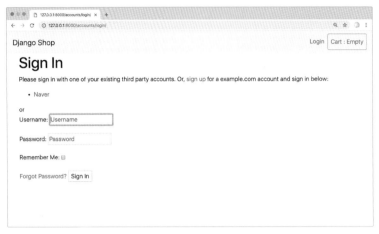

> [그림 06-61] 로그인

로그인 페이지에서는 사용자 이름으로 로그인이 가능하고 추가해둔 네이버로 로그인 하는 링크가 있습니다. 아직 네이버 로그인은 작업을 마치지 않았기 때문에 동작하지 않습니다. 기존 계정으로 로그인 해보시기 바랍니다.

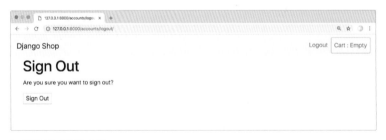

> [그림 06-62] 로그아웃

로그인을 했다면 메뉴에 Logout 버튼이 나타납니다. 버튼을 클릭해 로그아웃 페이지로 이동하면 로그아웃 확인 메시지가 나타납니다. [Sign Out] 버튼을 클릭해 로그아웃 합니다. 두 기능 모두 정상동작한다면 이제 네이버 로그인 관련 남은 작업을 진행하겠습니다.

네이버 같은 소셜 로그인 기능을 사용하려면 해당 소셜 사이트에서 API 키를 발급 받아야 합니다. 네이버 개발자 사이트[5]에 접속해 발급 받아 봅시다.

---

5   https://developers.naver.com/products/login/api/

네이버 개발자 사이트에 접속하면 네이버 아이디로 로그인 API를 신청할 수 있습니다. 화면 아래쪽에 있는 [오픈 API 이용 신청] 버튼을 클릭합니다.

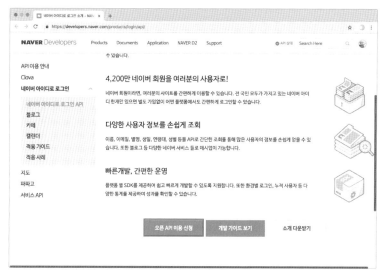

> [그림 06-63] 네이버 개발자 사이트

애플리케이션 등록 페이지에 가서 애플리케이션 이름을 [장고 온라인 쇼핑몰] 이라고 입력합니다.

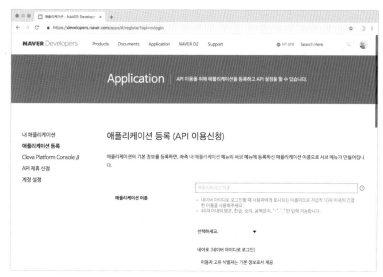

> [그림 06-64] 애플리케이션 등록

사용 API는 다른 부분은 변경하지 말고 네아로 부분에 필요한 정보만 체크 합니다.

> [그림 06-65] API 선택

아래쪽에 로그인 오픈 API 서비스 환경부분에 [환경 추가] 셀렉트박스를 열어 [PC 웹]을 선택하면 서비스 URL을 입력할 수 있습니다.

1) 서비스 URL : http://127.0.0.1:8000

2) Callback URL : http://127.0.0.1:8000/accounts/naver/login/callback/

1), 2) URL로 입력합니다. 서비스 URL은 서비스의 도메인을 입력하는데 우리는 아직 도메인이 없기 때문에 로컬 호스트 도메인인 127.0.0.1:8000을 사용했습니다. Callback URL은 각 서비스 마다 다릅니다. 이것 또한 allauth 문서를 참조하세요. 모든 정보를 입력했으니 [등록하기] 버튼을 누릅니다.

> [그림 06-66] 로그인 오픈 API 서비스 환경

애플리케이션을 등록 완료하면 정보 부분에 Client ID와 Client Secret을 확인할 수 있습니다. 이 정보를 장고 관리자 페이지에서 등록하면 절차가 끝납니다.

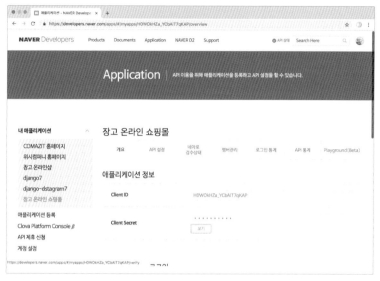

> [그림 06-67] 애플리케이션 등록 완료

관리자 페이지에 접속해서 [Social applications] 모델의 [Add] 버튼을 클릭합니다.

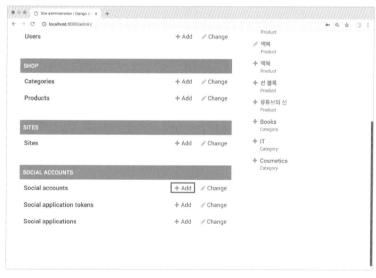

> [그림 06-68] 관리자 페이지

Provider는 Naver를 선택하고 Name은 네이버 로그인이라고 입력합니다. Client id와 Secret key 는 네이버에서 발급 받은 정보를 입력합니다.

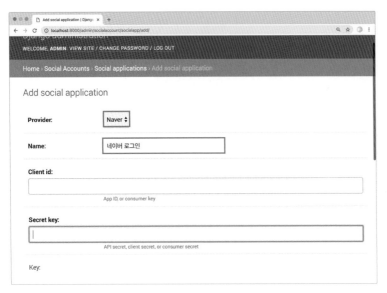

> [그림 06-69] 소셜 애플리케이션 등록

아래쪽에 사이트 선택 부분에 example.com을 선택해 Choosen sites로 옮기고 [SAVE]를 누릅니 다. 나중에 실 도메인을 사용할 때는 site 관리자로 이동해 도메인 정보도 수정하면 사용하는 도 메인이 노출될 것입니다.

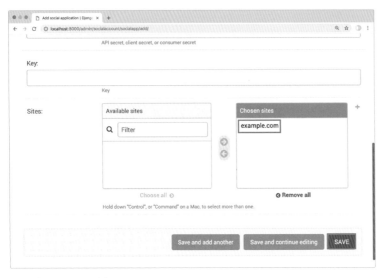

> [그림 06-70] Sites 설정

애플리케이션을 등록하면 목록에서 확인할 수 있습니다. 이제 네이버로 로그인 하기가 잘 동작하는지 확인해보겠습니다.

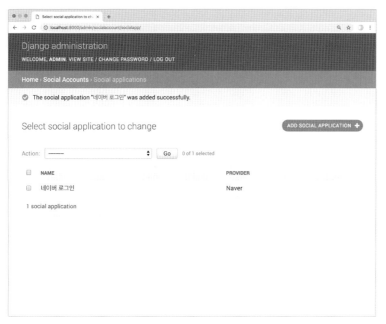

> [그림 06-71] 소셜 애플리케이션 추가 완료

로그인 페이지에서 Naver 버튼을 클릭하면 네이버로 이동하면서 이용 동의를 받습니다. [동의하기] 버튼을 클릭합니다.

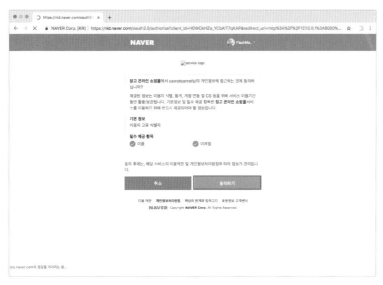

> [그림 06-72] 네이버로 로그인하기

그러면 바로 쇼핑몰로 돌아오면서 로그인이 되어 있는 것을 확인할 수 있습니다.

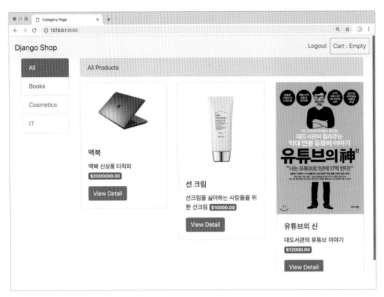

> [그림 06-73] 로그인 완료

관리자 페이지에서 소셜 로그인으로 등록한 계정을 확인할 수 있습니다. 어떤 소셜 사이트를 통해 가입한 것인지 목록에서 확인 가능합니다.

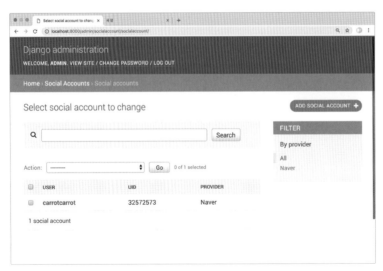

> [그림 06-74] 관리자 페이지 Social accounts 목록

그리고 원래 있던 사용자 목록을 확인해보면 여기에도 역시 계정이 등록된 것을 확인할 수 있습니다. 로그인 기능이 잘 동작하는 것 같으니 장바구니 기능을 구현해 봅시다.

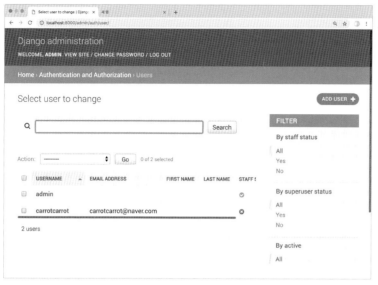

> [그림 06-75] 사용자 목록

6.7 cart 앱 만들기

6.7.1 앱 만들기

startapp 명령으로 cart 앱을 추가합니다.

```
$ python manage.py startapp cart
```

추가한 앱을 INSTALLED_APPS 변수에 등록합니다.

코드 06-24   config/settings.py

```
INSTALLED_APPS = [
    'django.contrib.admin',
    'django.contrib.auth',
```

```
        'django.contrib.contenttypes',
        'django.contrib.sessions',
        'django.contrib.messages',
        'django.contrib.staticfiles',
        'storages',
        'shop',
        'django.contrib.sites',
        'allauth',
        'allauth.account',
        'allauth.socialaccount',
        'allauth.socialaccount.providers.naver',
        'cart',
    ]
```

6.7.2 카트 클래스 만들기

카트 기능은 선택한 제품을 주문하기 위해 보관하는 기능입니다. 이 기능은 보통 데이터베이스에 저장하는 방식으로 만들지만 세션 기능을 활용해 만들기도 합니다. 데이터베이스로 만드는 방법은 모델을 생성하면 되기 때문에 이번에는 세션 방식으로 만들어보겠습니다. 나중에 각자 데이터베이스 방식으로 변경해보시기 바랍니다.

코드 06-25 cart/cart.py

```python
from decimal import Decimal
from django.conf import settings
from shop.models import Product

class Cart(object):
    def __init__(self, request):
        self.session = request.session
        cart = self.session.get(settings.CART_ID)
        if not cart:
            cart = self.session[settings.CART_ID] = {}
        self.cart = cart
```

```python
    def __len__(self):
        return sum(item['quantity'] for item in self.cart.values())

    def __iter__(self):
        product_ids = self.cart.keys()
        products = Product.objects.filter(id__in=product_ids)

        for product in products:
            self.cart[str(product.id)]['product'] = product

        for item in self.cart.values():
            item['price'] = Decimal(item['price'])
            item['total_price'] = item['price'] * item['quantity']
            yield item


    def add(self, product, quantity=1, is_update=False):
        product_id = str(product.id)
        if product_id not in self.cart:
            self.cart[product_id] = {'quantity':0, 'price':str(product.price)}

        if is_update:
            self.cart[product_id]['quantity'] = quantity
        else:
            self.cart[product_id]['quantity'] += quantity

        self.save()

    def save(self):
        self.session[settings.CART_ID] = self.cart
        self.session.modified = True

    def remove(self, product):
        product_id = str(product.id)
        if product_id in self.cart:
            del(self.cart[product_id])
            self.save()

    def clear(self):
        self.session[settings.CART_ID] = {}
```

```
        self.session.modified = True

    def get_product_total(self):
        return sum(Decimal(item['price'])*item['quantity'] for item in self.
cart.values())
```

cart 앱 폴더에 cart.py 파일을 추가하고 cart 클래스를 작성했습니다. 세션으로 사용하는 방식이기 때문에 request.session에 데이터를 저장하고 꺼내오는 방식입니다. 이 때 세션에 값을 저장하려면 키 값을 설정해야 하는데 settings.py에 CART_ID라는 변수를 만들고 거기에 설정된 값을 가져다 사용하겠습니다.

save, remove는 각각 장바구니에 상품을 담고 삭제할 때 사용합니다. clear는 장바구니를 비우는 기능인데 주문을 완료했을 때도 사용합니다. get_product_total은 장바구니에 담긴 상품의 총 가격을 계산하기 위해 사용합니다.

카드 클래스를 완성했다면 settings.py에 세션 아이디를 추가합니다.

코드 06-26 config/settings.py

```
CART_ID = 'cart_in_session'
```

카트 기능을 사이트에서 사용하기 위해 뷰를 만들겠습니다. 카트 기능은 사용자에게 입력을 받는 것이기 때문에 폼을 만들어 뷰에서 활용하는 방식으로 기능을 구현해 봅시다.

코드 06-27 cart/forms.py

```
from django import forms

class AddProductForm(forms.Form):
    quantity = forms.IntegerField()
    is_update = forms.BooleanField(required=False, initial=False, widget=forms.
HiddenInput)
```

제품을 추가하기 위한 폼을 만듭니다. quantity는 제품의 수량이고, is_update는 상세 페이지에서 추가할 때와 장바구니에서 수량을 바꿀 때 동작하는 방식을 달리하려고 사용하는 번수입니다. 제품 상세 페이지에서는 제품 수량을 선택하고 추가할 때마다 현재 장바구니 수량에 더해지는 방식을 취할 것이기 때문에 is_update의 값은 False여야 합니다. 반면에 장바구니 페이지에서 수량을 변경하는 것은 그 값 그대로 현재 수량에 반영해야 하기 때문에 is_update는 True로 설정할 것입니다.

만든 폼을 활용해서 뷰를 만들어 봅시다. 첫 번째 뷰는 add 뷰입니다.

코드 06-28 cart/views.py

```python
from django.shortcuts import render, redirect, get_object_or_404
from django.views.decorators.http import require_POST
from shop.models import Product
from .forms import AddProductForm
from .cart import Cart


@require_POST
def add(request, product_id):
    cart = Cart(request)
    product = get_object_or_404(Product, id=product_id)
    form = AddProductForm(request.POST)
    if form.is_valid():
        cd = form.cleaned_data
    cart.add(product=product, quantity=cd['quantity'], is_update=cd['is_update'])
    return redirect('cart:detail')
```

제품 정보를 전달 받으면 카트 객체에 제품 객체를 추가합니다. 이 때 추가하는 제품의 정보는 상세 페이지 혹은 장바구니 페이지로부터 전달되며, AddProductForm을 통해 만들어진 데이터입니다.

코드 06-29 cart/views.py

```python
def remove(request, product_id):
    cart = Cart(request)
    product = get_object_or_404(Product, id=product_id)
    cart.remove(product)
    return redirect('cart:detail')
```

remove 뷰는 카트에서 제품을 삭제합니다.

```python
def detail(request):
    cart = Cart(request)

    for product in cart:
                product['quantity_form'] = AddProductForm(initial={'quantity'
:product['quantity'], 'is_update':True})
    return render(request, 'cart/detail.html', {'cart':cart})
```

마지막으로 detail 뷰는 장바구니 페이지입니다. 노출될 제품들은 카트 객체로부터 가져오는데 제품 수량 수정을 위해서 AddProductForm을 제품마다 하나씩 추가 해줍니다. 이 때 수량은 수정하는 대로 반영해야 하기 때문에 is_update 값을 True로 설정했습니다.

6.7.3 URL 연결

뷰를 다 만들었으니 바로 URL을 연결합시다. cart 앱 폴더에 urls.py 파일을 새로 만들고 코드를 입력합니다.

```python
from django.urls import path
from .views import *

app_name = 'cart'

urlpatterns = [
    path('', detail, name='detail'),
    path('add/<int:product_id>/', add, name='product_add'),
    path('remove/<product_id>/', remove, name='product_remove'),
]
```

그리고 루트 urls.py에서 include 해줍니다.

```python
urlpatterns = [
    path('admin/', admin.site.urls),
    path('accounts/', include('allauth.urls')),
    path('cart/', include('cart.urls')),
    path('', include('shop.urls'))
]
```

6.7.4 템플릿 만들기

detail.html 파일을 만들고 내용을 입력합니다.

코드 06-33   cart/templates/cart/detail.html

```html
{% extends "base.html" %}
{% load static %}

{% block title %}
    Shopping cart
{% endblock %}

{% block content %}
    <table class="table table-striped">
        <thead>
            <tr>
                <th scope="col">Image</th>
                <th scope="col">Product</th>
                <th scope="col">Quantity</th>
                <th scope="col">Remove</th>
                <th scope="col">Unit price</th>
                <th scope="col">Price</th>
            </tr>
        </thead>
        <tbody>
        {% for item in cart %}
            {% with product=item.product %}
            <tr>
                <th scope="row">
                    <a href="{{ product.get_absolute_url }}">
                        <img src="{{ product.image.url }}" class="img-thumbnail">
```

```
                    </a>
                </th>
                <td>{{ product.name }}</td>
                <td>
                    <form action="{% url "cart:product_add" product.id %}"
method="post">
                        {{ item.quantity_form.quantity }}
                        {{ item.quantity_form.is_update }}
                        <input type="submit" class="btn btn-primary" value="Update">
                        {% csrf_token %}
                    </form>
                </td>
                <td><a href="{% url "cart:product_remove" product.id %}">Remove</
a></td>

                <td class="num">${{ item.price }}</td>
                <td class="num">${{ item.total_price }}</td>
            </tr>
            {% endwith %}
        {% endfor %}

        <tr class="total">
            <td>Total</td>
            <td colspan="4"></td>
            <td class="num">${{ cart.get_product_total|floatformat:"2" }}</td>
        </tr>
        </tbody>
    </table>


    <p class="text-right">
        <a href='{% url "shop:product_all" %}' class="btn btn-secondary">
Continue shopping</a>
    </p>
{% endblock %}
```

6.7.5 제품 상세 페이지 수정

장바구니에 담기 기능은 제품 상세 페이지에서 동작합니다. product_detail 뷰를 수정해 장바구니에 담기 기능을 활성화하겠습니다.

```python
from cart.forms import AddProductForm
def product_detail(request, id, product_slug=None):
    product = get_object_or_404(Product, id=id, slug=product_slug)
    add_to_cart = AddProductForm(initial={'quantity':1})
    return render(request, 'shop/detail.html', {'product': product,
'add_to_cart':add_to_cart})
```

AddProductForm 객체를 만들고 템플릿에서 출력할 수 있도록 템플릿 변수로 전달합니다.

폼을 출력하기 위해 detail.html을 수정하겠습니다.

코드 06-35   shop/templates/shop/detail.html

```html
<form action="{% url 'cart:product_add' product.id %}" method="post">
    {{add_to_cart}}
    {% csrf_token %}
    <input type="submit" class="btn btn-primary btn-sm" value="Add to Cart">
</form>
```

detail.html에 있던 form태그의 내용을 수정합니다. add_to_cart 변수를 출력하고 입력된 데이터를 받을 수 있게 product_add URL을 action 속성에 값으로 설정합니다. 장바구니에 담기 기능이 잘 동작하는지 확인해 봅시다. 제품 상세 페이지로 이동해서 [Add to Cart] 버튼을 클릭해 장바구니에 제품을 담아 봅니다.

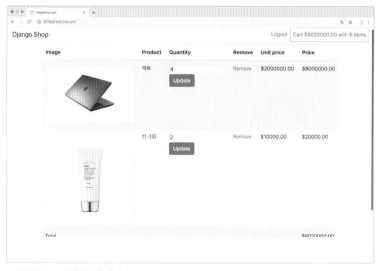

❯ [그림 06-76] 장바구니 페이지

장바구니 페이지에 제품 가격과 이미지, 수량 등이 잘 나온다면 정상입니다. Update와 Remove 기능도 테스트 해봅니다.

카트 기능이 정상 동작하는 것을 확인했다면 메인 메뉴에 있는 카트 링크를 연결하도록 하겠습니다.

코드 06-36   templates/base.html

```html
<a class="nav-link btn btn-outline-success" href="{% url 'cart:detail' %}">Cart
    {% if cart|length > 0 %}
        ${{ cart.get_product_total }} with {{cart|length}} items
    {% else %}
        : Empty
    {% endif %}
</a>
```

base.html 파일을 열어서 카드 링크 부분의 href 속성에 URL 템플릿 태그를 추가합니다.

6.8 쿠폰 앱 만들기

카트 기능을 만들고 나니 할인을 위한 쿠폰 기능이 있으면 좋을 것 같습니다. 쿠폰 앱을 추가해 기능을 더해 봅시다.

6.8.1 앱 만들기

startapp 명령을 이용해 coupon 앱을 추가합니다.

```
$ python manage.py startapp coupon
```

settings.py에 앱을 추가합니다.

코드 06-37   config/settings.py

```python
INSTALLED_APPS = [
```

```
        'django.contrib.admin',
        'django.contrib.auth',
        'django.contrib.contenttypes',
        'django.contrib.sessions',
        'django.contrib.messages',
        'django.contrib.staticfiles',
        'storages',
        'shop',
        'django.contrib.sites',
        'allauth',
        'allauth.account',
        'allauth.socialaccount',
        'allauth.socialaccount.providers.naver',
        'cart',
        'coupon',
    ]
```

6.8.2 모델 만들기

models.py에 Coupon 모델을 작성합니다.

───────
코드 06-38　coupon/models.py

```
from django.db import models
from django.core.validators import MinValueValidator, MaxValueValidator

class Coupon(models.Model):
    code = models.CharField(max_length=50, unique=True)
    use_from = models.DateTimeField()
    use_to = models.DateTimeField()
    amount = models.IntegerField(validators=[MinValueValidator(0),
MaxValueValidator(100000)])
    active = models.BooleanField()

    def __str__(self):
        return self.code
```

code는 쿠폰을 사용할 때 입력할 코드입니다. use_from, use_to는 쿠폰의 사용 기간을 정하는 값이고 amount는 할인 금액을 설정합니다. 보통 할인 쿠폰은 금액 쿠폰과 할인율 쿠폰이 있습니다. 이번에는 금액 쿠폰만 만들지만 여러분이 할인율 쿠폰도 만들어서 추가해봅니다. amount는 할인 금액이기 때문에 IntegerField로 설정했습니다. 이 때 validators 인수로 MinValueValidator, MaxValueValidator를 추가해서 값이 0~100000 사이로만 설정할 수 있도록 제약 조건을 만들었습니다. 여러분이 원하는 값 범위로만 설정 값을 제한하고 싶을 때 이런 방식으로 제약 조건을 만들 수 있습니다.

모델을 데이터베이스에 적용하기 위해 makemigrations, migrate 명령을 실행합니다.

```
$ python manage.py makemigrations coupon
$ python manage.py migrate coupon
```

6.8.3 뷰 만들기

쿠폰을 사용할 수 있도록 뷰를 만들겠습니다. 쿠폰 정보 역시 폼을 통해 데이터를 전달하는 방식이므로 폼부터 만들어 봅시다.

코드 06-39   coupon/forms.py

```
from django import forms

class AddCouponForm(forms.Form):
    code = forms.CharField(label='Your Coupon Code')
```

만들어 둔 폼을 이용해 뷰를 만들겠습니다. views.py 파일을 열어 코드를 입력합니다.

코드 06-40   coupon/views.py

```
from django.shortcuts import redirect
from django.utils import timezone
from django.views.decorators.http import require_POST
from .models import Coupon
from .forms import AddCouponForm

@require_POST
```

```python
def add_coupon(request):
    now = timezone.now()
    form = AddCouponForm(request.POST)
    if form.is_valid():
        code = form.cleaned_data['code']
        try:
            coupon = Coupon.objects.get(code__iexact=code, use_from__lte=now,
use_to__gte=now, active=True)
            request.session['coupon_id'] = coupon.id
        except Coupon.DoesNotExist:
            request.session['coupon_id'] = None
    return redirect('cart:detail')
```

입력한 쿠폰 코드를 이용해 쿠폰을 조회합니다. 조회할 때는 iexact를 사용해 대소문자 구분없이 일치하는 코드를 찾습니다. get 메서드나 filter를 사용해 원하는 데이터를 찾을 때는 각 필드명__옵션 형태로 질의를 만들 수 있습니다. use_from이 현재 시간보다 이전이어야 하고 use_to는 현재 시간보다 이후여야 하므로 __lte, __gte 옵션을 걸었습니다. 이런 옵션으로 검색한 쿠폰이 존재 한다면 쿠폰의 id 값을 세션에 저장하고 장바구니로 돌아 갑니다.

6.8.4 URL 연결

작성한 뷰를 사용하기 위해 urls.py를 만들어 코드를 입력합니다.

코드 06-41   coupon/urls.py

```python
from django.urls import path
from .views import add_coupon

app_name='coupon'

urlpatterns = [
    path('add/', add_coupon, name='add'),
]
```

그리고 루트 urls.py에도 include 합니다.

코드 06-42 coupon/urls.py

```python
urlpatterns = [
    path('admin/', admin.site.urls),
    path('accounts/', include('allauth.urls')),
    path('cart/', include('cart.urls')),
    path('coupon/', include('coupon.urls')),
    path('', include('shop.urls'))
]
```

6.8.5 카트 수정하기

쿠폰 기능을 완성했습니다. 쿠폰은 장바구니에서 사용하는 기능이기 때문에 Cart 클래스를 수정하고 장바구니 기능을 최종 완성하겠습니다.

코드 06-43 cart/cart.py

```python
from coupon.models import Coupon
```

카트 클래스에서 Coupon을 사용하기 위해 파일 상단에 임포트 구문을 추가합니다.

코드 06-44 cart/cart.py

```python
def __init__(self, request):
    self.session = request.session
    cart = self.session.get(settings.CART_ID)
    if not cart:
        cart = self.session[settings.CART_ID] = {}
    self.cart = cart
    self.coupon_id = self.session.get('coupon_id')
```

세션에 저장된 coupon_id 값을 이용해 카트에서는 할인금액과 전체 금액을 계산해야 하기 때문에 __init__ 메서드에서 coupon_id를 불러 옵니다.

코드 06-45   cart/cart.py

```python
def clear(self):
    self.session[settings.CART_ID] = {}
    self.session['coupon_id'] = None
    self.session.modified = True
```

장바구니 비우기를 할 때는 쿠폰 정보도 삭제해야 하기 때문에 clear 메서드에서는 세션에 저장된 coupon_id를 None으로 지정합니다.

코드 06-46   cart/cart.py

```python
@property
def coupon(self):
    if self.coupon_id:
        return Coupon.objects.get(id=self.coupon_id)
    return None


def get_discount_total(self):
    if self.coupon:
        if self.get_product_total() >= self.coupon.amount:
            return self.coupon.amount
    return Decimal(0)


def get_total_price(self):
    return self.get_product_total() - self.get_discount_total()
```

마지막으로 coupon을 프로퍼티 형태로 만들기 위해 property 데코레이터를 사용해 함수를 추가하고, 할인 금액과 할인 이후 총 금액을 계산하기 위해 get_discount_total, get_total_price 메서드를 추가했습니다. 카트 클래스는 수정을 다 했습니다. 이제 실제로 데이터를 입력 받기 위해서 장바구니 페이지에 쿠폰 폼을 출력하겠습니다.

코드 06-47   cart/views.py

```python
from coupon.forms import AddCouponForm

def detail(request):
    cart = Cart(request)
    add_coupon = AddCouponForm()
```

```
        for product in cart:
            product['quantity_form'] = AddProductForm(initial={'quantity':
product['quantity'], 'is_update':True})
        return render(request, 'cart/detail.html', {'cart':cart, 'add_coupon'
:add_coupon})
```

장바구니를 담당하는 detail 뷰에 AddCouponForm 객체를 만들어 템플릿 변수로 전달 합니다. 이
변수를 템플릿에서 출력만 해주면 됩니다.

코드 06-48 cart/templates/cart/detail.html

```html
{% extends "base.html" %}
{% load static %}

{% block title %}
    Shopping cart
{% endblock %}

{% block content %}
    <!-- 이전 코드 동일 -->
        {% if cart.coupon %}
            <tr class="subtotal">
                <td>Subtotal</td>
                <td colspan="4"></td>
                <td >${{ cart.get_product_total }}</td>
            </tr>
            <tr>
                <td>"{{ cart.coupon.code }}" coupon (${{ cart.coupon.amount
}})</td>
                <td colspan="4"></td>
                <td >- ${{ cart.get_discount_total|floatformat:"2" }}</td>
            </tr>
        {% endif %}
        <tr class="total">
            <td>Total</td>
            <td colspan="4"></td>
            <td class="num">${{ cart.get_total_price|floatformat:"2" }}</td>
        </tr>
        </tbody>
    </table>
    <p>
```

```
        Add Coupon:
    </p>
    <form action='{% url "coupon:add" %}' method="post">
        {{ add_coupon }}
        <input type="submit" value="Add">
        {% csrf_token %}
    </form>

    <p class="text-right">
            <a href='{% url "shop:product_all" %}' class="btn btn-secondary">
Continue shopping</a>
    </p>
{% endblock %}
```

템플릿에서는 카트에 coupon이 있을 경우만 할인에 관한 정보를 보여 줍니다. 그리고 전체 금액을 출력하는 메서드 또한 get_total_price를 사용할 것이므로 총 합계 금액을 출력하는 부분에 메서드 명을 변경합니다.

장바구니에 담긴 상품 목록을 출력하고 그 바로 아래에 쿠폰 코드를 입력하는 폼을 출력합니다. 이 폼을 이용해 쿠폰 코드를 입력해 봅시다.

6.8.6 관리자 페이지 모델 등록

admin.py를 이용해 관리자 페이지에 쿠폰 모델을 등록합시다.

코드 06-49   coupon/admin.py

```python
from django.contrib import admin
from .models import Coupon

class CouponAdmin(admin.ModelAdmin):
    list_display = ['code','use_from','use_to','amount', 'active']
    list_filter = ['active','use_from','use_to']
    search_fields = ['code']


admin.site.register(Coupon,CouponAdmin)
```

서버를 실행하고 관리자 페이지에 접속해 쿠폰을 생성해 봅시다.

```
$ python manage.py runserver
```

생성한 쿠폰을 장바구니 페이지에서 등록하면 할인된 금액을 확인할 수 있습니다.

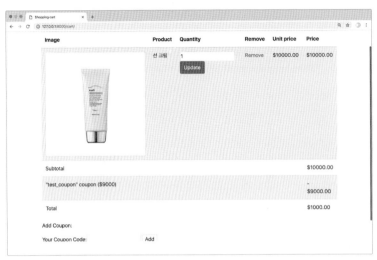

> [그림 06-77] 할인된 금액 확인

할인된 금액을 상단 카트 버튼에서도 확인할 수 있도록 base.html을 변경합니다.

코드 06-50　templates/base.html

```
<a class="nav-link btn btn-outline-success" href="{% url 'cart:detail' %}">Cart
    {% if cart|length > 0 %}
        ${{ cart.get_total_price }} with {{cart|length}} items
    {% else %}
        : Empty
    {% endif %}
</a>
```

카트 버튼에 장바구니에 담긴 제품 가격을 출력하기 위해 사용했던 get_total_product대신 get_total_price로 변경하면 할인된 금액이 잘 출력됩니다.

order 앱 만들기 ────────────────

order 앱은 장바구니에 담긴 제품을 주문하는 기능을 담당합니다. 이 기능 안에 주문서 생성하기와 결제하기 등 많은 내용이 들어 갑니다. 쇼핑몰을 만들 때 가장 중요한 기능이므로 집중해서 실습해 주시기 바랍니다.

6.9.1 앱 만들기

startapp 명령을 이용해 order 앱을 만듭니다.

```
$ python manage.py startapp order
```

생성한 앱을 INSTALLED_APPS 변수에 추가합니다.

코드 06-51   config/settings.py

```python
INSTALLED_APPS = [
    'django.contrib.admin',
    'django.contrib.auth',
    'django.contrib.contenttypes',
    'django.contrib.sessions',
    'django.contrib.messages',
    'django.contrib.staticfiles',
    'storages',
    'shop',
    'django.contrib.sites',
    'allauth',
    'allauth.account',
    'allauth.socialaccount',
    'allauth.socialaccount.providers.naver',
    'cart',
    'coupon',
    'order',
]
```

6.9.2 iamport 결제 API

이번 예제에서는 iamport라는 서비스를 이용해 결제를 연동합니다. 이를 위해서는 iamport 서비스의 API를 사용하기 위한 함수들을 미리 만들어 둬야 합니다. 이를 위해 iamport 서비스에 가입하겠습니다.

아임포트(https://www.iamport.kr/) 서비스에 접속합니다.

접속한 아임포트 홈페이지에서 오른쪽 위에 있는 [대시보드] 버튼을 클릭합니다.

▶ [그림 06-78] 아임포트 웹 사이트

로그인 화면이 나타나면 아래쪽에 있는 [회원가입] 버튼을 클릭합니다.

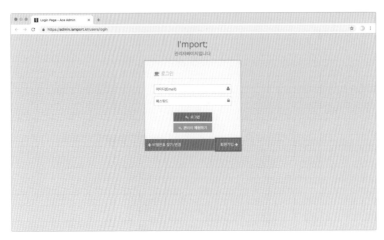

▶ [그림 06-79] 로그인 화면

회원 가입 창이 나타나면 관련 정보를 입력하고 [등록하기] 버튼을 클릭합니다.

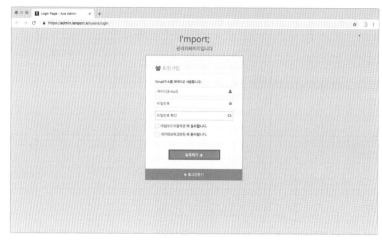

❯ [그림 06-80] 회원 가입

가입을 하면 바로 관리자 페이지로 로그인이 됩니다. 관련 정보 확인을 위해 [시스템 설정]탭을
클릭합니다.

❯ [그림 06-81] 관리자 페이지

시스템설정 탭에 있는 내 정보 부분은 눈여겨 봐야 합니다. 가맹점 코드 REST API 키와 Secret
은 복사해서 사용할 것입니다. 우선은 다른 설정을 변경해야 하기 때문에 [PG설정(일반결제 및
정기결제)] 탭을 클릭합니다.

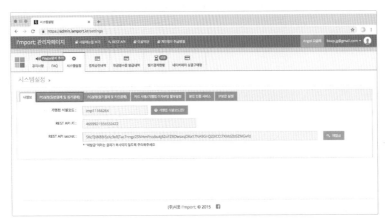

> [그림 06-82] 내 정보

기본 PG사 설정에 KG이니시스(웹표준결제창)을 선택하고 [전체 저장] 버튼을 클릭합니다. 아임
포트에서 할 설정은 끝났습니다.

> [그림 06-83] PG설정(일반결제 및 정기결제)

이제 방금 확인했던 API 관련 정보를 settings.py에 입력합니다.

코드 06-52 config/settings.py

```
IAMPORT_KEY = 'REST API 키'
IAMPORT_SECRET = 'REST API Secret'
```

아임포트 사이트를 참고하여 관련 정보를 입력합니다. 다음으로는 이 정보를 활용해 API 통신을 할 메서드를 만들어야 합니다. iamport.py 파일을 만들고 코드를 입력합니다.

코드 06-53   order/iamport.py

```python
import requests

from django.conf import settings

def get_token():
    access_data = {
        'imp_key': settings.IAMPORT_KEY,
        'imp_secret': settings.IAMPORT_SECRET
    }

    url = "https://api.iamport.kr/users/getToken"

    req = requests.post(url,data=access_data)
    access_res = req.json()

    if access_res['code'] is 0:
        return access_res['response']['access_token']
    else:
        return None
```

첫 번째 함수는 get_token입니다. 아임포트 서버와 통신하기 위한 토큰을 받아오는 함수입니다. 전체 API 통신은 requests 모듈을 사용하여 진행합니다. 미리 설치 합시다.

```
$ pip install requests
```

코드 06-54   order/iamport.py

```python
def payments_prepare(order_id,amount,*args,**kwargs):
    access_token = get_token()
    if access_token:
        access_data = {
            'merchant_uid':order_id,
            'amount':amount
        }
```

```python
        url = "https://api.iamport.kr/payments/prepare"
        headers = {
            'Authorization':access_token
        }
        req = requests.post(url, data=access_data, headers=headers)
        res = req.json()

        if res['code'] is not 0:
            raise ValueError("API 통신 오류")
    else:
        raise ValueError("토큰 오류")
```

두 번째는 결제를 준비하는 함수입니다. 아임포트에 미리 정보를 전달하여 어떤 주문 번호로 얼마를 결제할지 미리 전달하는 역할입니다.

코드 06-55   order/iamport.py

```python
def find_transaction(order_id,*args,**kwargs):
    access_token = get_token()
    if access_token:
        url = "https://api.iamport.kr/payments/find/"+order_id
        headers = {
            'Authorization':access_token
        }
        req = requests.post(url, headers=headers)
        res = req.json()
        if res['code'] is 0:
            context = {
                'imp_id':res['response']['imp_uid'],
                'merchant_order_id':res['response']['merchant_uid'],
                'amount':res['response']['amount'],
                'status':res['response']['status'],
                'type':res['response']['pay_method'],
                'receipt_url':res['response']['receipt_url']
            }
            return context
        else:
            return None
    else:
        raise ValueError("토큰 오류")
```

마지막 메서드는 결제가 완료된 후에 실제 결제가 이뤄진 것이 맞는지 확인할 때 사용하는 메서드입니다.

6.9.3 모델 만들기

아임포트 사용 준비를 마치고 models.py에 관련 모델들을 만들겠습니다.

───────
코드 06-56   order/models.py

```python
from django.db import models
from django.core.validators import MinValueValidator, MaxValueValidator
from coupon.models import Coupon

class Order(models.Model):
    first_name = models.CharField(max_length=50)
    last_name = models.CharField(max_length=50)
    email = models.EmailField()
    address = models.CharField(max_length=250)
    postal_code = models.CharField(max_length=20)
    city = models.CharField(max_length=100)
    created = models.DateTimeField(auto_now_add=True)
    updated = models.DateTimeField(auto_now=True)
    paid = models.BooleanField(default=False)
    coupon = models.ForeignKey(Coupon, on_delete=models.PROTECT, related_name=
'order_coupon', null=True, blank=True)
    discount = models.IntegerField(default=0,
validators=[MinValueValidator(0),MaxValueValidator(100000)])

    class Meta:
        ordering = ['-created']

    def __str__(self):
        return 'Order {}'.format(self.id)

    def get_total_product(self):
        return sum(item.get_item_price() for item in self.items.all())

    def get_total_price(self):
        total_product = self.get_total_product()
        return total_product - self.discount
```

주문 정보를 저장하기 위한 모델로 주문자와 주소 정보를 저장합니다. 결제됐는지 여부와 쿠폰, 할인 정보도 포함합니다. 쿠폰을 ForeignKey 연결해뒀지만 이렇게 관계를 갖고있는 객체의 정보는 변할 수 있기 때문에 쇼핑몰을 만들 때는 변할 수 있는 관계의 정보는 모두 현시점의 값을 별도로 저장해둡니다.

코드 06-57   order/models.py

```python
from shop.models import Product
class OrderItem(models.Model):
    order = models.ForeignKey(Order, on_delete=models.CASCADE,
related_name='items')
    product = models.ForeignKey(Product, on_delete=models.PROTECT,
related_name='order_products')
    price = models.DecimalField(max_digits=10, decimal_places=2)
    quantity = models.PositiveIntegerField(default=1)

    def __str__(self):
        return '{}'.format(self.id)

    def get_item_price(self):
        return self.price * self.quantity
```

OrderItem 모델은 주문에 포함된 제품 정보를 담기 위해 만드는 모델입니다. 이 경우에도 역시 제품 가격 같은 경우는 현 시점의 값으로 저장해 둡니다. 다음은 결제 관련 모델을 만들어 보겠습니다.

코드 06-58   order/models.py

```python
import hashlib

from .iamport import payments_prepare, find_transaction

class OrderTransactionManager(models.Manager):
    def create_new(self,order,amount,success=None,transaction_status=None):
        if not order:
            raise ValueError("주문 오류")
        order_hash = hashlib.sha1(str(order.id).encode('utf-8')).hexdigest()
        email_hash = str(order.email).split("@")[0]
        final_hash = hashlib.sha1((order_hash  + email_hash).encode('utf-8')).
hexdigest()[:10]
        merchant_order_id = "%s"%(final_hash)
```

```
            payments_prepare(merchant_order_id,amount)
        tranasction = self.model(
            order=order,
            merchant_order_id=merchant_order_id,
            amount=amount
        )
        if success is not None:
            tranasction.success = success
            tranasction.transaction_status = transaction_status
        try:
            tranasction.save()
        except Exception as e:
            print("save error",e)
        return tranasction.merchant_order_id

    def get_transaction(self,merchant_order_id):
        result = find_transaction(merchant_order_id)
        if result['status'] == 'paid':
            return result
        else:
            return None
```

OrderTransactionManager는 OrderTransaction 모델의 매니저 클래스입니다. 우리가 지금까지 사용했던 모델의 경우 기본 모델은 objects입니다. 이 objects 대신에 다른 메서드들을 만들어 사용하기 위해 매니저 클래스를 만들었습니다. 이 매니저는 결제 정보를 생성할 때 해시 함수를 사용해 merchant_order_id를 만들어 냅니다. 이는 아임포트 쪽으로 결제 요청을 할 때 유니크한 주문번호가 필요하기 때문입니다. 그리고 결제 이후에 제대로된 결제 정보를 조회하는데도 사용됩니다.

코드 06-59 order/models.py

```
class OrderTransaction(models.Model):
    order = models.ForeignKey(Order, on_delete=models.CASCADE)
    merchant_order_id = models.CharField(max_length=120, null=True, blank=True)
    transaction_id = models.CharField(max_length=120, null=True,blank=True)
```

```
    amount = models.PositiveIntegerField(default=0)
    transaction_status = models.CharField(max_length=220, null=True,blank=True)
    type = models.CharField(max_length=120,blank=True)
    created = models.DateTimeField(auto_now_add=True,auto_now=False)


    objects = OrderTransactionManager()


    def __str__(self):
        return str(self.order.id)


    class Meta:
        ordering = ['-created']
```

OrderTransaction 모델은 결제 정보를 저장할 때 사용합니다. transaction_id는 중요한 정보입니다. 나중에 정산에 문제가 있을 때 확인하는 용도와 환불 할 때 필요한 정보이기 때문에 꼭 저장해둬야 합니다.

코드 06-60   order/models.py

```
def order_payment_validation(sender, instance, created, *args, **kwargs):
    if instance.transaction_id:
        import_transaction = OrderTransaction.objects.get_transaction(merchant_
order_id=instance.merchant_order_id)
        merchant_order_id = import_transaction['merchant_order_id']
        imp_id = import_transaction['imp_id']
        amount = import_transaction['amount']
        local_transaction = OrderTransaction.objects.filter(merchant_order_id =
merchant_order_id, transaction_id = imp_id,amount = amount).exists()
        if not import_transaction or not local_transaction:
            raise ValueError("비정상 거래입니다.")

# 결제 정보가 생성된 후에 호출할 함수를 연결해준다.
from django.db.models.signals import post_save
post_save.connect(order_payment_validation,sender=OrderTransaction)
```

마지막은 시그널을 활용한 결제 검증 함수입니다. 시그널이란 특정 기능이 수행되었음을 장고 애플리케이션 전체에 알리는 용도입니다. 이 시그널을 이용해 특정 기능 수행 전 혹은 수행 후에 별도의 로직을 추가할 수 있습니다. 이번 경우에는 OrderTransaction 모델의 객체가 추가되면 그 후에 결제 검증을 하는 함수를 호출하도록 연결하였습니다.

이전 절에서 만든 소셜 로그인 기능에서 네이버로 가입한 계정을 살펴보면 사용자의 이름이 없습니다. 하지만 소셜 계정 정보를 살펴보면 추가 정보에 이름이 같이 전달되는 것을 알 수 있습니다. 시그널을 사용해서 회원 가입을 하는 순간 회원 이름이 회원 정보에 잘 저장되도록 하는 기능을 추가해봅니다.

모델을 완성했다면 데이터베이스에 적용해 봅시다.

```
$ python manage.py makemigrations order
$ python manage.py migrate order
```

두 개의 명령을 실행하여 데이터베이스에 적용하고 다음 내용을 진행합니다.

6.9.4 뷰 만들기

실제 결제를 진행하기 위해서는 여러 가지 뷰를 만들어야 합니다. 제일 먼저 주문서를 작성하는 뷰를 만들겠습니다. 이 뷰를 만들기 위해서는 주문 정보 입력을 위한 폼이 필요합니다.

코드 06-61   order/forms.py

```python
from django import forms
from .models import Order


class OrderCreateForm(forms.ModelForm):
    class Meta:
        model = Order
        fields = ['first_name','last_name','email','address','postal_code','city']
```

주문 정보 입력을 위한 OrderCreateForm을 만들고 이를 활용해 views.py에 뷰를 추가 하겠습니다.

```python
from django.shortcuts import render, get_object_or_404
from .models import *
from cart.cart import Cart
from .forms import *

def order_create(request):
    cart = Cart(request)
    if request.method == 'POST':
        form = OrderCreateForm(request.POST)
        if form.is_valid():
            order = form.save()
            if cart.coupon:
                order.coupon = cart.coupon
                order.discount = cart.get_discount_total()
                order.save()
            for item in cart:
                OrderItem.objects.create(order=order, product=item['product'],
price=item['price'], quantity=item['quantity'])
            cart.clear()
            return render(request, 'order/created.html', {'order':order})
    else:
        form = OrderCreateForm()
    return render(request, 'order/create.html', {'cart':cart, 'form':form})
```

order_create 뷰는 주문서를 입력받기 위한 뷰입니다. 실제 결제를 진행하고 나면 해당 정보를 저장하는데 사용되는 뷰입니다. 하지만 우리는 앞으로 ajax 기능을 이용해서 주문서를 처리할 것이기 때문에 이 뷰는 주문서 입력을 위한 폼 출력을 할 때를 제외하고는 자바스크립트가 동작하지 않는 환경에서만 입력된 데이터를 처리하는 뷰가 됩니다.

```python
def order_complete(request):
    order_id = request.GET.get('order_id')
    order = Order.objects.get(id=order_id)
    return render(request,'order/created.html',{'order':order})
```

order_complete 뷰는 이전에 만든 order_create 뷰와 비슷합니다. 주문 정보 입력 후 결제를 하고 나면 주문이 완료되었다는 화면을 표시해야 하는데 이 뷰를 사용합니다. 주문 처리는 ajax를 통해 하기 때문에 서버에서 주문 번호를 받아서 이 뷰로 get 방식을 통해 전달합니다. 그럼 그 번호를 가지고 주문 완료 화면을 보여줄 것입니다.

이제는 실 결제를 위한 ajax 처리를 하는 뷰들은 만들어 보겠습니다.

─────
코드 06-64 order/views.py

```python
from django.views.generic.base import View
from django.http import JsonResponse


class OrderCreateAjaxView(View):
    def post(self, request, *args, **kwargs):
        if not request.user.is_authenticated:
            return JsonResponse({"authenticated":False}, status=403)
        cart = Cart(request)
        form = OrderCreateForm(request.POST)
        if form.is_valid():
            order = form.save(commit=False)
            if cart.coupon:
                order.coupon = cart.coupon
                order.discount = cart.coupon.amount
            order = form.save()
            for item in cart:
                OrderItem.objects.create(order=order, product=item['product'],
price=item['price'], quantity=item['quantity'])
            cart.clear()
            data = {
                "order_id": order.id
            }
            return JsonResponse(data)
        else:
            return JsonResponse({}, status=401)
```

첫 번째 ajax뷰는 사용자가 입력한 주문 정보를 서버에 저장하고 카트를 비우고 장바구니에 담겨 있던 제품들을 OrderItem 객체들도 저장하는 역할을 수행합니다.

```python
class OrderCheckoutAjaxView(View):
    def post(self, request, *args, **kwargs):
        if not request.user.is_authenticated:
            return JsonResponse({"authenticated":False}, status=403)
        order_id = request.POST.get('order_id')
        order = Order.objects.get(id=order_id)
        amount = request.POST.get('amount')
        try:
            merchant_order_id = OrderTransaction.objects.create_new(
                order=order,
                amount=amount
            )
        except:
            merchant_order_id = None

        if merchant_order_id is not None:
            data = {
                "works": True,
                "merchant_id": merchant_order_id
            }
            return JsonResponse(data)
        else:
            return JsonResponse({}, status=401)
```

두 번째 뷰는 실제 결제를 하기 전에 OrderTransaction 객체를 생성하는 역할을 합니다. 그리고 이 때 생성한 merchant_order_id를 반환받아서 다음 절차에 사용합니다.

```python
class OrderImpAjaxView(View):
    def post(self, request, *args, **kwargs):
        if not request.user.is_authenticated:
            return JsonResponse({"authenticated":False}, status=403)
        order_id = request.POST.get('order_id')
        order = Order.objects.get(id=order_id)
```

```python
        merchant_id = request.POST.get('merchant_id')
        imp_id = request.POST.get('imp_id')
        amount = request.POST.get('amount')
        try:
            trans = OrderTransaction.objects.get(
                order=order,
                merchant_order_id=merchant_id,
                amount=amount
            )
        except:
            trans = None
        if trans is not None:
            trans.transaction_id = imp_id
            trans.success = True
            trans.save()
            order.paid = True
            order.save()
            data = {
                "works": True
            }
            return JsonResponse(data)
        else:
            return JsonResponse({}, status=401)
```

세 번째 뷰는 실제 결제가 끝난 뒤에 결제를 검증하는 뷰입니다. 결제 검증까지 마치고 나면 order_complete 뷰를 호출해 주문이 완료되었음을 표시하고 전체 절차를 마칩니다.

6.9.5 URL 연결

뷰를 사용하기 위해 URL을 연결합시다. urls.py 파일을 만들고 코드를 입력합니다.

코드 06-67　order/urls.py

```python
from django.urls import path
from .views import *
```

```
app_name = 'orders'

urlpatterns = [
    path('create/', order_create, name='order_create'),
    path('create_ajax/', OrderCreateAjaxView.
as_view(),name='order_create_ajax'),
    path('checkout/', OrderCheckoutAjaxView.as_view(),name='order_checkout'),
    path('validation/', OrderImpAjaxView.as_view(),name='order_validation'),
    path('complete/', order_complete,name='order_complete'),
]
```

다음은 루트 urls.py를 수정합니다.

코드 06-68   config/urls.py

```
urlpatterns = [
    path('admin/', admin.site.urls),
    path('accounts/', include('allauth.urls')),
    path('cart/', include('cart.urls')),
    path('coupon/', include('coupon.urls')),
    path('order/', include('order.urls')),
    path('', include('shop.urls'))
]
```

결제를 위한 뷰 코드 작업과 url 연결을 마쳤습니다. 마지막으로 템플릿 작업들만 하면 결제 화면
을 볼 수 있습니다.

6.9.6 템플릿 만들기

처음 만들 템플릿은 create.html파일입니다. 주문 정보를 입력받는 페이지의 템플릿입니다.

코드 06-69   order/templates/order/create.html

```
{% extends 'base.html' %}

{% block title %}
Checkout
{% endblock %}
```

```
{% block script %}
<script type="text/javascript">
        csrf_token = '{{ csrf_token }}';
        order_create_url = '{% url "orders:order_create_ajax" %}';
        order_checkout_url = '{% url "orders:order_checkout" %}';
        order_validation_url = '{% url "orders:order_validation" %}';
        order_complete_url = '{% url "orders:order_complete" %}';
</script>

<script  src="https://cdn.iamport.kr/js/iamport.payment-1.1.5.js"  type="text/
javascript"></script>

{% load static %}
<script src="{% static 'js/checkout.js' %}" type="text/javascript"></script>

{% endblock %}

{% block content %}
<div class="row">
        <div class="col">
            <div class="alert alert-info" role="alert">
              Your Order
            </div>
    <ul class="list-group">
        {% for item in cart %}
            <li class="list-group-item">
                {{item.quantity}}X{{item.product.name}}
                <span>{{item.total_price}}</span>
            </li>
        {% endfor %}
        {% if cart.coupon %}
            <li class="list-group-item">
                    "{{ cart.coupon.code }}" ({{ cart.coupon.amount }}% off)
                <span>- ${{ cart.get_total_discount|floatformat:"2" }}</span>
            </li>
        {% endif %}
    </ul>
                <div class="alert alert-success" role="alert">Total : {{cart.
get_total_price|floatformat:"2"}}</div>
```

```html
    <!-- form에 class 추가 -->
    <form action="" method="post" class="order-form">
        {{form.as_p}}
        {% csrf_token %}
        <!-- hidden field 추가-->
        <input type="hidden" name="pre_order_id" value="0">
            <input type="hidden" name="amount" value="{{ cart.get_total_price|
floatformat:'2' }}">
        <input type="submit" class="btn btn-primary float-right" value="Place
Order">
    </form>
    </div>
    </div>
{% endblock %}
```

이 템플릿에서는 상단에 별도의 자바스크립트 코드가 존재합니다. 바로 결제를 위한 ajax 통신 URL을 저장해둔 변수 코드입니다. 그리고 아임포트에서 제공하는 스크립트 파일과 실제 결제를 위한 ajax 코드까지 불러왔습니다. 이 코드들은 head 태그 영역에 있는 script 블록에 추가될 것입니다. 다음 단계로 실 결제를 위한 자바스크립트 코드를 작성하겠습니다.

프로젝트 루트에 static 폴더를 만들고 그 안에 js 폴더까지 만든 후에 다음 파일을 작성합니다.

코드 06-70   static/js/checkout.js

```javascript
$(function () {
    var IMP = window.IMP;
    IMP.init('가맹점 식별코드');
    $('.order-form').on('submit', function (e) {
        var amount = parseFloat($('.order-form input[name="amount"]').val().
replace(',', ''));
        var type = $('.order-form input[name="type"]:checked').val();
        // 폼 데이터를 기준으로 주문 생성
        var order_id = AjaxCreateOrder(e);
        if (order_id == false) {
            alert('주문 생성 실패\n다시 시도해주세요.');
            return false;
        }

        // 결제 정보 생성
```

```
                var merchant_id = AjaxStoreTransaction(e, order_id, amount, type);

            // 결제 정보가 만들어졌으면 iamport로 실제 결제 시도
            if (merchant_id !== '') {
                IMP.request_pay({
                    merchant_uid: merchant_id,
                    name: 'E-Shop product',
                    buyer_name:$('input[name="first_name"]').val()+" "+$('input
[name="last_name"]').val(),
                    buyer_email:$('input[name="email"]').val(),
                    amount: amount
                }, function (rsp) {
                    if (rsp.success) {
                        var msg = '결제가 완료되었습니다.';
                        msg += '고유ID : ' + rsp.imp_uid;
                        msg += '상점 거래ID : ' + rsp.merchant_uid;
                        msg += '결제 금액 : ' + rsp.paid_amount;
                        msg += '카드 승인번호 : ' + rsp.apply_num;
                        // 결제가 완료되었으면 비교해서 디비에 반영
                        ImpTransaction(e, order_id, rsp.merchant_uid, rsp.imp_uid,
rsp.paid_amount);
                    } else {
                        var msg = '결제에 실패하였습니다.';
                        msg += '에러내용 : ' + rsp.error_msg;
                        console.log(msg);
                    }
                });
            }
            return false;
        });
    });
```

IMP.init 메서드는 아임포트 결제를 위한 기능을 준비합니다. (인수로 가맹점 식별코드를 입력합니다. 아임포트 관리자 페이지에서 확인하여 붙여넣기 합니다.) 그리고 주문 입력 폼의 입력을 마치고 [Place Order] 버튼을 누르면 입력된 데이터를 가지고 주문을 생성, 결제 생성 후 결제 요청 및 후속 처리까지 하는 모든 절차가 하나의 함수 안에서 수행됩니다. 중간 중간에 웹 서버와의 ajax 통신을 위한 함수를 호출합니다.

```javascript
function AjaxCreateOrder(e) {
    e.preventDefault();
    var order_id = '';
    var request = $.ajax({
        method: "POST",
        url: order_create_url,
        async: false,
        data: $('.order-form').serialize()
    });
    request.done(function (data) {
        if (data.order_id) {
            order_id = data.order_id;
        }
    });
    request.fail(function (jqXHR, textStatus) {
        if (jqXHR.status == 404) {
            alert("페이지가 존재하지 않습니다.");
        } else if (jqXHR.status == 403) {
            alert("로그인 해주세요.");
        } else {
            alert("문제가 발생했습니다. 다시 시도해주세요.");
        }
    });
    return order_id;
}
```

첫 번째 ajax 함수입니다. 주문 정보를 서버로 전달해 Order 객체를 생성하는 역할을 합니다. 서버에서 반환받은 order_id를 다음 단계에 전달합니다.

```javascript
function AjaxStoreTransaction(e, order_id, amount, type) {
    e.preventDefault();
    var merchant_id = '';
    var request = $.ajax({
        method: "POST",
        url: order_checkout_url,
        async: false,
        data: {
```

```
                order_id : order_id,
                amount: amount,
                type: type,
                csrfmiddlewaretoken: csrf_token,
            }
    });
    request.done(function (data) {
        if (data.works) {
            merchant_id = data.merchant_id;
        }
    });
    request.fail(function (jqXHR, textStatus) {
        if (jqXHR.status == 404) {
            alert("페이지가 존재하지 않습니다.");
        } else if (jqXHR.status == 403) {
            alert("로그인 해주세요.");
        } else {
            alert("문제가 발생했습니다. 다시 시도해주세요.");
        }
    });
    return merchant_id;
}
```

결제 정보를 저장합니다. OrderTransaction 객체를 생성하는 뷰를 호출하고 아임포트에 전달할 유니크 주문 번호를 반환받습니다.

코드 06-73   static/js/checkout.js

```
function ImpTransaction(e, order_id,merchant_id, imp_id, amount) {
    e.preventDefault();
    var request = $.ajax({
        method: "POST",
        url: order_validation_url,
        async: false,
        data: {
            order_id:order_id,
            merchant_id: merchant_id,
            imp_id: imp_id,
            amount: amount,
```

```
                csrfmiddlewaretoken: csrf_token
            }
        });
        request.done(function (data) {
            if (data.works) {
                $(location).attr('href', location.
origin+order_complete_url+'?order_id='+order_id)
            }
        });
        request.fail(function (jqXHR, textStatus) {
            if (jqXHR.status == 404) {
                alert("페이지가 존재하지 않습니다.");
            } else if (jqXHR.status == 403)
                alert("로그인 해주세요.");
            } else {
                alert("문제가 발생했습니다. 다시 시도해주세요.");
            }
        });
    }
```

마지막 ajax 함수는 결제 완료 후에 호출되며 결제 검증을 위해 사용됩니다. 결제 검증 후 결제가 제대로 된 것이 맞다면 주문 번호와 함께 주문 완료 페이지를 호출합니다.

다음은 방금 만든 자바스크립트 파일이 잘 불러와지도록 static 폴더를 settings.py에 설정하겠습니다.

코드 06-74   config/settings.py

```
STATICFILES_DIRS = [
    os.path.join(BASE_DIR,'static')
]
```

STATICFILES_DIRS를 설정 한 후 collectstatic 명령을 실행해 정적 파일을 S3로 업로드 합니다.

```
$ python manage.py collectstatic
```

마지막으로 장바구니 페이지에 주문하기 버튼을 추가하고 결제를 진행해 보겠습니다.

코드 06-75   cart/templates/cart/detail.html

```html
<p class="text-right">
    <a href='{% url "shop:product_all" %}' class="btn btn-secondary">Continue
shopping</a>
    <a href='{% url "orders:order_create" %}' class="btn
btn-primary">Checkout</a>
</p>
```

detail.html 아래쪽에 Continue shopping 버튼 아래에 Checkout 버튼을 추가합니다. 이제 서버를 실행하고 결제를 해봅시다.

6.9.7 결제하기

결제에 관련된 코드가 분량이 상당히 많았습니다. 대망의 결제를 진행해 보겠습니다.

장바구니 페이지에서 [Checkout] 버튼을 누릅니다.

> [그림 06-84] 장바구니

주문 정보 입력 페이지에서 정보를 입력하고 [Place Order] 버튼을 누릅니다.

> [그림 06-85] 주문 정보 입력

그럼 ajax통신을 통해 Order 객체가 만들어지고 카드도 비워집니다. 그리고 결제 창이 나타납니다. 본인이 가지고 있는 결제 수단으로 결제합니다. 테스트 상태이기 때문에 당일 저녁 12시에 전체 취소가 되니 걱정은 안 하셔도 됩니다.

> [그림 06-86] 결제창

결제가 제대로 되었다면 주문 완료 페이지로 이동합니다. 관리 페이지에도 결제 정보가 잘 업데이트 되었는지 확인 해 봅시다.

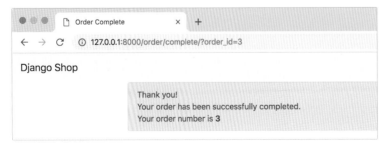

> [그림 06-87] 결제 완료

6.9.8 관리자 페이지 커스터마이징 하기

관리자 페이지에 주문 정보를 표시하고 주문 관련 기능을 추가하기 위해 admin.py를 편집하겠습니다.

코드 06-76   order/admin.py

```python
import csv
import datetime
from django.contrib import admin
from django.http import HttpResponse

def export_to_csv(modeladmin, request, queryset):
    opts = modeladmin.model._meta
    response = HttpResponse(content_type='text/csv')
    response['Content-Disposition'] = 'attachment;filename={}.csv'.format(opts.
verbose_name)
    writer = csv.writer(response)
    fields = [field for field in opts.get_fields() if not field.many_to_many and not
field.one_to_many]

    # csv 파일 컬럼 타이틀 줄
    writer.writerow([field.verbose_name for field in fields])

    # 실제 데이터 출력
    for obj in queryset:
        data_row = []
        for field in fields:
            value = getattr(obj, field.name)
            if isinstance(value, datetime.datetime):
                value = value.strftime("%Y-%m-%d")
            data_row.append(value)
        writer.writerow(data_row)
    return response
export_to_csv.short_description = 'Export to CSV'
```

export_to_csv는 주문 목록을 csv로 저장하는 함수입니다. 이런 기능은 쇼핑몰에서 상당히 중요합니다. 주문을 정리해서 물류팀에 전달해 배송이 나가야 하기 때문에 이런 기능은 실무부서에서 많이 원하는 기능 중에 한가지입니다. 하지만 우리는 이 함수를 만들면서 어떻게 csv 파일을 만드느냐보다는 만든 파일을 어떻게 응답해줬을 때 바로 다운로드가 되느냐 이런 부분을 알아둬야 합니다. HttpResponse 객체로 응답을 만들 때 Content-Disposition 값을 attachment 형식으로 설정하면 브라우저는 이 응답을 파일로 다운로드 받습니다. 이 부분을 기억해 두면 다른 기능들을 만들 때도 도움이 됩니다. 그리고 마지막 줄에 있는 short_description 속성은 해당 함수를 관리자 페이지에 명령으로 추가할 때 어떤 이름을 사용할 것인지 결정하는 속성입니다.

코드 06-77   order/admin.py

```python
from django.urls import reverse
from django.utils.safestring import mark_safe

def order_detail(obj):
    return mark_safe('<a href="{}">Detail</a>'.format(reverse('orders:admin_order_detail', args=[obj.id])))

order_detail.short_description = 'Detail'

def order_pdf(obj):
    return mark_safe('<a href="{}">PDF</a>'.format(reverse('orders:admin_order_pdf', args=[obj.id])))

order_pdf.short_description = 'PDF'
```

order_detail과 order_pdf 함수는 주문 목록에 열 데이터로 출력되는 값을 만들어 냅니다. 이 때 그냥 단순 값이 아닌 뷰를 호출하는데 이 뷰들이 각각 주문의 상세 정보와 pdf 보기입니다. 뷰를 연결할 때는 HTML 태그로 표시하는데 목록에 HTML를 출력하고 싶을 때는 mark_safe 함수를 사용해야만 합니다. 이 함수들과 관계있는 각각의 뷰들은 잠시 뒤에 만들도록 하겠습니다.

코드 06-78   order/admin.py

```python
from .models import OrderItem, Order
class OrderItemInline(admin.TabularInline):
    model = OrderItem
    raw_id_fields = ['product']

class OrderAdmin(admin.ModelAdmin):
    list_display = ['id','first_name','last_name','email','address','postal_code','city','paid',order_detail, order_pdf,'created','updated']
    list_filter = ['paid','created','updated']
    inlines = [OrderItemInline]
```

```
        actions = [export_to_csv]


admin.site.register(Order, OrderAdmin)
```

admin.py에 마지막은 옵션 클래스입니다. 튜토리얼을 따라 할 때 봤던 TabularInline을 상속 받는 클래스를 만드는데 모델이 OrderItem입니다. 이걸 사용하면 각 주문 정보의 아래쪽에 주문한 제품 목록을 출력할 수 있습니다. 그리고 위에서 만들었던 함수들을 필드처럼 list_disply에 추가 하거나 actions에 연결해서 관리자 페이지에 기능을 추가했습니다.

관리자 페이지 커스터마이징을 마치면 상당히 많은 정보가 관리자 화면에 표시 됩니다.

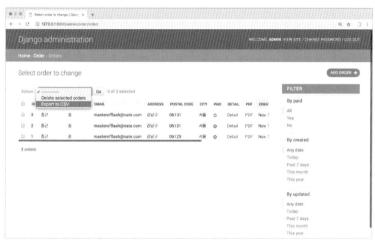

> [그림 06-88] 관리자 화면

커스터마이징한 모든 정보가 관리자 페이지에 노출이 되기 기능이 상당히 풍성해졌습니다. 이제 는 아직 완성하지 않은 Detail과 PDF 뷰를 만들어 봅시다.

코드 06-79   order/views.py

```
from django.contrib.admin.views.decorators import staff_member_required
@staff_member_required
def admin_order_detail(request, order_id):
    order = get_object_or_404(Order, id=order_id)
    return render(request, 'order/admin/detail.html', {'order':order})
```

views.py에 admin_order_detail을 만들어 넣습니다. 해당 뷰는 관리자로 로그인 했을 때만 호출 이 가능해야 하므로 데코레이터를 사용해서 관리자 권한이 있을 때만 접근할 수 있도록 했습니다.

```
{% extends 'admin/base_site.html' %}

{% block title %}
    Order {{order.id}}
{% endblock %}

{% block breadcrumbs %}
    <div class="breadcrumbs">
        <a href="{% url 'admin:index' %}">Home</a> &rsaquo;
        <a href="{% url 'admin:order_order_changelist' %}">Orders</a> &rsaquo;
         <a href="{% url 'admin:order_order_change' order.id %}">Order {{order.
id}}</a> &rsaquo;
        Detail
    </div>
{% endblock %}


{% block content %}
    <h1>Order {{order.id}}</h1>
    <ul class="object-tools">
        <li>
            <a href="#" onclick="window.print();">Print order</a>
        </li>
    </ul>
    <table>
        <tr>
            <th>Created</th>
            <td>{{order.created}}</td>
        </tr>
        <tr>
            <th>Customer</th>
            <td>{{order.first_name}} {{order.last_name}}</td>
        </tr>
        <tr>
            <th>E-mail</th>
            <td>{{order.email}}</td>
        </tr>
        <tr>
            <th>Address</th>
            <td>{{order.address}} {{order.postal_code}} {{order.city}}</td>
```

```
            </tr>
            <tr>
                <th>Total amount</th>
                <td>{{order.get_total_price}}</td>
            </tr>
        </table>
{% endblock %}
```

관리자 페이지에서 볼 수 있는 주문 상세 페이지의 템플릿입니다. 이 템플릿 역시 템플릿 확장을
사용했습니다. admin/base_site.html를 이용해서 관리자 페이지의 레이아웃을 유지하도록 만들
었습니다.

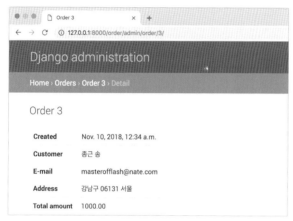

> [그림 06-89] 주문 상세

Detail 링크를 클릭해 주문 상세 페이지를 확인해보면 주문했을 때 정보를 테이블 형태로 간단하
게 보여주고 있습니다. 이 기법을 사용하면 원하는 페이지들을 관리자 페이지에도 얼마든지 추
가할 수 있습니다.

다음은 마지막 관리자 기능인 pdf 만들기 기능입니다.

코드 06-81   order/views.py

```
from django.conf import settings
from django.http import HttpResponse
from django.template.loader import render_to_string
import weasyprint

@staff_member_required
def admin_order_pdf(request, order_id):
```

```
    order = get_object_or_404(Order, id=order_id)
    html = render_to_string('order/admin/pdf.html', {'order':order})
    response = HttpResponse(content_type='application/pdf')
    response['Content-Disposition'] = 'filename=order_{}.pdf'.format(order.id)
    weasyprint.HTML(string=html).write_pdf(response, stylesheets=[weasyprint.
CSS(settings.STATICFILES_DIRS[0]+'/css/pdf.css')])
    return response
```

weasyprint라는 모듈을 사용해서 pdf를 만드는데 이 모듈의 설치 방법이 조금 복잡합니다. 설치는 잠시 뒤에 살펴보겠습니다.

코드 06-82　order/templates/order/admin/pdf.html

```html
<html>
<body>
    <h1>Django onlineshop</h1>
    <p>
        Invoice no. {{ order.id }}</br>
        <span class="secondary">{{ order.created|date:"M d, Y" }}</span>
    </p>

    <h3>{% if order.paid %}Payment Accepted{% else %}Pending payment{% endif
%}</h3>
    <p>
        {{ order.first_name }} {{ order.last_name }}<br>
        {{ order.email }}<br>
        {{ order.address }}<br>
        {{ order.postal_code }}, {{ order.city }}
    </p>

    <h3>Product List</h3>
    <table>
        <thead>
            <tr>
                <th>Product</th>
                <th>Price</th>
                <th>Quantity</th>
                <th>Cost</th>
            </tr>
        </thead>
        <tbody>
```

```
        {% for item in order.items.all %}
            <tr class="row{% cycle "1" "2" %}">
                <td>{{ item.product.name }}</td>
                <td class="num">${{ item.price }}</td>
                <td class="num">{{ item.quantity }}</td>
                <td class="num">${{ item.get_item_price }}</td>
            </tr>
        {% endfor %}
            {% if order.coupon %}
            <tr class="discount">
                <td colspan="3">Discount</td>
                <td class="num">${{ order.discount }}</td>
            </tr>
            {% endif %}
            <tr class="total">
                <td colspan="3">Total</td>
                <td class="num">${{ order.get_total_price }}</td>
            </tr>
        </tbody>
    </table>
</body>
</html>
```

weasyprint 모듈은 html 파일을 읽어 pdf로 변환하는 기능을 가지고 있습니다. 주문 정보를 pdf로 출력하기 위해 pdf.html 파일을 만들어 내용을 입력합니다.

코드 06-83   static/css/pdf.css

```
body {
    font-family:Helvetica, sans-serif;
    color:#222;
    line-height:1.5;
}

table {
    width:100%;
    border-spacing:0;
    border-collapse: collapse;
    margin:20px 0;
```

```
    }

    table th, table td {
        text-align:left;
        font-size:14px;
        padding:10px;
        margin:0;
    }

    tbody tr:nth-child(odd) {
        background:#efefef;
    }

    thead th, tbody tr.discount {
        background:#46a500;
        color:#fff;
        font-weight:bold;
    }

    thead th, tbody tr.total {
        background:#5993bb;
        color:#fff;
        font-weight:bold;
    }

    h1 {
        margin:0;
    }

    .secondary {
        color:#bbb;
        margin-bottom:20px;
    }

    .num {
        text-align:right;
    }
```

그리고 html 파일의 디자인을 입히기 위해 pdf.css도 만들어서 넣어줬습니다. weasyprint 모듈을
설치하고 pdf 파일을 확인해 봅시다.

6.9.9 맥(Mac OS)에 weasyprint 설치

```
$ sudo chown -R $(whoami) /usr/local/share/info
```

brew 명령을 사용해 추가 패키지를 설치하려면 /usr/local/share/info 경로에 사용자 권한이 있어야 합니다. 현재 사용자에게 해당 경로의 소유권을 부여하는 명령입니다.

```
$ brew install cairo pango gdk-pixbuf libffi
```

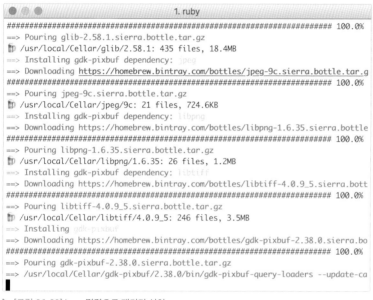

> [그림 06-90] brew 명령으로 패키지 설치

맥에서는 brew나 port같은 패키지 관리자를 사용할 수 있습니다. brew를 사용해서 추가 패키지를 설치 합니다.

```
$ pip install weasyprint
```

추가 패키지를 설치하고 나면 pip을 이용해 weasyprint를 설치할 수 있습니다.

위의 세 가지 명령어를 순서대로 실행해서 weasyprint를 설치합니다.

6.9.10 윈도우(Windows)에 weasyprint 설치

윈도우에서는 weasyprint를 설치하려면 setuptools를 먼저 설치해야 합니다.

```
$ pip install --upgrade pip setuptools
```

setuptools를 설치하고 바로 weasyprint를 설치합니다.

```
$ pip intall weasyprint
```

다음은 weasyprint를 동작할 때 필요한 GTK+ 라이브러리를 설치해야 합니다. 설치한 파이썬이 32비트인지 64비트인지에 따라 다르긴 하지만 보통은 32비트로 설치가 되어있을 것입니다. 설치프로그램 다운로드를 위해 MSYS2 installer 페이지(http://www.msys2.org/)에 접속합니다.

본인의 컴퓨터가 32비트 라면 i686이라고 써있는 파일은 64비트 x86_64를 선택해 다운로드 받습니다. 다운로드 한 설치 프로그램을 실행합니다.

> [그림 06-91] MSYS2 installer

설치 환영 메시지가 보이면 [Next] 버튼을 클릭합니다.

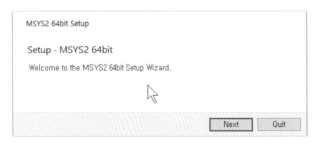

> [그림 06-92] MSYS2 설치

설치 경로는 기본으로 두고 [Next] 버튼을 클릭합니다.

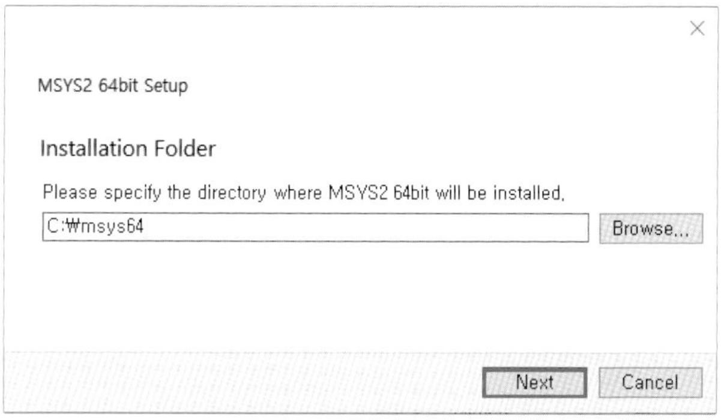

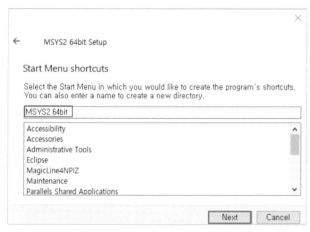

> [그림 06-93] 설치 경로 지정

시작 메뉴 폴더 구성입니다. 원하는 이름으로 설정하고 [Next] 버튼을 클릭합니다.

> [그림 06-94] 시작 메뉴 폴더 구성

파일을 복사하면서 설치를 진행합니다.

> [그림 06-95] 설치 진행

설치가 끝났습니다. [Finish] 버튼을 클릭하면 MSYS2 쉘 프로그램이 실행됩니다.

> [그림 06-96] 설치 완료

쉘에 명령어를 입력합니다.

> [그림 06-97] 쉘 실행

```
$ pacman -S mingw-w64-i686-gtk3
```

32비트 컴퓨터의 경우 i686 타입으로 설치합니다.

```
$ pacman -S mingw-w64-x86_64-gtk3
```

64비트 컴퓨터의 경우 x86_64 타입으로 설치합니다.

> [그림 06-98] 설치 진행

명령어를 입력하고 엔터키를 누르면 설치해야할 패키지 목록이 나타나고 설치를 진행하겠냐고 물어봅니다. [Y]키를 눌러 설치를 진행합니다.

모든 설치가 끝나면 weasyprint를 사용할 수 있습니다. 확인해 봅시다. 관리자 페이지에 접속해서 주문 목록에서 주문 중 하나의 [PDF] 링크를 클릭합니다.

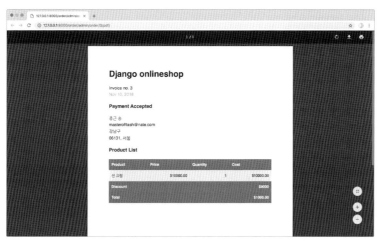

> [그림 06-99] 주문 PDF 출력

주문 PDF가 출력되는 것을 확인할 수 있습니다. 이 기능은 별도의 주소로 접근할 수 있게 만들면 사용자들이 본인의 주문을 PDF로 출력하는 기능으로도 활용 가능합니다.

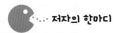
저자의 한마디

weasyprint는 배포할 때 서버에 다른 방식으로 다시 설치 합니다. 혹시 지금 단계에서 잘 되지 않더라도 무시하고 진행하셔도 됩니다. 윈도우에서 간혹 문제가 많이 발생하는데 더 자세한 설치 방법이나 오류에 대한 것을 찾아보고 싶다면 공식 홈페이지(https://weasyprint.readthedocs.io/en/latest/install.html)에 접속해서 확인해 볼 수 있습니다.

6.9.11 컨텍스트 프로세서 만들기

컨텍스트 프로세서란 모든 템플릿을 해석할 때 항상 처리해야 하는 정보가 있을 때 담당하는 기능을 말합니다. 이전 절에서 작성한 상단 메뉴의 장바구니 정보가 장바구니로 이동했을 때는 보이지만 그 외 다른 페이지 일 때는 보이지 않는다는 치명적인 단점이 있습니다. 거의 모든 쇼핑몰 서비스에서는 어느 페이지에 가더라도 장바구니 정보를 볼 수 있는 기능을 제공하고 있습니다. 우리도 이 문제를 해결하기 위해서는 컨텍스트 프로세서를 이용해 모든 페이지에서 장바구니 정보를 사용할 수 있도록 하겠습니다.

코드 06-84   cart/context_processors.py

```python
from .cart import Cart


def cart(request):
    cart = Cart(request)
    return {'cart':cart}
```

컨텍스트 프로세서는 특별한 코드가 아닙니다. 템플릿 변수로 제공할 수 있도록 딕셔너리 형태로 데이터를 반환하기만 하면 됩니다.

코드 06-85   config/settings.py

```python
TEMPLATES = [
    {
        'BACKEND': 'django.template.backends.django.DjangoTemplates',
        'DIRS': [os.path.join(BASE_DIR,'templates')],
        'APP_DIRS': True,
        'OPTIONS': {
            'context_processors': [
                'django.template.context_processors.debug',
                'django.template.context_processors.request',
                'django.contrib.auth.context_processors.auth',
                'django.contrib.messages.context_processors.messages',
                'cart.context_processors.cart',
            ],
        },
    },
]
```

만들어둔 컨텍스트 프로세서를 사용하기 위해서는 settings.py에 있는 TEMPLATES 변수에 context_processors에 등록해 두기만 하면 됩니다.

코드를 적용하고 쇼핑몰에 접속에 장바구니에 상품을 담습니다. 그리고 장바구니 외에 다른 페이지로 이동합니다.

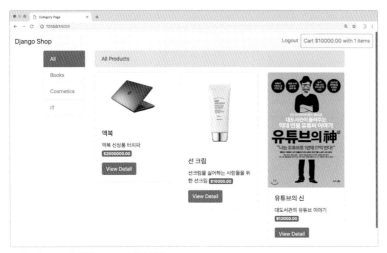

▶ [그림 06-100] 컨텍스트 프로세서 적용

컨텍스트 프로세서가 잘 동작한다면 장바구니에 담긴 상품의 가격과 개수가 잘 나타날 것입니다.

6.10 배포하기 - AWS

마지막 단계입니다. 이번 장에서는 배포를 AWS를 통해 진행하겠습니다. 이전 장들에서 다뤄보았던 파이썬 애니웨어, 헤로쿠보다 훨씬 어렵습니다. 모든 것을 직접 설치하고 설정해야 하기 때문입니다.

6.10.1 EC2 인스턴스 만들기

이번 배포에는 웹 서버 구축부터 모두 직접 해야 합니다. AWS에서는 웹 서버로 활용할 수 있는 가상 컴퓨터를 사용할 수 있는데 이를 EC2라고 합니다. 이 EC2의 인스턴스를 만들어서 웹 서버로 만들어 봅시다.

상단 메뉴에서 서비스 -> 컴퓨팅 -> EC2를 클릭합니다.

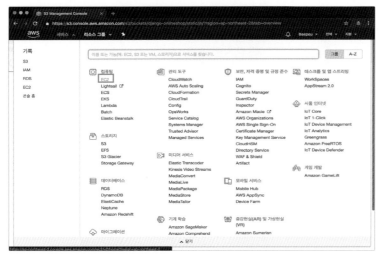

> [그림 06-101] EC2 서비스로 이동

대시보드로 이동하면 [인스턴스 시작] 버튼을 클릭합니다.

> [그림 06-102] EC2 대시보드

EC2 인스턴스는 다양한 OS 이미지를 선택해 만들 수 있습니다. 배포판 중에서 많이 사용되는 Ubuntu Server 18.04 LTS의 [선택] 버튼을 클릭합니다.

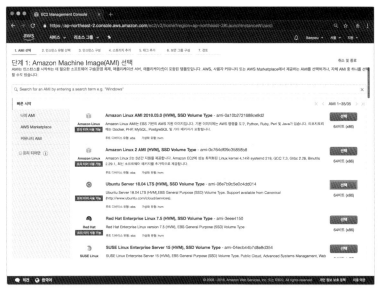

> [그림 06-103] AMI 선택

인스턴스의 유형, 즉 컴퓨터 사양을 선택할 수 있습니다. 무료 사용을 위해 t2.micro를 선택하고 [다음: 인스턴스 세부 정보 구성] 버튼을 클릭합니다.

> [그림 06-104] 인스턴스 유형 선택

인스턴스의 세부 정보를 고를 수 있습니다. 특별히 변경하지 않아도 괜찮습니다. [다음: 스토리지 추가] 버튼을 클릭합니다.

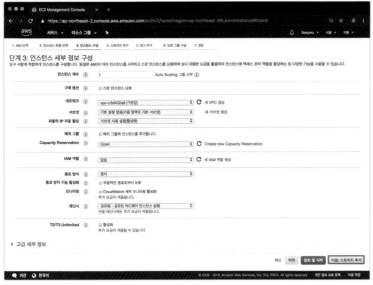

> [그림 06-105] 인스턴스 세부 정보 구성

인스턴스의 디스크 용량을 선택할 수 있습니다. 기본이 8기가인데 넉넉하게 20으로 변경하고 [다음: 태그 추가] 버튼을 클릭합니다.

> [그림 06-106] 스토리지 추가

태그는 인스턴스를 관리할 때 편리한 기능입니다. 지금은 입력할 필요가 없습니다. [다음: 보안 그룹 구성] 버튼을 클릭합니다.

> [그림 06-107] 태그 추가

다른 서비스와 마찬가지로 어느 네트워크에서 접속 가능하게 할 것인지 보안 그룹에서 설정합니다. 보안 그룹 이름은 알아보기 쉽게 onlineshop-ec2 라고 입력하고 [규칙 추가] 버튼을 클릭해 새로운 유형을 추가합시다.

> [그림 06-108] 보안 그룹 구성

새로 추가한 규칙의 유형은 [HTTP] 소스는 [위치 무관]을 선택합니다. 이제 이 인스턴스는 웹 서버로 동작하기 위한 80번 포트로 전 세계 어디서나 접속할 수 있고 웹 서버 관리를 위해 사용하는 SSH 접속을 위한 22번 포트도 전 세계 어디서나 접속할 수 있게 열려있습니다. [검토 및 시작] 버튼을 클릭합니다.

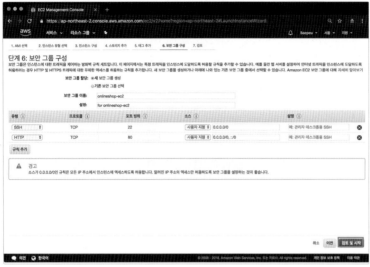

> [그림 06-109] 보안 그룹 규칙 추가

최종 설정 사항들을 확인하고 [시작] 버튼을 누르면 인스턴스를 만들기 위한 설정이 모두 끝납니다.

> [그림 06-110] 인스턴스 시작 검토

아마존 인스턴스들은 기본적으로 아이디와 패스워드를 이용해 접근할 수 없고 키 페어 파일을 이용해야 합니다. [새 키 페어 생성]을 선택하고 키 페어 이름을 onlineshop이라고 입력합니다. [키 페어 다운로드] 버튼을 누르면 생성된 키 페어 파일을 다운로드 받을 수 있습니다. 이 파일을 다운로드 해야 [인스턴스 시작] 버튼을 클릭할 수 있습니다. 한번 다운로드 받은 키 페어 파일은 다시 다운로드가 불가능 합니다. 잘 보관하셔야 합니다. [인스턴스 시작] 버튼을 클릭합니다.

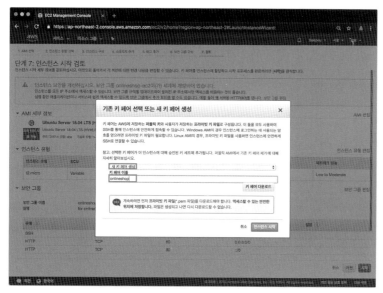

> [그림 06-111] 키 페어 설정

인스턴스에 관한 설정을 적용하고 자동으로 인스턴스가 만들어 집니다. 시작 상태 페이지가 나타났다면 인스턴스 생성이 잘 된 것입니다. [인스턴스 보기] 버튼을 클릭해 인스턴스를 확인합니다.

> [그림 06-112] 시작 상태

인스턴스 목록에 드디어 인스턴스가 보입니다. 방금 만든 인스턴스를 선택하면 [퍼블릭 DNS] 정보가 보입니다. 이 정보를 이용해 서버에 접속해 웹 서버 환경을 설정하고 소스코드도 업로드 할 것입니다.

> [그림 06-113] 인스턴스 목록

6.10.2 EC2 인스턴스 접속하기

EC2 인스턴스에 접근하려면 키 페어 파일을 이용해 ssh로 접속해야 합니다. 각 환경에서 인스턴스에 접속하는 방법을 살펴보겠습니다.

6.10.2.1 맥(Mac OS)에서 인스턴스 접속하기

맥에서 터미널을 열고 다음 절차를 따라해합니다. 다운로드 받은 pem 파일이 Downloads 폴더에 있다고 가정하고 진행하겠습니다.

```
$ chmod 400 ~/Downloads/onlineshop.pem
```

소유자만 onlineshop.pem 파일을 읽을 수 있는 권한을 부여합니다.

```
$ mv ~/Downloads/onlineshop.pem ~/.ssh/
```

onlineshop.pem 파일을 사용자 계정의 .ssh 폴더로 이동합니다.

```
$ ssh -i ~/.ssh/onlineshop.pem ubuntu@[퍼블릭 DNS]
```

인스턴스 정보에서 퍼블릭 DNS를 복사한 다음 ssh 명령을 이용해 해당 인스턴스에 접속합니다.
이 때 미리 옮겨둔 onlineshop.pem 파일을 이용합니다.

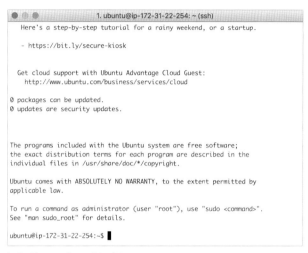

> [그림 06-114] ssh 접속 성공

접속에 성공하면 우분투 위에서 동작하는 쉘을 만날 수 있습니다. 우리는 여기서 웹 서버 세팅을
위한 작업을 진행할 것입니다.

6.10.2.2 윈도우(Windows)에서 인스턴스 접속하기

윈도우에서 ssh를 이용하려면 별도의 프로그램이 필요합니다. 하지만 우리는 깃(git)을 설치하면
서 ssh 명령이 동작하도록 세팅을 이미 해둔 상태입니다. 윈도우 명령 프롬프트를 실행하고 다음
명령을 입력합니다.

```
$ ssh -i ~/Downloads/onlineshop.pem ubuntu@[퍼블릭 DNS]
```

윈도우에서도 pem 파일이 다운로드 폴더에 있다고 가정하고 명령을 실행했습니다. 접속에 성공하면 맥에서와 마찬가지로 우분투 쉘을 만날 수 있습니다.

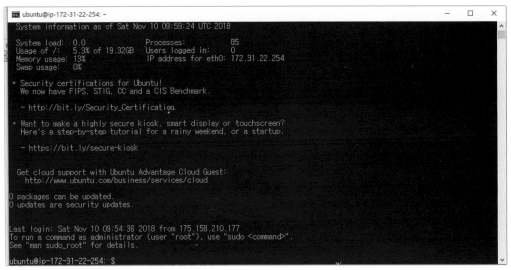

> [그림 06-115] ssh 접속 성공

ssh 접속은 웹 서버 세팅을 위해 사용합니다. 파일 업로드를 위해서는 FTP를 사용해야 합니다. FTP 접속 방법을 살펴봅시다.

6.10.3 FTP 접속 설정

EC2 인스턴스에 FTP 프로그램으로 접속해서 파일을 업로드 하려면 FTP 프로그램부터 설치해야 합니다. 관련 프로그램부터 설치하겠습니다. 파일질라(FileZilla)라는 프로그램은 무료이면서 강력한 FTP 프로그램으로 사랑받고 있습니다. 이 프로그램을 설치하고 사용해 봅시다.

6.10.4 맥(Mac OS)에 파일질라 설치

파일질라 공식 사이트(https://filezilla-project.org/)에 접속합니다.

화면 중앙에 있는 [Download FileZilla Client] 링크를 클릭합니다.

> [그림 06-116] 공식사이트

다운로드 페이지에서 [Download FileZilla Client] 링크를 클릭합니다.

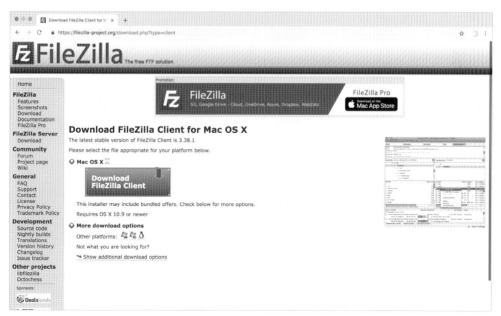

> [그림 06-117] 다운로드 페이지

프로 버전과 일반 버전을 선택하는 창이 나타납니다. 일반 버전의 [Download] 버튼을 클릭합니다. dmg 파일이 다운로드 됩니다.

> [그림 06-118] 버전 선택

다운로드 받은 dmg 파일을 실행하면 라이선스 동의 창이 나타납니다. [Agree] 버튼을 클릭합니다.

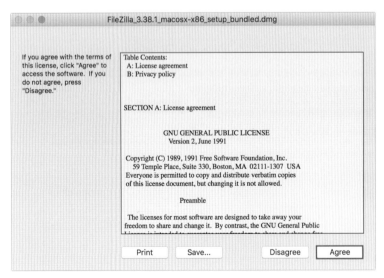

> [그림 06-119] dmg 실행

동의를 하면 FileZilla.app을 더블 클릭하라는 창이 나타납니다. 설치를 위해 더블 클릭합니다.

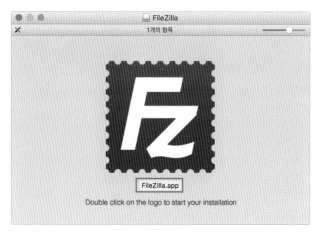

> [그림 06-120] 파일 질라 dmg 컨텐츠

응용 프로그램을 실행하겠냐는 확인 창이 나타나면 [열기] 버튼을 클릭합니다.

> [그림 06-121] 열기 확인 창

인스톨러가 실행되고 환영 메시지가 나타납니다. [Continue] 버튼을 클릭합니다.

> [그림 06-122] 인스톨러 실행

파일질라 관련 파일을 다운로드 합니다.

> [그림 06-123] 프로그램 다운로드

모든 과정이 진행되면 설치가 완료됩니다. [Finish] 버튼을 클릭합니다.

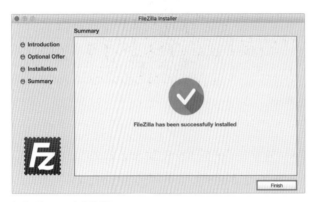

> [그림 06-124] 설치 완료

설치가 끝나면 파일질라가 실행됩니다. [확인] 버튼을 누릅니다.

> [그림 06-125] 파일질라 실행

6.10.5 맥(Mac OS)에서 FTP 접속하기

파일질라를 실행하고 다음과정을 진행해 인스턴스에 FTP로 접속해 봅시다.

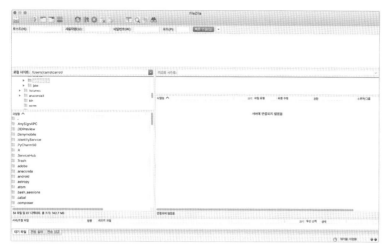

> [그림 06-126] 파일질라 실행

파일질라 메뉴바의 왼쪽 끝에 있는 [사이트 관리자] 버튼을 클릭합니다.

사이트 관리자 창이 나타나면 [새 사이트(N)] 버튼을 클릭합니다.

> [그림 06-127]사이트 관리자

새 사이트의 이름을 onlineshop으로 하고 프로토콜은 SFTP, 호스트는 인스턴스의 퍼블릭 DNS
로 합니다. 로그온 유형은 키 파일, 사용자는 ubuntu로 하고 [찾아보기] 버튼을 클릭해 키 파일을
선택합니다. [연결] 버튼을 누르면 EC2 인스턴스에 접속할 수 있습니다.

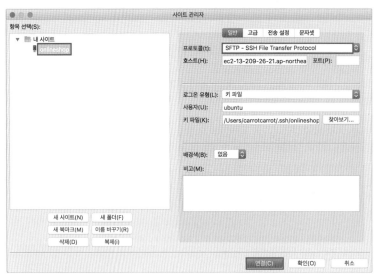

> [그림 06-128] 새 사이트 추가

최초 접속시에는 알 수 없는 호스트키 메시지가 나타납니다. 캐시에 등록에 체크하고 [확인] 버
튼을 클릭합니다.

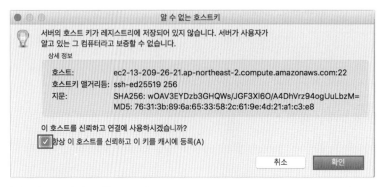

> [그림 06-129] 알 수 없는 호스트키

FTP 접속에 성공하면 서버에 있는 파일과 폴더를 확인할 수 있습니다. 이제 이 프로그램을 이용해 장고로 만든 소스코드를 업로드 할 수 있습니다.

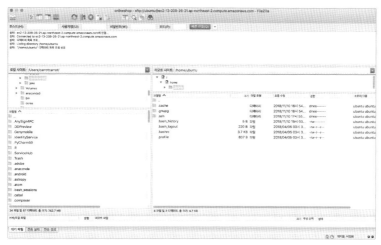

▶ [그림 06-130] 접속 완료

6.10.6 윈도우(Windows)에 파일질라 설치

파일질라 공식 사이트(https://filezilla-project.org/)에 접속합니다.

화면 중앙에 있는 [Download FileZilla Client] 링크를 클릭합니다.

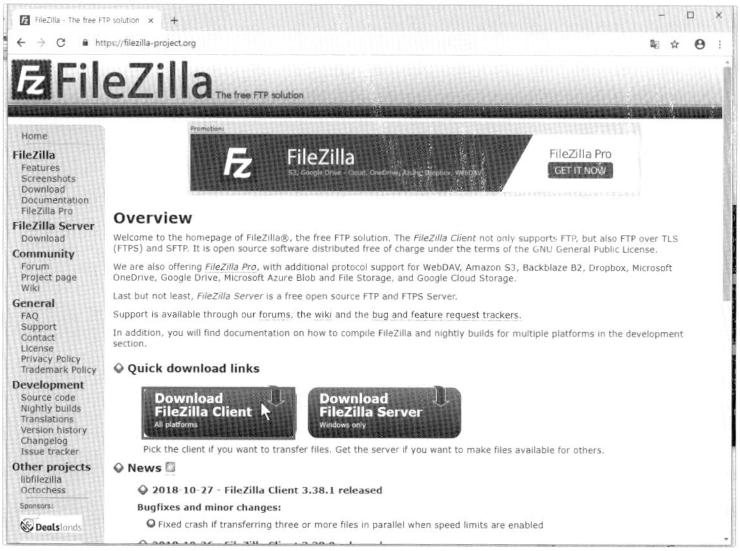

▶ [그림 06-131] 공식사이트

다운로드 페이지로 이동하면 [Download FileZilla Client] 버튼을 클릭합니다.

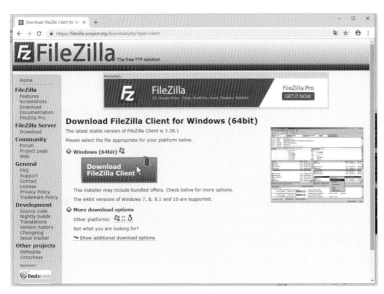

> [그림 06-132] 다운로드 페이지

버전 선택 창이 나타나면 일반 버전의 [Download] 버튼을 클릭합니다. 설치 파일이 다운로드가
다 되면 실행합니다.

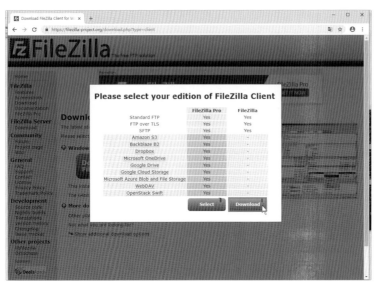

> [그림 06-133] 버전 선택

사용자 계정 컨트롤 창이 나타나면 [예] 버튼을 클릭합니다.

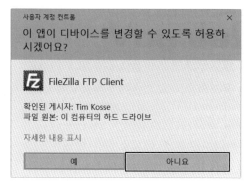

> [그림 06-134] 사용자 계정 컨트롤

라이선스 동의를 위해 [I Agree] 버튼을 클릭합니다.

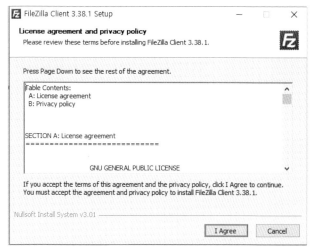

> [그림 06-135] 설치 실행

데이터 로딩을 위해 잠시 기다립니다.

> [그림 06-136] 데이터 로딩

설치 옵션은 모든 사용자를 위해 설치하기로 선택하고 [Next >] 버튼을 클릭합니다.

> [그림 06-137] 설치 옵션

설치할 컴포넌트들도 기본 값으로 선택하고 [Next >] 버튼을 클릭합니다.

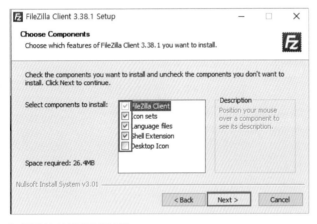

> [그림 06-138] 컴포넌트 선택

설치 위치를 선택하고 [Next >] 버튼을 클릭합니다.

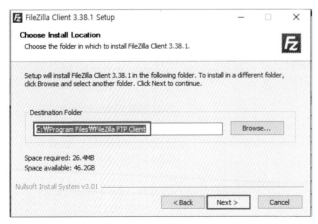

> [그림 06-139] 설치 위치 지정

시작 메뉴 폴더 이름을 설정하고 [Next >] 버튼을 클릭합니다.

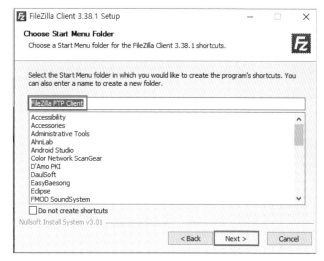

> [그림 06-140] 시작 메뉴 폴더

오페라 브라우저를 함께 설치할지 선택할 수 있습니다. 원하는 대로 설정하고 [Next >] 버튼을
클릭합니다.

> [그림 06-141] 오페라 브라우저 설치 옵션

Avast 백신 설치 옵션 또한 원하는 대로 설정하고 [Next >] 버튼을 클릭합니다.

> [그림 06-142] 백신 설치 옵션

설치가 진행됩니다. 완료될 때까지 잠시만 기다립니다.

> [그림 06-143] 설치 진행

설치가 완료되면 [Finish] 버튼을 클릭하여 마칩니다.

> [그림 06-144] 설치 완료

파일질라가 실행됩니다. 맥에서와 마찬가지로 사이트 관리자를 이용해 EC2 인스턴스 접속 설정을 완료하고 접속합니다.

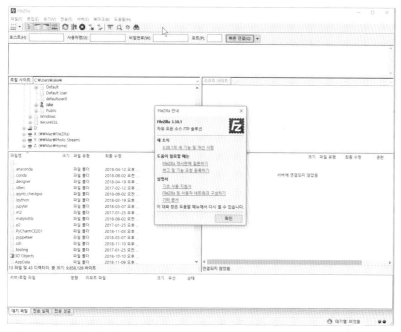

> [그림 06-145] 파일질라 실행

윈도우에서도 맥과 마찬가지로 접속을 완료할 수 있습니다. 이제 웹 서버를 설정하고 소스코드를 업로드해 배포 작업을 마치도록 하겠습니다.

> [그림 06-146] 접속 완료

6.10.7 Nginx 설치

이전에 접속했던 방식을 이용해 EC2 인스턴스에 ssh로 접속합니다.

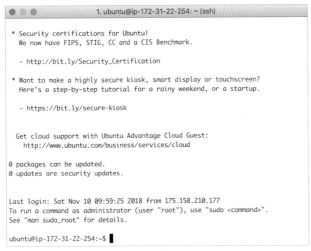

```
                    1. ubuntu@ip-172-31-22-254: ~ (ssh)

 * Security certifications for Ubuntu!
   We now have FIPS, STIG, CC and a CIS Benchmark.

   - http://bit.ly/Security_Certification

 * Want to make a highly secure kiosk, smart display or touchscreen?
   Here's a step-by-step tutorial for a rainy weekend, or a startup.

   - https://bit.ly/secure-kiosk


  Get cloud support with Ubuntu Advantage Cloud Guest:
    http://www.ubuntu.com/business/services/cloud

0 packages can be updated.
0 updates are security updates.

Last login: Sat Nov 10 09:59:25 2018 from 175.158.210.177
To run a command as administrator (user "root"), use "sudo <command>".
See "man sudo_root" for details.

ubuntu@ip-172-31-22-254:~$
```

> [그림 06-147] ssh 접속 상태

우분투 쉘에 명령어를 입력해 apt-get을 업데이트 합니다.

```
$ sudo apt-get update
```

그리고 웹 서버 프로그램인 nginx를 설치합니다.

```
$ sudo apt-get install nginx
```

설치 확인 메시지가 나타나면 [Y]키를 입력해 설치를 진행합니다.

```
                    1. ubuntu@ip-172-31-22-254: ~ (ssh)
Fetched 26.2 MB in 5s (5275 kB/s)
Reading package lists... Done
ubuntu@ip-172-31-22-254:~$ sudo apt-get install nginx
Reading package lists... Done
Building dependency tree
Reading state information... Done
The following additional packages will be installed:
  fontconfig-config fonts-dejavu-core libfontconfig1 libgd3 libjbig0
  libjpeg-turbo8 libjpeg8 libnginx-mod-http-geoip
  libnginx-mod-http-image-filter libnginx-mod-http-xslt-filter
  libnginx-mod-mail libnginx-mod-stream libtiff5 libwebp6 libxpm4 nginx-common
  nginx-core
Suggested packages:
  libgd-tools fcgiwrap nginx-doc ssl-cert
The following NEW packages will be installed:
  fontconfig-config fonts-dejavu-core libfontconfig1 libgd3 libjbig0
  libjpeg-turbo8 libjpeg8 libnginx-mod-http-geoip
  libnginx-mod-http-image-filter libnginx-mod-http-xslt-filter
  libnginx-mod-mail libnginx-mod-stream libtiff5 libwebp6 libxpm4 nginx
  nginx-common nginx-core
0 upgraded, 18 newly installed, 0 to remove and 97 not upgraded.
Need to get 2460 kB of archives.
After this operation, 8194 kB of additional disk space will be used.
Do you want to continue? [Y/n] Y
```

> [그림 06-148] nginx 설치

설치를 완료했다면 다음 명령어를 이용해 웹 서버가 동작하고 있는지 확인할 수 있습니다.

```
$ systemctl status nginx
```

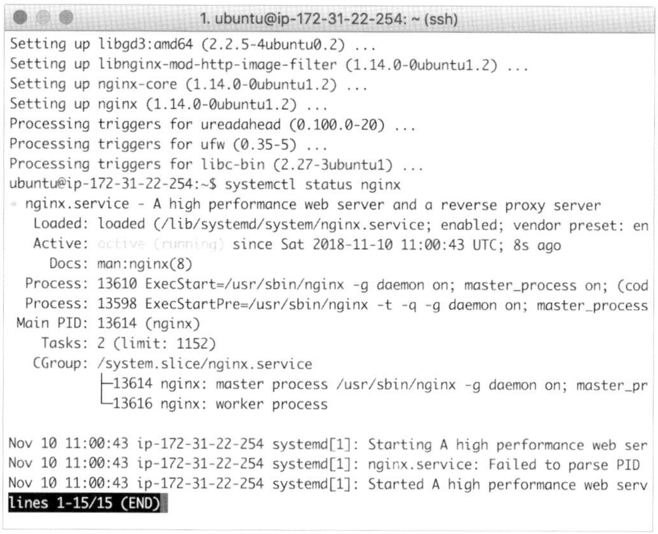

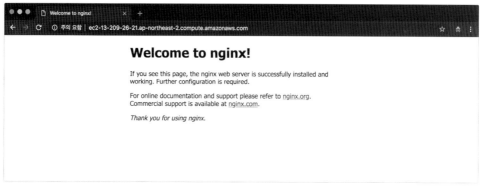

> [그림 06-149] 설치 상태 확인

웹 서버가 켜져있는 상태라면 웹 브라우저에서도 확인할 수 있습니다.

> [그림 06-150] 웹 브라우저에서 확인

퍼블릭 도메인으로 접속하면 nginx의 환영 메시지가 나타납니다. 이 화면까지 보인다면 다음 단계로 진행하셔도 됩니다. 만약 안 보인다면 nginx가 설치가 안된 상태이거나 AWS에서 보안 그룹 설정이 잘못된 경우입니다. 양쪽 모두 확인해 보시기 바랍니다.

6.10.8 계정 설정

리눅스 기반 시스템은 철저히 계정 기반으로 운영됩니다. 장고 웹 어플리케이션을 동작 시키기 위한 전용 그룹과 계정을 만들도록 하겠습니다.

djangogroup 이라는 사용자 그룹을 생성합니다.

```
$ sudo groupadd djangogroup
```

해당 그룹에 django라는 유저를 만들어 추가합니다.

```
$ sudo useradd -g djangogroup -b /home -m -s /bin/bash django
```

웹 서비스 소스코드를 업로드할 폴더를 생성합니다.

```
$ sudo mkdir -p /var/www/onlineshop
```

해당 폴더를 django유저와 djangogroup그룹에 소유권을 설정합니다.

```
$ sudo chown django:djangogroup /var/www/onlineshop/
```

ubuntu유저를 djangogroup에 추가합니다.

```
$ sudo usermod -a -G djangogroup ubuntu
```

onlineshop 폴더 쓰기 권한을 그룹에 속한 모든 유저에게도 부여합니다.

```
$ sudo chmod g+w /var/www/onlineshop
```

6.10.9 필요 패키지 설치

```
$ sudo apt-get install build-essential libcairo2 libpango-1.0-0 libpangocai-
ro-1.0-0 libgdk-pixbuf2.0-0 libffi-dev shared-mime-info libssl-dev
$ sudo apt-get install python3-dev python3-pip python3-cffi python3-venv
```

위의 두 개 명령을 이용해 웹 어플리케이션 구동을 위한 패키지를 다 설치합니다. weasyprint를 위한 패키지들이 다수 포함되어 있습니다.

6.10.10 소스코드 업로드

파일질라를 이용해 소스코드를 업로드 하겠습니다. 우선 업로드 하기에 앞서 필요 라이브러리 목록부터 추출합니다. 파이참에서 터미널을 열고 다음 명령을 실행합니다.

```
$ pip freeze > requirements.txt
```

목록을 추출하고 settings.py 설정을 변경합시다.

코드 06-86   config/settings.py

```
DEBUG = False

ALLOWED_HOSTS = ['.compute.amazonaws.com']
```

배포를 하기 위해 디버그 모드를 False 변경하고 ALLOWED_HOSTS는 AWS 도메인으로 설정합니다. 이제 소스코드를 업로드 합시다. 파일질라를 실행하고 서버 쪽 폴더는 /var/www/onlineshop으로 이동한 후 로컬에 있는 소스코드를 업로드합니다. 이 때 필요 없는 venv폴더와 db.sqlite3 파일은 제외합니다.

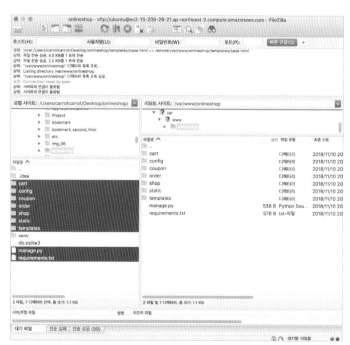

❯ [그림 06-151] 소스코드 업로드

소스코드 업로드를 완료하면 이제 서버에서 할 일들만 남았습니다.

```
DEBUG = False
ALLOWED_HOSTS = ['.compute.amazonaws.com']
```

6.10.11 파이썬 가상 환경 설정

파이썬 가상 환경을 설정하겠습니다.

```
$ cd /var/www/onlineshop
```

소스코드를 업로드할 폴더로 이동합니다.

```
$ sudo python3 -m venv venv
```

venv 모듈을 이용해 venv 라는 경로에 가상환경을 만듭니다.

```
$ sudo -s
```

관리자 상태로 변경합니다.

```
$ source venv/bin/activate
```

가상 환경을 활성화 합니다.

```
$ pip install -r requirements.txt
```

업로드한 소스코드에 필요한 모듈들을 한꺼번에 설치합니다.

```
$ pip install uwsgi
```

WSGI 사용을 위한 uwsgi 모듈을 설치합니다.

6.10.12 uwsgi 환경 설정

파이썬 환경설정을 마치고 uwsgi가 동작 할 수 있도록 환경 설정을 한 후 uwsgi와 nginx가 연동 되도록 하겠습니다.

```
$ sudo mkdir run logs ssl
```

uwsgi 동작을 위해 추가로 필요한 폴더를 생성합니다.

```
$ sudo chown django:www-data run
$ sudo chown django:www-data logs
```

run, logs 폴더의 권한을 변경합니다.

```
$ vim /var/www/onlineshop/run/uwsgi.ini
```

uwsgi.ini 파일을 만들고 편집합니다.

───────
코드 06-87   /var/www/onlineshop/run/uwsgi.ini

```
[uwsgi]
uid = django
base = /var/www/onlineshop
home = %(base)/venv
chdir = %(base)
module = config.wsgi:application
env = DJANGO_SETTINGS_MODULE=config.settings
master = true
processes = 5
socket = %(base)/run/uwsgi.sock
logto = %(base)/logs/uwsgi.log
chown-socket = %(uid):www-data
chmod-socket = 660
vacuum = true
```

```
$ vim /etc/systemd/system/uwsgi.service
```

코드 06-88 /etc/systemd/system/uwsgi.service

```
[Unit]
Description=uWSGI Emperor service

[Service]
ExecStart=/var/www/onlineshop/venv/bin/uwsgi --emperor /var/www/onlineshop/run
User=django
Group=www-data
Restart=on-failure
KillSignal=SIGQUIT
Type=notify
NotifyAccess=all
StandardError=syslog

[Install]
WantedBy=multi-user.target
```

uwsgi를 시스템 서비스로 만들었습니다. 이 서비스를 시작하고 재부팅할 때도 자동으로 실행되도록 등록하겠습니다.

```
$ systemctl start uwsgi
```

uwsgi 서비스를 시작합니다.

```
$ systemctl enable uwsgi
```

uwsgi 서비스를 시작 서비스로 등록합니다.

```
$ systemctl status uwsgi
```

uwsgi 서비스의 동작 상태를 확인합니다.

```
1. ubuntu@ip-172-31-22-254: ~ (ssh)
● uwsgi.service - uWSGI Emperor service
   Loaded: loaded (/etc/systemd/system/uwsgi.service; enabled; vendor preset: en
   Active: active (running) since Sat 2018-11-10 11:42:30 UTC; 16s ago
 Main PID: 23088 (uwsgi)
   Status: "The Emperor is governing 1 vassals"
    Tasks: 7 (limit: 1152)
   CGroup: /system.slice/uwsgi.service
           ├─23088 /var/www/onlineshop/venv/bin/uwsgi --emperor /var/www/onlines
           ├─23089 /var/www/onlineshop/venv/bin/uwsgi --ini uwsgi.ini
           ├─23104 /var/www/onlineshop/venv/bin/uwsgi --ini uwsgi.ini
           ├─23105 /var/www/onlineshop/venv/bin/uwsgi --ini uwsgi.ini
           ├─23106 /var/www/onlineshop/venv/bin/uwsgi --ini uwsgi.ini
           ├─23107 /var/www/onlineshop/venv/bin/uwsgi --ini uwsgi.ini
           └─23108 /var/www/onlineshop/venv/bin/uwsgi --ini uwsgi.ini

Nov 10 11:42:30 ip-172-31-22-254 uwsgi[23088]: !!! no internal routing support,
Nov 10 11:42:30 ip-172-31-22-254 uwsgi[23088]: *** WARNING: you are running uWSG
Nov 10 11:42:30 ip-172-31-22-254 uwsgi[23088]: your processes number limit is 38
Nov 10 11:42:30 ip-172-31-22-254 uwsgi[23088]: your memory page size is 4096 byt
Nov 10 11:42:30 ip-172-31-22-254 uwsgi[23088]: detected max file descriptor numb
Nov 10 11:42:30 ip-172-31-22-254 uwsgi[23088]: *** starting uWSGI Emperor ***
Nov 10 11:42:30 ip-172-31-22-254 uwsgi[23088]: *** has_emperor mode detected (fd
Nov 10 11:42:30 ip-172-31-22-254 uwsgi[23088]: [uWSGI] getting INI configuration
lines 1-23
```

> [그림 06-152] uwsgi 서비스 동작 확인

서비스가 잘 동작하고 있다면 active (running)이라는 메시지를 확인할 수 있습니다.

6.10.13 nginx 설정

nginx에 uwsgi 관련 설정을 추가하도록 하겠습니다.

```
$ cp /etc/nginx/sites-available/default /etc/nginx/sites-available/onlineshop
```

nginx는 한번에 여러 개의 웹 사이트를 동작시킬 수 있습니다. 이때 각 사이트별 설정 파일이 필요합니다. 기본 설정 파일을 복사해 onlineshop을 위한 설정 파일을 만드는 명령입니다.

```
$ ln -s /etc/nginx/sites-available/onlineshop /etc/nginx/sites-enabled/
```

방금 만든 설정 파일을 nginx가 서비스 중인 사이트로 등록합니다.

```
$ vim /etc/nginx/nginx.conf
```

지원하는 도메인 길이를 변경하기 위해 nginx.conf 파일을 수정합니다.

코드 06-89 /etc/nginx/nginx.conf

```
server_name_hash_bucket_size 128;
```

nginx.conf 파일을 열어, 파일 중간에 있는 server_name_hash_bucket_size를 128로 수정합니다. 앞쪽에 붙어있던 #을 삭제해야 해당 옵션이 적용됩니다.

```
$ vim /etc/nginx/sites-available/onlineshop
```

onlineshop을 위한 nginx 설정 파일을 변경해 uwsgi가 동작하도록 하겠습니다.

코드 06-90 /etc/nginx/sites-available/onlineshop

```
upstream django {
    server unix:/var/www/onlineshop/run/uwsgi.sock;
}
server {
    listen 80;
    server_name [EC2 퍼블릭 DNS];
    charset     utf-8;

    location / {
        include         /etc/nginx/uwsgi_params;
        uwsgi_pass      django;
    }
}
```

upstream 설정을 통해서 웹 서버와 uwsgi가 파일 소켓을 사용해 통신하도록 연결합니다. 이렇게 하면 기본 네트워크를 사용해 통신하는 것보다 더 좋은 성능을 발휘합니다.

서버 설정을 변경하고 정상적으로 동작하는지 확인하기 위해 설정 값 점검 명령을 입력합니다.

```
$ nginx -t
```

successful이라는 메시지가 나온다면 서버를 재시작하고 확인해 봅시다.

```
$ systemctl restart nginx
```

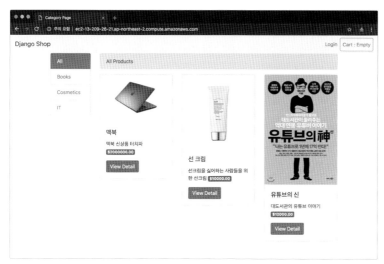

> [그림 06-153] AWS에서 동작하는 웹 서비스

nginx 웹 서버를 재시작 한 후에 퍼블릭 도메인으로 접속하면 웹 서비스가 정상 동작하는 것을 확인할 수 있습니다. 이 상태로도 참 좋지만 아직 변경할 부분이 남아있습니다. 바로 네이버 아이디로 로그인 하기에 도메인 설정을 변경해야 합니다. 네이버 아이디로 로그인 하기 애플리케이션 설정 페이지(https://developers.naver.com/apps/#/myapps)에 접속합니다.

> [그림 06-154] URL 설정 변경

서비스 URL과 Callbak URL의 도메인을 AWS 인스턴스의 퍼블릭 DNS로 변경합니다. 그리고 페이지 아래쪽에 있는 [수정] 버튼을 클릭합니다.

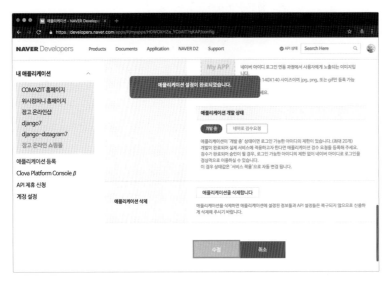

> [그림 06-155] 수정 완료

수정을 했다면 쇼핑몰로 이동해서 네이버로 로그인 해봅니다. 로그인이 된다면 모든 배포 과정이 끝났습니다.

6.11 마무리 하며

쇼핑몰 웹 서비스의 제작과 배포가 끝났습니다. 어떠셨나요? 그 어느 장보다도 많은 기능 개발과 긴 코드 그리고 배포까지도 험난함 그 자체였습니다. 하지만 이런 과정은 현직 개발자들에게는 몇 분 걸리지 않는 절차이기도 합니다. 자동화를 사용하지 않더라도 자주 하는 일이기 때문에 금방 금방 처리하는 업무들입니다. 여러분도 익숙해질 때까지 몇 번이고 반복해서 익혀보시기 바랍니다.

그리고 쇼핑몰 앱을 끝으로 실전 프로젝트는 끝입니다. 어떤 기능을 추가로 개발하고 싶으신가요? 아니면 여러분만의 서비스에 더하고 싶은 기능이 있으신가요? 그런 기능이 생기셨다면 제대로 공부하신 것입니다. 배운 내용을 토대로 여러분만의 서비스를 하나 둘씩 만들어가면서 장고 웹 프로그래머로 성장하시길 바랍니다.

#7 실무 더하기 - Vue.js와 연동하기

Vue.js는 사용자 인터페이스 빌드를 위한 오픈 소스 자바스크립트 프레임워크입니다. 유사한 종류로는 React 나 Angular.js 등이 있습니다. 장고에서 Vue.js를 사용하려면 어떻게 하나요라는 질문을 많이 받습니다. 이번 장에서는 장고 프로젝트에 Vue.js를 붙여 보겠습니다.

❯ [그림 07-01] Vue.js 공식 홈페이지

7.1 프로젝트 만들기

Vue.js 적용을 위한 프로젝트를 만들겠습니다.

파이참을 열고 [Create New Project] 버튼을 클릭합니다.

> [그림 07-02] 파이참 환영 화면

새 프로젝트 생성창이 나타나면 프로젝트 폴더 이름을 vuejs로 설정하고 가상환경도 선택합니다.
[Create] 버튼을 클릭해 프로젝트 생성 과정을 마칩니다.

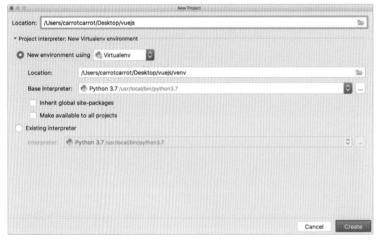

> [그림 07-03] 프로젝트 설정

파이참에서 프로젝트를 생성했으면 장고를 설치하고 장고 프로젝트도 만들겠습니다.

```
$ pip install django
```

장고를 설치합니다.

```
$ django-admin startproject config .
```

설정 파일 폴더 이름을 config로 지정하고 현재 폴더에 장고 프로젝트를 생성합니다.

```
$ python manage.py migrate
```

데이터베이스를 초기화 합니다.

```
$ python manage.py createsuperuser
```

관리자 계정을 만듭니다.

벌써 네 번째 프로젝트 생성입니다. 이 과정은 익숙해지셨나요? 오프라인 수업 때도 마찬가지이지만 뭔가 외우려고 노력하지 마시고 꾸준히 자주 반복하게 되면 자연스럽게 외워지게 됩니다. 프로젝트 생성과정도 마찬가지니까 외우려고 노력하지 마시고, 이런 저런 프로젝트를 여러 개 만들어 보면서 자연스럽게 외워질 수 있도록 해보시기 바랍니다.

7.2 앱 만들기

이번 예제는 Vue.js의 공식 예제인 Todo 앱[6]을 만들어 보겠습니다.

todo 앱을 생성합니다.

```
$ python manage.py startapp todo
```

코드 07-01   config/settings.py

```
INSTALLED_APPS = [
    'django.contrib.admin',
    'django.contrib.auth',
    'django.contrib.contenttypes',
    'django.contrib.sessions',
    'django.contrib.messages',
    'django.contrib.staticfiles',
    'todo',
]
```

---

6   https://vuejs.org/v2/examples/todomvc.html

todo 앱을 만든 이유는 뷰를 만들기 위함도 있지만 공식 예제인 Todo 앱은 데이터를 웹 스토리지에 저장합니다. 웹 브라우저에서 접근할 수 있는 저장 공간 중 하나인데 여기에 저장을 하면 다른 곳에서는 불러올 수가 없습니다. 장고를 사용하는 것이니 만큼 데이터베이스를 이용해서 저장하도록 앱을 이용하도록 하겠습니다.

 7.3 모델 만들기

모델은 예제에서 필요한 필드들만 반영합니다. Todo 모델을 만들고 title과 completed 필드를 설정합니다.

코드 07-02   todo/models.py

```python
from django.db import models

class Todo(models.Model):
    title = models.CharField(max_length=100)
    completed = models.BooleanField()

    def __str__(self):
        return self.title
```

모델은 만들었다면 데이터베이스에 적용하도록 합시다.

```
$ python manage.py makemigrations todo
$ python manage.py migrate todo
```

7.4 관리자 페이지 등록하기

할 일 목록의 관리는 Vue.js를 통해 프론트에서 하지만 데이터 관리를 위해 관리자 페이지에 등록합시다.

코드 07-03   todo/admin.py

```python
from django.contrib import admin

from .models import Todo

class TodoAdmin(admin.ModelAdmin):
    list_display = ['title','completed']


admin.site.register(Todo,TodoAdmin)
```

관리자 페이지에 등록할 때는 특별한 기능은 만들지 않고 목록에서 할 일 목록의 내용을 다 확인할 수 있도록 list_display에 두 개 필드 모두 입력합니다. 관리자 페이지에 반영을 완료하면 목록 확인을 위해 임시 데이터를 몇 개 등록해둡니다.

7.5 뷰 만들기

뷰는 총 두 개를 만들겠습니다. 하나는 목록을 얻기 위해 하나는 목록을 저장하는 기능을 담당 합니다.

코드 07-04   todo/views.py

```python
from .models import Todo

from django.http import JsonResponse

def todo_fetch(request):
    todos = Todo.objects.all()
    todo_list = []
    for index,todo in enumerate(todos, start=1):
```

```
        todo_list.append({'id':index,'title':todo.title,'completed':todo.completed})

    return JsonResponse(todo_list, safe=False)
```

todo_fetch 뷰는 목록을 불러오는 역할을 합니다. 저장된 모든 할 일 데이터를 불러온 후에 하나씩 json 데이터로 가공할 수 있게 사전형 데이터로 저장합니다. 마지막으로 JsonResponse 형태로 데이터를 반환하면 Vue.js 앱에서 데이터를 받아서 보여줄 수 있게 됩니다.

코드 07-05   todo/views.py

```
import json

from django.views.decorators.csrf import csrf_exempt
from .forms import TodoForm

@csrf_exempt
def todo_save(request):
    if request.body:
        data = json.loads(request.body)
        if 'todos' in data:
            todos = data['todos']
            Todo.objects.all().delete()
            for todo in todos:
                print('todo', todo)
                form = TodoForm(todo)
                if form.is_valid():
                    form.save()

    return JsonResponse({})
```

두 번째 뷰인 todo_save는 할 일 목록 전체 데이터를 받아서 그대로 저장하는 역할을 합니다. 다른 방식도 가능하겠지만 단순한 할 일 목록 특성상 저장할 때마다 전체 데이터를 지우고 다시 입력하는 방식을 사용했습니다. 그런데 뷰를 호출 할 때 마다 데이터 확인 없이 지우게 되면 문제가 생길 수 있으므로 전달된 데이터가 확실히 있을 때만 전체 데이터를 지우도록 했습니다.

이 때 데이터를 저장하기 위해 TodoForm을 사용했습니다. TodoForm 코드를 forms.py에 작성해 둡시다.

코드 07-06   todo/forms.py

```python
from django import forms
from .models import Todo

class TodoForm(forms.ModelForm):
    class Meta:
        model = Todo
        fields = ['title','completed']
```

이제 URL을 연결하고 기능을 확인해 보겠습니다.

7.6 URL 연결하기

앱 폴더의 urls.py를 우선 작성합니다.

코드 07-07   todo/urls.py

```python
from django.urls import path
from .views import *

urlpatterns = [
    path('fetch/',todo_fetch,name='fetch'),
    path('save/',todo_save, name='save'),
]
```

방금 작성한 두 개의 뷰를 각각 fetch, save라는 URL로 연결해뒀습니다. 루트 urls.py도 편집합시다.

코드 07-08   todo/urls.py

```python
urlpatterns = [
    path('admin/', admin.site.urls),
    path('', include('todo.urls')),
]
```

include를 이용해 todo.urls를 연결했습니다. 데이터가 잘 나오는지 확인해 봅시다.

> [그림 07-04] todo_fetch 뷰

http://127.0.0.1:8000/fetch/로 접근 하면 미리 관리자 페이지를 통해 만들어둔 할 일 목록이 나타납니다. save/로 접근하면 비어있는 사전형 데이터 하나만 나옵니다. todo_save뷰는 POST 메서드로 데이터를 전송해야만 제대로 기능을 하기 때문입니다.

> [그림 07-05] todo_save 뷰

이런 비어있는 뷰를 보여주기 싫고 POST 메서드를 사용했을 때만 뷰가 동작하도록 하고 싶다면 데코레이터를 이용해서 제약 조건을 만들 수 있습니다.

코드 07-09   todo/urls.py

```python
from django.views.decorators.http import require_POST
from .forms import TodoForm


@csrf_exempt
@require_POST
def todo_save(request):
    if request.body:
        data = json.loads(request.body)
        if 'todos' in data:
            todos = data['todos']
            Todo.objects.all().delete()
            for todo in todos:
```

```
            form = TodoForm(todo)
            if form.is_valid():
                form.save()

    return JsonResponse({})
```

POST 메서드로 접근했을 때만 동작하도록 하는 require_POST 데코레이터를 임포트하고 todo_save 함수 위에 추가해 줍니다.

 7.7 Vue.js 템플릿 적용

기본 뷰의 작성은 끝났습니다. 이제 Vue.js를 적용한 템플릿을 만들어보도록 하겠습니다. Vue.js를 사용한다는 것은 우리가 지금까지 사용해왔던 부트스트랩을 적용하는 것과 비슷합니다. base.html 만들어서 적용해 봅시다.

코드 07-10 templates/base.html

```html
<!DOCTYPE html>
<html lang="en">
<head>
    <meta charset="UTF-8">
    <title>{% block title %}Django Todo with Vue.js{% endblock %}</title>
    <script src="https://unpkg.com/axios/dist/axios.min.js"></script>
    <script src="https://cdn.jsdelivr.net/npm/vue/dist/vue.js"></script>
    <link rel="stylesheet" type="text/css" href="https://unpkg.com/
todomvc-app-css@2.0.6/index.css">
</head>

<body>
<section class="todoapp">
  <header class="header">
    <h1>todos</h1>
    <input class="new-todo"
      autofocus autocomplete="off"
      placeholder="What needs to be done?"
      v-model="newTodo"
```

```
          @keyup.enter="addTodo">
  </header>
  {% block content %}


  {% endblock %}
</section>

<footer class="info">
  <p>Double-click to edit a todo</p>
  <p>Written by <a href="http://evanyou.me">Evan You</a></p>
  <p>Edited by <a href="https://github.com/baepeu">Baepeu</a> Ver. Django</p>
  <p>Part of <a href="http://todomvc.com">TodoMVC</a></p>
</footer>

{% block extra_script_footer %}
{% endblock %}
</body>
</html>
```

base.html의 핵심은 html코드의 head 태그에 Vue.js 관련 스크립트를 추가해뒀다는 것입니다. 부트스트랩 사용할 때와 똑같습니다. body 태그 부분의 내용은 공식 예제의 내용을 복사해 넣었습니다. 할 일 목록이 출력되는 부분은 이후에 만들 list.html에서 넣을 것이기 때문에 content 블록을 만들어뒀습니다. 또 추가 스크립트 또한 넣어줄 것이기 때문에 아래쪽에 extra_script_footer 블록도 만들었습니다.

코드 07-11　todo/templates/todo/list.html

```
{% extends 'base.html' %}

{% block content %}
<section class="main" v-show="todos.length" v-cloak>
    <input class="toggle-all" type="checkbox" v-model="allDone">
    <ul class="todo-list">
        <li v-for="todo in filteredTodos"
            class="todo"
            :key="todo.id"
            :class="{ completed: todo.completed, editing: todo == editedTodo }">
            <div class="view">
                <input class="toggle" type="checkbox" v-model="todo.completed">
                <label @dblclick="editTodo(todo)">[[ todo.title ]]</label>
                <button class="destroy" @click="removeTodo(todo)"></button>
```

```
            </div>
            <input class="edit" type="text"
                    v-model="todo.title"
                    v-todo-focus="todo == editedTodo"
                    @blur="doneEdit(todo)"
                    @keyup.enter="doneEdit(todo)"
                    @keyup.esc="cancelEdit(todo)">
        </li>
    </ul>
</section>
<footer class="footer" v-show="todos.length" v-cloak>
    <span class="todo-count">
      <strong>[[ remaining ]]</strong> [[ remaining | pluralize ]] left
    </span>
    <ul class="filters">
        <li><a href="#/all" :class="{ selected: visibility == 'all' }">All</
a></li>
        <li><a href="#/active" :class="{ selected: visibility == 'active'
}">Active</a></li>
        <li><a href="#/completed" :class="{ selected: visibility == 'completed'
}">Completed</a></li>
    </ul>
    <button class="clear-completed" @click="removeCompleted" v-show="todos.
length > remaining">
        Clear completed
    </button>
</footer>
{% endblock %}

{% block extra_script_footer %}
    {% load static %}
    <script src="{% static 'js/scripts.js' %}"></script>
{% endblock %}
```

list.html의 내용도 공식 예제의 코드를 붙여 넣습니다. base.html과 list.html을 작성할 때 주의할
점은 Vue.js도 html을 템플릿처럼 생각하고 해석해 값을 집어 넣습니다. 그런데 이때 '{{}}' 이런
중괄호 두 개가 겹친 형태를 사용합니다. 많이 보던 기호입니다. 바로 장고에서 사용하는 템플릿
태그에서도 값을 출력할 때 사용하는 형식입니다. 그래서 장고와 Vue.js를 같이 사용할 때는 Vue.
js의 출력 부분은 '[[]]' 대괄호 두 개로 변경해서 사용합니다. 그리고 변경사항을 알려주기 위해
Vue.js 초기 설정에도 이 부분을 옵션으로 넣어줘야 합니다. 기억해 두시기 바랍니다.

Vue.js를 적용하는 코드를 완성했습니다. 하지만 Vue.js를 가지고 앱을 만들려면 관련 자바스크립트 코드가 필요합니다. 그래서 아래쪽에 load static을 사용해 scripts.js 파일을 불러오도록 했습니다. (다음 절에서 이 파일을 추가합니다.) 템플릿을 추가했으니 루트 templates 폴더가 검색되도록 settings.py에 설정을 반영하겠습니다.

코드 07-12　config/settings.py

```python
TEMPLATES = [
    {
        'BACKEND': 'django.template.backends.django.DjangoTemplates',
        'DIRS': [os.path.join(BASE_DIR, 'templates')],
        'APP_DIRS': True,
        'OPTIONS': {
            'context_processors': [
                'django.template.context_processors.debug',
                'django.template.context_processors.request',
                'django.contrib.auth.context_processors.auth',
                'django.contrib.messages.context_processors.messages',
            ],
        },
    },
]
```

TEMPLATES 변수의 DIRS 키에 templates 폴더의 경로를 추가합니다.

scripts.js 파일을 만들어서 넣어야 합니다. todo앱 폴더에 정적 파일을 넣을 수 있도록 static이라는 폴더를 만듭니다. 이 폴더는 장고가 기본적으로 정적 파일을 검색하는 폴더입니다. 자바스크립트 파일이나 스타일 시트 파일들을 이 폴더 안에 만들어 봅시다.

코드 07-13   todo/static/js/scripts.js

```javascript
// Full spec-compliant TodoMVC with localStorage persistence
// and hash-based routing in ~120 effective lines of JavaScript.

// localStorage persistence
Vue.prototype.$http = axios;

var todoStorage = {
  fetch: function (app) {
    app.fetch('fetch/').then((response) => {
        return response.json();
    })
    .then((todos) => {
        todos.forEach(function (todo, index) {
          todo.id = index
        });
        this.uid = todos.length
        app.app.todos = todos;
    });
    return []
  },
  save: function (todos) {
    app.$http.post('save/',{todos:todos});
  }
}

// visibility filters
var filters = {
  all: function (todos) {
    return todos
  },
  active: function (todos) {
```

```
      return todos.filter(function (todo) {
        return !todo.completed
      })
    },
    completed: function (todos) {
      return todos.filter(function (todo) {
        return todo.completed
      })
    }
  }
}

// app Vue instance
var app = new Vue({
  // app initial state
  delimiters: ['[[', ']]'],
  data: {
    todos: todoStorage.fetch(this),
    newTodo: '',
    editedTodo: null,
    visibility: 'all'
  },

  // watch todos change for localStorage persistence
  watch: {
    todos: {
      handler: function (todos) {
        todoStorage.save(todos)
      },
      deep: true
    }
  },

  // computed properties
  // http://vuejs.org/guide/computed.html
  computed: {
    filteredTodos: function () {
      return filters[this.visibility](this.todos)
    },
    remaining: function () {
      return filters.active(this.todos).length
    },
    allDone: {
      get: function () {
        return this.remaining === 0
```

```
      },
      set: function (value) {
        this.todos.forEach(function (todo) {
          todo.completed = value
        })
      }
    }
  },

  filters: {
    pluralize: function (n) {
      return n === 1 ? 'item' : 'items'
    }
  },

  // methods that implement data logic.
  // note there's no DOM manipulation here at all.
  methods: {
    addTodo: function () {
      var value = this.newTodo && this.newTodo.trim()
      if (!value) {
        return
      }
      this.todos.push({
        id: todoStorage.uid++,
        title: value,
        completed: false
      })
      this.newTodo = ''
    },

    removeTodo: function (todo) {
      this.todos.splice(this.todos.indexOf(todo), 1)
    },

    editTodo: function (todo) {
      this.beforeEditCache = todo.title
      this.editedTodo = todo
    },

    doneEdit: function (todo) {
      if (!this.editedTodo) {
        return
```

```
      }
      this.editedTodo = null
      todo.title = todo.title.trim()
      if (!todo.title) {
        this.removeTodo(todo)
      }
    },

    cancelEdit: function (todo) {
      this.editedTodo = null
      todo.title = this.beforeEditCache
    },

    removeCompleted: function () {
      this.todos = filters.active(this.todos)
    }
  },

  // a custom directive to wait for the DOM to be updated
  // before focusing on the input field.
  // http://vuejs.org/guide/custom-directive.html
  directives: {
    'todo-focus': function (el, binding) {
      if (binding.value) {
        el.focus()
      }
    }
  }
})

// handle routing
function onHashChange () {
  var visibility = window.location.hash.replace(/#\/?/, '')
  if (filters[visibility]) {
    app.visibility = visibility
  } else {
    window.location.hash = ''
    app.visibility = 'all'
  }
}

window.addEventListener('hashchange', onHashChange)
onHashChange()

// mount
app.$mount('.todoapp')
```

이 자바스크립트 코드 역시 공시 예제를 복사해서 붙여 넣습니다. 다만 일부 코드를 변경해야 장고를 통해 데이터베이스를 이용할 수 있고, 장고의 템플릿 엔진과 충돌을 막을 수 있습니다.

❶ vue.prototype.$http = axios; : axios라는 HTTP 클라이언트 라이브러리입니다. Promise 베이스이기 때문에 사용하기 까다롭지만 Vue.js의 HTTP 클라이언트로 가장 많이 사용됩니다. axios를 Vue에서 기본으로 사용하도록 prototype에 등록합니다.

❷ var todoStorage : 가장 많은 변경이 있는 부분입니다. 원래 코드는 데이터를 웹 스토리지에 저장하는데 이를 장고를 통해 데이터베이스에 저장하고 꺼내와야 하기 때문에 axios를 사용해서 데이터를 저장하고 Vue.js의 기본 통신 메서드를 사용해 데이터를 얻어오도록 코드를 변경했습니다. Promise 패턴[7]을 사용하는 fetch 부분은 자바스크립트가 익숙치 않으신 분들에게는 어려울 수 있습니다.

❸ new vue : Vue.js 앱을 작성합니다. 보통 여러 가지 옵션과 적용할 데이터를 설정하는데 첫 번째 옵션이 delimiters입니다. 장고 템플릿 엔진과 충돌을 막기 위해 데이터를 적용하는 부분을 '{{}}' 대신 '[[]]'로 변경했습니다.

7.9 동작하는 뷰 만들기

거창한 코드들을 사용하긴 했지만 복사해서 붙여넣기 정도니 어렵지 않았으리라 생각합니다. 이제 Vue.js를 위한 코드는 완성했으니 메인 화면이 될 뷰를 만들고 결과를 확인해 봅시다.

코드 07-14　todo/views.py

```python
from django.shortcuts import render


def index(request):
    return render(request, 'todo/list.html')
```

index 뷰는 list.html만 렌더링해서 보여주는 역할을 합니다. 실제 화면은 프론트 코드가 모두 로드된 후에 Vue.js가 화면을 렌더링 합니다. 그리고 데이터를 주고 받기 위해 todo_fetch와 todo_save 뷰를 호출하면서 애플리케이션이 동작하는 형태입니다. 할 일은 많지 않지만 꼭 필요한 index 뷰도 URL을 연결해 줍시다.

7　https://developers.google.com/web/fundamentals/primers/promises?hl=ko

```
urlpatterns = [
    path('', index, name='index'),
    path('fetch/',todo_fetch,name='fetch'),
    path('save/',todo_save, name='save'),
]
```

URL 패턴을 ''로 지정했으니 메인 페이지로 동작할 것입니다. 이제 서버를 실행하고 결과를 확인합니다.

```
$ python manage.py runserver
```

> [그림 07-06] Todo 앱의 메인 화면

관리자 페이지에서 미리 입력해둔 데이터가 잘 보이실겁니다. 만약 데이터가 보이지 않는다면 자바스크립트나 views.py에서 오류가 있을테니 잘 살펴보시기 바랍니다.

오류가 없으신 분들은 어떻게 통신을 하고 있는지 개발자 도구를 통해 살펴 봅니다.

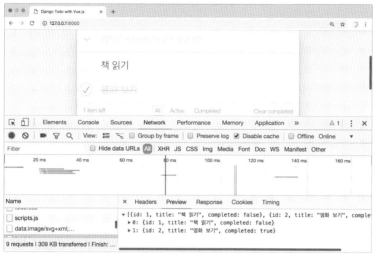

> [그림 07-07] todo_fetch 뷰 호출

페이지가 로드되자마자 Vue.js 애플리케이션이 데이터를 표시하기 위해 todo_fetch 뷰를 호출합니다. 개발자 도구를 통해 보면 미리 입력해둔 두 개의 할 일 데이터를 받아온 것을 확인할 수 있습니다.

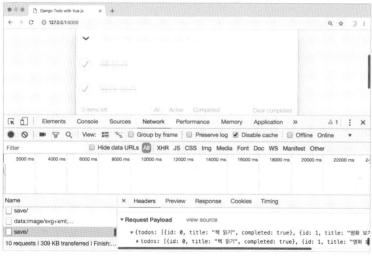

> [그림 07-08] todo_save 뷰 호출

데이터를 변경하고 Network 탭의 통신 목록을 확인해 보면 fetch_save 뷰를 호출한 부분도 확인할 수 있습니다. 이번에는 받아온 데이터가 아니라 서버쪽으로 전송한 데이터가 있는 것이 보입니다. 이렇게 Vue.js를 이용한 Todo 앱을 완성해 봤습니다.

7.10 마무리 하며

프론트 개발자들의 경우 코드들도 날이 갈수록 복잡해지고 있고 다양한 프레임워크의 사용법을 알아야 하는 시대입니다. 백엔드 개발자의 경우 적용만 할 줄 알면되는 것이지 실제로는 해당 프레임워크의 사용법은 몰라도 무방합니다. 하지만 잘 알아 둔다면 협업 자체가 매우 수월할 것입니다.

Vue.js를 적용해 보니 어떠신가요? Vue.js 자체를 적용하는 것은 어렵지 않지만 활용해서 애플리케이션을 만든다고 한다면 어떤 애플리케이션이냐에 따라 장고 뷰를 통한 데이터를 가지고 코딩을 해야하니 자바스크립트를 잘 알아야 한다는 점이 진입 장벽이 될 것 같습니다. Vue.js 자체를 적용하는 방법은 부트스트랩과 크게 다르지 않았습니다. 마찬가지로 ReactJS나 AngularJS도 마찬가지로 적용할 수 있을테니 원하시는 프레임워크를 적용하면서 다른 앱 만들기 실습을 해보시기 바랍니다.

#8 < 실무 더하기
- REST API 구축하기

웹 서비스를 만들면서 웹 서비스 외에 스마트 폰 앱을 개발하는 경우가 많습니다. 이럴 때는 API(Application Programming Interface)라는 것을 백엔드에서 제공을 해줘야 합니다. 이번 장에서는 간단한 모델을 만들고 해당 모델의 API를 어떻게 만들어 제공할 수 있는지 알아 보도록 하겠습니다.

8.1 프로젝트 만들기

API를 제공하려고 해도 기본적으로는 장고 웹 사이트의 형태를 가지고 있어야 합니다. 파이참을 열고 새로운 프로젝트를 만듭니다.

[Create New Project] 버튼을 클릭해 새로운 프로젝트를 만듭니다.

> [그림 08-01] 파이참 환영 창

프로젝트 이름은 booking이고 가상 환경도 같이 설정합니다. [Create] 버튼을 눌러 프로젝트 만들기를 마칩니다. 프로젝트가 만들어지면 장고를 설치하고 장고 프로젝트를 만들어 줍니다.

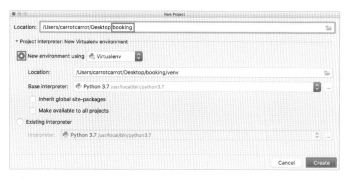

> [그림 08-02] 새 프로젝트 만들기

```
$ pip install django
```

pip 명령을 이용해 장고를 설치 합니다.

```
$ django-admin startproject config .
```

startproject 명령을 이용해 장고 프로젝트를 만듭니다. 설정 폴더의 이름을 config로 설정했습니다.

```
$ python manage.py migrate
```

migrate 명령을 이용해 데이터베이스를 초기화 합니다. 이번 장에서는 SQLite3를 데이터베이스로 사용하겠습니다.

```
$ python manage.py createsuperuser
```

createsuperuser 명령을 이용해 관리자 계정을 생성합니다.

8.2 앱 만들기

이번 프로젝트는 booking이라는 앱 하나만 가지고 API를 구성해 볼 것입니다.

```
$ python manage.py startapp booking
```

startapp 명령을 이용해 booking 앱을 만듭니다.

코드 08-01 config/settings.py

```
INSTALLED_APPS = [
    'django.contrib.admin',
    'django.contrib.auth',
    'django.contrib.contenttypes',
    'django.contrib.sessions',
    'django.contrib.messages',
    'django.contrib.staticfiles',
    'booking',
]
```

앱을 만들고 해당 앱을 프로젝트에 사용하기 위해 INSTALLED_APPS에 등록해 줍니다.

8.3 모델 만들기

booking 앱은 숙소나 공연 등 다양한 경우에 활용할 수 있는 예약 앱입니다. 필요한 데이터를 모델로 만들어 보겠습니다.

코드 08-02 booking/models.py

```python
from django.db import models
from django.conf import settings

class Booking(models.Model):
    subscriber = models.ForeignKey(settings.AUTH_USER_MODEL, on_delete=models.
PROTECT, related_name='bookings')
    date_from = models.DateField()
    date_to = models.DateField(null=True,blank=True)
    room = models.CharField(max_length=100)
    note = models.TextField()
    created = models.DateTimeField(auto_now_add=True)
    updated = models.DateTimeField(auto_now=True)

    def __str__(self):
        return self.subscriber.username + " " + self.room

    class Meta:
        ordering = ['-date_from']
```

Booking 모델은 subscriber라는 예약자를 저장하고 예약 시작일, 종료일을 저장합니다. 숙소 예약 앱이라는 가정을 하고 room은 예약 호수를 저장합니다. note에는 비고 사항을 적도록 만들어 봤습니다.

이 사항을 데이터베이스에 적용하도록 makemigrations와 migrate 명령을 실행합니다.

```
$ python manage.py makemigrations booking
$ python manage.py migrate booking
```

8.4 관리자 페이지 등록

만든 모델의 관리를 위해 관리자 페이지에 등록해 봅시다.

코드 08-03   booking/admin.py

```python
from django.contrib import admin
from .models import Booking

class BookingAdmin(admin.ModelAdmin):
    list_display = ['id','subscriber','room','date_from','date_to','created',
'updated']
    list_editable = ['room','date_from','date_to']
    raw_id_fields = ['subscriber']

admin.site.register(Booking, BookingAdmin)
```

이제 관리자 페이지에 접속해서 예약을 추가하고 다음 단계로 넘어 갑시다.

```
$ python manage.py runserver
```

관리자 페이지에 접속하면 Booking 모델을 관리할 수 있습니다. [Add] 버튼을 클릭해 새로운 예약을 추가합시다.

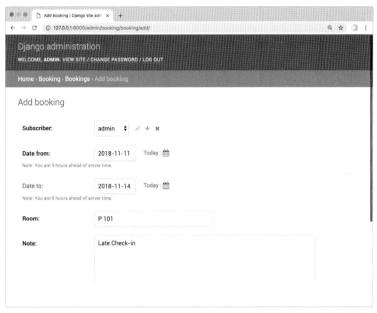

> [그림 08-03] 예약 추가

예약을 추가하고 나면 목록에서 예약을 확인할 수 있습니다. 이제 이 내용을 기본으로 해서 API 환경을 만들어 보겠습니다.

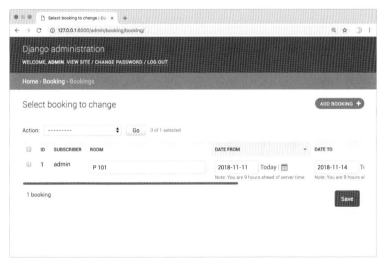

> [그림 08-04] 예약 목록

8.5 API 환경 만들기

API는 특별한 기능이랄 것은 없습니다. 이전 장까지 배웠던 내용을 이용해도 충분히 만들 수 있지만 기존에 배웠던 뷰를 이용하는 방식의 재활용이고 우리 직접 모든 API 뷰를 만드는 것은 비효율적입니다. 그래서 API를 쉽게 만들 수 있게 도와주는 Django REST Framework를 설치해 사용하겠습니다.

```
$ pip install djangorestframework
```

pip 명령을 이용해 djangorestframework를 설치합니다.

코드 08-04 config/settings.py

```python
INSTALLED_APPS = [
    'django.contrib.admin',
    'django.contrib.auth',
    'django.contrib.contenttypes',
    'django.contrib.sessions',
    'django.contrib.messages',
    'django.contrib.staticfiles',
    'booking',
    'rest_framework',
]
# ... 중략
REST_FRAMEWORK = {
    'DEFAULT_SCHEMA_CLASS': 'rest_framework.schemas.coreapi.AutoSchema'
}
```

INSTALLED_APPS에 방금 설치한 앱(rest_framework)을 추가합니다. settings.py 파일의 끝에 REST_FRAMEWORK 설정을 추가합니다.

8.6 Serializer 클래스 구현하기 ─────────────────────

Serializer는 요청한 모델을 API 보여줄 때 사용하는 클래스입니다. 보통 GET 방식으로 모델에 대한 데이터
를 요청했을 때 Serializer를 활용해 데이터를 제공합니다.

──

코드 08-05 booking/serializers.py

```python
from .models import Booking
from rest_framework import serializers


class BookingSerializer(serializers.ModelSerializer):
    class Meta:
        model = Booking
        fields = '__all__'
```

BookingSerializer라는 클래스를 만듭니다. 이 클래스는 ModelSerializer를 상속받아 만듭니다.
ModelSerializer를 상속받아 만들면 간단하게 직렬화를 할 수 있지만 특별한 기능이 있는 것은 아
닙니다. 단지 직렬화 클래스를 쉽게 만들 수 있게 돕는 클래스라고만 생각하시면 됩니다.

8.7 뷰 만들기 ─────────────────────────────

데이터를 보여줄 수 있는 Serializer를 만들었으니 이를 활용해 데이터를 주고 받을 수 있는 뷰를 만들겠습
니다.

──

코드 08-06 booking/views.py

```python
from rest_framework import generics

from .models import Booking
from .serializers import BookingSerializer


class BookingList(generics.ListCreateAPIView):
    queryset = Booking.objects.all()
```

```
        serializer_class = BookingSerializer

class BookingDetail(generics.RetrieveUpdateDestroyAPIView):
    queryset = Booking.objects.all()
    serializer_class = BookingSerializer
```

이 뷰들을 API 뷰라고 부릅니다. API 뷰도 프레임워크에서 제공해주는 제네릭 뷰를 상속받아서 간단하게 만들었습니다. 이 뷰를 확인하기 위해 URL을 연결합시다.

8.8 URL 연결하기

URL 연결을 위해 urls.py를 만들고 다음 코드를 입력합시다.

코드 08-07   booking/urls.py

```
from django.urls import path
from rest_framework.urlpatterns import format_suffix_patterns
from .views import *

urlpatterns = [
    path('booking/', BookingList.as_view()),
    path('booking/<int:pk>/', BookingDetail.as_view()),
]
```

루트 urls.py에도 include 해줘야 정상 동작할 것입니다. confing 폴더에 있는 urls.py 파일을 열어서 수정합니다.

코드 08-08   config/urls.py

```
urlpatterns = [
    path('admin/', admin.site.urls),
    path('', include('booking.urls')),
]
```

```
$ python manage.py runsever
```

서버를 실행하고 API가 잘 동작하는지 확인해 봅시다. http://127.0.0.1:8000/booking 이라는 URL로 접속하면 현재 등록된 모든 예약 목록을 확인할 수 있습니다. 지금은 이렇게 보이지만 API 통신을 이용하면 json 형태의 데이터를 받아 볼 수 있습니다.

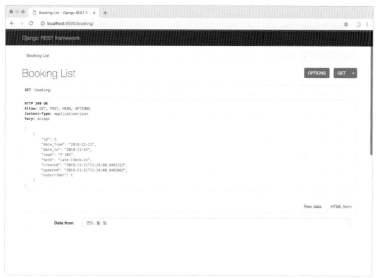

> [그림 08-05] 예약 전체 목록

또 http://127.0.0.1:8000/booking/번호/ 형식의 URL로 접근하면 해당 예약의 상세 정보를 볼 수 있고 수정도 할 수 있습니다. 각 기능이 동작하는지 확인해보시기 바랍니다.

> [그림 08-06] 특정 예약의 상세 정보

8.9 API 문서 만들기

기본적인 API를 만들었습니다. 그런데 이를 활용하려면 API 문서를 제공해줘야 합니다. 우리가 만들었기 때문에 외부 사람들은 어떤 식으로 사용할지 알 수가 없습니다. 다른 사람들을 위해 API 문서를 잘 만들어야 API 사용률이 높아질 것입니다. 그런데 문서를 작성하는 작업도 상당히 까다롭습니다. 이 까다로운 작업을 편하게 해주는 앱을 설치하고 문서를 확인해 봅시다.

```
$ pip install django-rest-swagger==2.1.2
```

API 문서를 자동으로 생성해주는 앱을 설치합니다. 이 시점에서 최신 버전이 2.1.2가 아니지만 최신 버전인 2.2.0에 토큰 인증 오류가 있어서 동작에 이상이 없는 2.1.2로 설치하겠습니다.

코드 08-09   config/settings.py

```python
INSTALLED_APPS = [
    'django.contrib.admin',
    'django.contrib.auth',
    'django.contrib.contenttypes',
    'django.contrib.sessions',
    'django.contrib.messages',
    'django.contrib.staticfiles',
    'booking',
    'rest_framework',
    'rest_framework_swagger',
]
```

settings.py에 'rest_framework_swagger'를 추가해 앱이 프로젝트에 포함되도록 합니다.

코드 08-10   config/urls.py

```python
from rest_framework_swagger.views import get_swagger_view

urlpatterns = [
    path('admin/', admin.site.urls),
    path('api/doc/', get_swagger_view(title='Booking API Manual')),
    path('', include('booking.urls')),
]
```

urls.py에 get_swagger_view 메서드를 추가하면 각종 API 뷰들을 찾아서 자동으로 문서를 만들어 줍니다. 서버를 실행하고 문서를 확인해 봅시다.

저자의 한마디

Django 3.x 프로젝트인 경우 staticfiles 태그를 사용할 수 없어 오류가 발생합니다.
https://github.com/Baepeu/python_web_programming_django3/blob/master/08_booking/booking/templates/rest_framework_swagger/base.html
파일을 다운받아 프로젝트에 추가해주세요.

```
$ python manage.py runserver
```

서버를 실행했다면 http://127.0.0.1:8000/api/doc/ 이란 주소로 접속해 봅시다.

API 문서의 목록으로 접근할 수 있습니다. 만약 여러분이 다른 여러개의 모델들을 API로 이용할 수 있게 해뒀다면 다른 모델들도 나타났을 것입니다. 우리가 만든 booking을 클릭해 봅시다.

> [그림 08-07] API 문서 목록

booking의 API 목록을 확인할 수 있습니다. 각각의 메서드를 클릭하면 실제로 테스트 해볼 수 있습니다.

> [그림 08-08] booking의 API 목록

8.10 인증 추가하기

기본 API와 문서를 만들었습니다. 이정도면 다른 사람들이 API를 이용해서 예약 앱을 만들 수 있을 것 같습니다. 그런데 보통 API는 모든 사람이 사용할 수 있도록 하지는 않습니다. 그렇게 되면 해커가 마음대로 자료를 보내기도 하고 가져가기도 합니다. 문제를 일으킬 수 있으므로 인증 수단을 추가해봅시다. Django REST Framework에서는 기본 인증, 세션 인증, 토큰 인증과 커스텀 인증 방식을 사용할 수 있습니다. 많은 경우 토큰 인증 방식을 사용합니다.

토큰 인증 방식을 사용하기 위해서는 별도의 앱을 추가해야 합니다. Django REST Framework에 포함되어 있는 앱이기 때문에 settings.py에 추가만 하면 사용할 수 있습니다.

코드 08-11   config/settings.py

```python
INSTALLED_APPS = [
    'django.contrib.admin',
    'django.contrib.auth',
    'django.contrib.contenttypes',
    'django.contrib.sessions',
    'django.contrib.messages',
    'django.contrib.staticfiles',
    'booking',
    'rest_framework',
    'rest_framework_swagger',
    'rest_framework.authtoken',
]
```

INSTALLED_APPS에 'rest_framework.authtoken'을 추가합니다. 앱을 하나 추가했으니 migrate 명령을 실행해야 합니다.

```
$ python manage.py migrate
```

다음은 이 기능을 사용할 뷰들을 선택해 인증 옵션을 추가합시다.

```
from rest_framework.authentication import TokenAuthentication
from rest_framework.permissions import IsAuthenticated

class BookingDetail(generics.RetrieveUpdateDestroyAPIView):
    authentication_classes = (TokenAuthentication,)
    permission_classes = (IsAuthenticated,)
    queryset = Booking.objects.all()
    serializer_class = BookingSerializer
```

모든 예약 보기도 인증을 추가해야 하지만 비교를 위해서 빼두고 수정 기능이 있는 BookingDe-
tail만 인증 기능을 추가했습니다. 클래스 안에 authentication_classes를 추가해 어떤 인증 방식
으로 이용 가능한지 설정 합니다. 그리고 permission_classes에는 인증을 해야만 볼 수 있다는 옵
션을 추가했습니다. 방금 추가한 인증으로 인해 인증 토큰이 없으면 수정 기능 API 들은 테스트
해볼 수가 없습니다. 관리자 페이지로 로그인 해서 키를 발급합시다.

관리자 페이지에 로그인 하면 위쪽에 [Tokens] 모델이 있습니다. 이 모델을 이용해 각 사용자의
토큰을 만들 수 있습니다. [Add] 버튼을 클릭합니다.

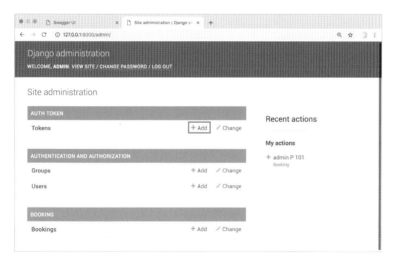

> [그림 08-09] 관리자 페이지

다른 내용은 입력할 것이 없고 사용자만 고르면 됩니다. 현재 있는 사용자를 한명 선택하고 [SAVE] 버튼을 클릭합니다.

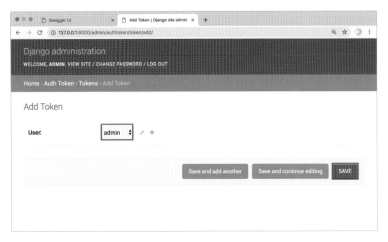

> [그림 08-10] 토큰 추가

자 이제 토큰을 발급 받았습니다. 이 토큰을 사용해서 API를 이용할 수 있습니다. 토큰을 사용하려면 헤더 정보에 Authentication: Token [발급한 키] 형태로 토큰 정보를 전달해야 합니다. 그런데 이 토큰을 항상 관리자 페이지에 로그인해서 발급하게 할 수는 없습니다. 이미 가입한 유저에 한해서 토큰을 발급받을 수 있도록 뷰를 추가합시다.

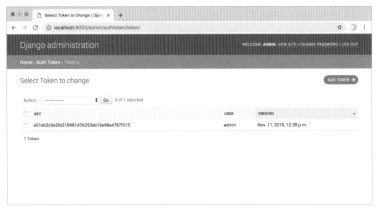

> [그림 08-11] 토큰 발급 완료

코드 08-13   config/urls.py

```python
from rest_framework.authtoken import views

urlpatterns = [
    path('admin/', admin.site.urls),
    path('api/doc/', get_swagger_view(title='Booking API Manual')),
    path('api/get_token/', views.obtain_auth_token),
    path('', include('booking.urls')),
]
```

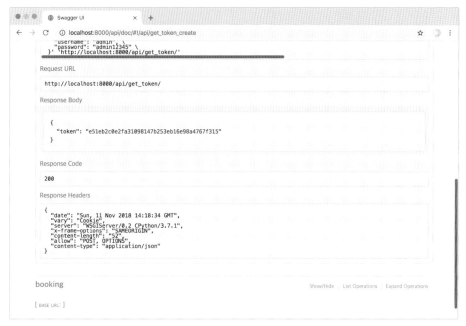

> [그림 08-12] 토큰 확인

API 문서 페이지로 접근해서 api 하위에 있는 get_token을 테스트 해봅시다. [Try it out] 버튼을 클릭하고 사용자명과 비밀번호를 입력한 후 [excute] 버튼을 누르면 토큰을 확인할 수 있습니다. 만약 가입은 되어 있지만 토큰이 없는 사용자라면 새로 발급된 토큰을 받을 수 있습니다.

8.11 문서에서 Token 기능 사용하기

이제는 Token이 없으면 수정 기능이 있는 API를 사용할 수 없습니다. 당연히 [curl] 명령 등을 이용해 수동으로 테스트 해보면 할 수 있지만 문서 상에서 API 키를 입력할 수 있으면 좋을 것 같습니다. settings.py를 수정에 문서에 API키를 입력할 수 있도록 해봅시다.

코드 08-14   config/settings.py

```python
SWAGGER_SETTINGS = {
    'SECURITY_DEFINITIONS': {
        "api_key": {
            "type": "apiKey",
            "name": "Authorization",
            "in": "header"
        },
    },
    "LOGIN_URL": "/admin/login/",
    "LOGOUT_URL": "/admin/logout/"
}
```

settings.py를 열고 아래쪽에 SWAGGER_SETTINGS 변수를 추가해 옵션을 적용해 봅시다. SE-CURITY_DEFINITIONS 옵션을 이용하면 사용자가 Authorize 버튼을 클릭해 Token 등의 API 키를 입력할 수 있습니다. 그리고 아래쪽에는 LOGIN_URL과 LOGOUT_URL을 추가해서 문서 상에서 로그인 로그아웃 기능도 정상동작하도록 변경했습니다. 변경사항이 적용되었는지 확인해봅시다.

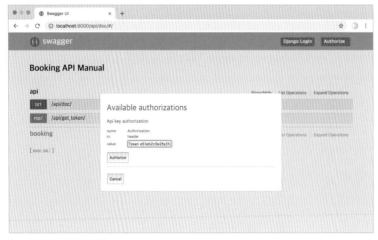

> [그림 08-13] 토큰 입력

화면 위쪽에 있는 [Authorize] 버튼을 클릭하면 토큰을 입력할 수 있습니다. 여기에 [Token 사용자 토큰]을 입력하고 [Authorize] 버튼을 클릭하면 됩니다. 추가 후에는 booking API 테스트를 해봅시다.

▶ [그림 08-14] Token을 이용해 API 접근

Token을 적용한 상태로 메서드를 호출해 보면 헤더에 Token 값이 들어가 있고 데이터도 잘 넘어오는 것을 확인할 수 있습니다.

8.12 추가 권한 설정하기

예약에 관한 사항은 관리자는 전체를 다 볼 수 있어야 합니다. 어떤 기능은 관리자와 예약자도 할 수 있어야 합니다. 이런 기능을 만들고자 한다면 권한을 별도로 설정할 수 있어야 합니다. 이런 권한을 만들고 추가하는 방법을 알아 봅시다.

앱 폴더에 permissions.py라는 파일을 만들고 원하는 권한을 만들어 봅시다.

```python
from rest_framework import permissions

class IsOwnerOnly(permissions.BasePermission):
    def has_object_permission(self, request, view, obj):
        return obj.subscriber == request.user or request.user.is_superuser

class IsOwnerOrReadOnly(permissions.BasePermission):
    def has_object_permission(self, request, view, obj):
        if request.method in permissions.SAFE_METHODS:
            return True

        return obj.subscriber == request.user or request.user.is_superuser
```

두 가지의 권한을 만들어 봤습니다. IsOwnerOnly와 IsOwnerOrReadOnly입니다. 두 권한은 각각 소유자나 관리자인 경우에만 사용 가능했으며 소유자나 관리자가 아닌 경우 GET이나 HEAD 같은 조회 기능만 가능합니다. 이렇게 권한을 코드로 만들 수 있는데, 만약 예약 확정 이후에는 소유자도 변경할 수 없도록 하는 권한을 만든다면 내부에 관련 코드를 입력해서 만들 수 있을 것입니다. 이 권한을 뷰에 적용해 봅시다.

```python
from .permissions import IsOwnerOrReadOnly

class BookingDetail(generics.RetrieveUpdateDestroyAPIView):
    authentication_classes = (TokenAuthentication,)
    permission_classes = (IsAuthenticated,IsOwnerOrReadOnly)
    queryset = Booking.objects.all()
    serializer_class = BookingSerializer
```

views.py에 있는 BookingDetail 뷰에서 권한에 관한 옵션은 permission_classes에 추가하면 됩니다. 기존에는 토큰이 있는 사용자만 조회할 수 있었지만, 거기에 더해 IsOwnerOrReadOnly를 더해서 소유자가 아닐 경우 수정은 불가능 하도록 만들었습니다. 이렇게 해서 API를 사용할 수 있는 준비를 마쳤습니다. 만약 앱 개발자와 협업을 하는 경우라면 바로 API 문서의 주소를 전달해주고 API를 이용해 보라고 알려주시기 바랍니다.

8.13 마무리 하며

이렇게 간단하게 API를 구성해 보았습니다. 클래스 형 API 뷰를 사용해서 단시간내에 모델의 API를 만들었습니다. 이런 형식으로만 만들 수 있는 것은 아닙니다. API 뷰에도 함수형 뷰가 있어서 원하는 기능을 더하는 것이 가능하고 인증 방법 또한 여러 가지를 적용해 볼 수 있습니다. API 문서 또한 기본 형식 문서를 제외하고 더 자세히 만들 수도 있습니다. 이 책을 다 읽고 나서도 여러분들이 해야할 일들이 참 많습니다. 하나 하나 업그레이드할 부분을 찾아서 바꿔보시고 앱 개발자와 협업을 통해 재미난 서비스를 만들어 보는 것도 추천합니다.

이 책은 시작에 불과합니다. 그러나 시작이 반이라는 말이 있듯이 여러분의 시작을 함께 하게 해주셔서 영광입니다. 이제 장고의 기초를 익히고 어느 정도의 웹서비스를 만들게 되셨으리라 믿습니다. 하지만 상용 서비스를 만들기 위해서는 갈 길이 멉니다. 그 끝없는 길도 함께 하길 원합니다. 유튜브 채널과 다양한 매체들을 통해서 끊임없이 소통하고 도울 수 있도록 노력하겠습니다.

저에게는 강사로서의 바람이 있다면 제가 유명해지는 것이 아니라 저의 학생들이 유명해지고 성공하는 것입니다. 누군가 나중에 성공해서 인터뷰할 때 '이런 기술들을 어떻게 배우셨나요?'라는 질문에 대답이 제 이름이었으면 하는 것입니다.

그 바람을 이루려면 더 열심히 강의하고 책을 쓰기도 해야겠지만 여러분들의 질문에 최선을 다해 답하고 여러분이 모르는 부분이 있다면 끝까지 붙잡고 가르쳐 드려야 할 것입니다. 이 책을 통해 장고를 시작하셨다면 저와 끝까지 가는 여러분이 되셨으면 좋겠습니다.

이 책을 무사히 공부하신 여러분이 추가로 원하시는 내용들을 잘 준비해서 다음 단계의 책으로 찾아 뵐 수 있도록 하겠습니다. 고생하셨습니다.

Django로 쉽게 배우는

배프의 오지랖
파이썬
웹프로그래밍

1판 1 쇄 인쇄 2019년 3월   1일   1판 1 쇄 발행 2019년 3월   5일
1판 3 쇄 인쇄 2020년 7월 25일   1판 3 쇄 발행 2020년 7월 30일

———

지 은 이 배프
발 행 인 이미옥
발 행 처 디지털북스
정   가 22,000원
등 록 일 1999년 9월 3일
등록번호 220-90-18139
주   소 (03979) 서울 마포구 성미산로 23길 72 (연남동)
전화번호 (02) 447-3157~8
팩스번호 (02) 447-3159

———

ISBN 978-89-6088-248-5 (93000)
D-19-5
Copyright ⓒ 2020 Digital Books Publishing Co., Ltd

DIGITAL BOOKS
디지털북스